高等职业院校学前教育专业融媒体系列教材

U0647884

# 幼儿园教育活动设计与实践

何海波 编著

ZHEJIANG UNIVERSITY PRESS
浙江大学出版社

**图书在版编目（CIP）数据**

幼儿园教育活动设计与实践 / 何海波编著. — 杭州：
浙江大学出版社，2022.6（2023.8重印）
ISBN 978-7-308-22193-1

Ⅰ．①幼… Ⅱ．①何… Ⅲ．①幼儿园－教学活动－
教学设计 Ⅳ．①G612

中国版本图书馆CIP数据核字（2021）第278062号

## 幼儿园教育活动设计与实践

何海波　编著

| | |
|---|---|
| 策划编辑 | 黄娟琴　柯华杰 |
| 责任编辑 | 汪荣丽 |
| 责任校对 | 高士吟 |
| 封面设计 | 林智广告 |
| 出版发行 | 浙江大学出版社 |
| | （杭州市天目山路148号　邮政编码　310007） |
| | （网址：http://www.zjupress.com） |
| 排　　版 | 杭州林智广告有限公司 |
| 印　　刷 | 杭州钱江彩色印务有限公司 |
| 开　　本 | 787mm×1092mm　1/16 |
| 印　　张 | 13.75 |
| 字　　数 | 282千 |
| 版印次 | 2022年6月第1版　2023年8月第2次印刷 |
| 书　　号 | ISBN 978-7-308-22193-1 |
| 定　　价 | 47.00元 |

# 前言
## FOREWORD

"幼儿园教育活动设计与实践"是高等师范院校学前教育专业的一门重要必修课。本教材以《幼儿园教师专业标准（试行）》《3—6岁儿童学习与发展指南》《幼儿园教育指导纲要（试行）》为依据，紧密联系幼儿园工作的实际。

本教材以习近平新时代中国特色社会思想为指导，全面贯彻落实党的二十大精神。新时代中国儿童应该是有志向、有梦想，爱学习、爱劳动，懂感恩、懂友善，敢创新、敢奋斗，德智体美劳全面发展的好儿童。本教材引导师范生坚持文化自信，树立新时代儿童观，立志为中国特色社会主义事业培养合格的建设者和接班人而努力。

本教材具有如下特色：

第一，创新性。本教材打破了传统的学科体系，面向幼儿园教师的职业岗位，以职业岗位活动为中心、以典型工作任务为载体来组织教材内容，通过对幼儿园教师工作中的对象、内容、工具、方法等要素的梳理，引导学生建立整体的工作逻辑。

第二，实践性。本教材内容是关于幼儿园教师职业岗位中集体教学活动任务的指导性信息，并给出了"走进幼儿园教育活动—设计幼儿园教育活动—实施幼儿园教育活动—听课、说课、评课—实践案例我来学"等5个完整的操作流程以及可能遇到的问题和处理方法，带有较为鲜明的幼儿园工作烙印，与幼儿学习的特点具有关联性和针对性。

第三，适宜性。本教材以工作手册式的体例进行编排，以学生为中心，满足学生基于教学现场学习的需要。教材中工作任务的方案设计、操作实施、成果检验等都需要学生根据教材的引导动手完成，学生使用教材的过程就是"做中学"的过程，从中可以获取直接的经验。另外，本教材还配有相关教学资源，包括微课视频、案例链接、实践视频等，以满足学生的日常学习需求。

本教材由宁波幼儿师范高等专科学校何海波担任主编，具体编写分工如下：模块一、模块二活动4由宁波幼儿师范高等专科学校周彬男编写；模块二活动1、模块三活动2由运城幼儿师范高等专科学校李颖编写；模块二活动2由宁波幼儿师范高等专科学校陈梦源编写；模块二活动3由宁波幼儿师范高等专科学校杨爽编写；模块三活动1由宁波幼儿师范高等专科学校丁艳红编写；模块三活动3、模块四由宁波幼儿师范高等专科学校何海波编写；模块五实践案例由杭州市西湖区百家园路幼儿园周黛杰、丁路璐，宁波市鄞州区江东中心幼儿园陈夏、李莹、王巧萍，宁波市北仑区中心幼儿园谢莲芬，宁波市江北区中心幼儿园吴增光、沈新益、刘睿，宁波市怡江幼儿园王烈飞编写。此外，教材中还有部分实践案例视频，分别由宁波鄞州古林职业高级中学马芝妫、宁波国家高新区第二幼儿园何珍凯和张倩俐，宁波市怡江幼儿园陈丽君提供。

本教材的顺利完成，得益于一个积极、投入、有理论、有实践的编写团队。各位参编老师积极投入，广泛查阅资料，在编写过程中，编写团队交流互动频繁，互通有无。感谢所有参编教师的辛勤劳动和无私奉献。本书在编写过程中还参考了大量国内外学者的相关研究成果，尽管在书中已经有注释，但我们还是要在此表示由衷的感谢。

由于我们的学术视野与教育实践的局限，书中难免有所纰漏。我们真诚地欢迎专家、读者批评指正，以便我们再次修订、完善。

编者

2023 年 8 月

目录
# CONTENTS

模块四
幼儿园里如何
听课、说课、
评课

模块五
实践案例
我来学

# MODULE
## 1

模块一

# 走进幼儿园教育活动

　　某幼儿园大（3）班开展了关于"我要上小学"的一系列主题活动。该活动是以"小学怎么样—学做小学生—小学我来了"为主线，活动形式丰富多样：有语言活动"小阿力上学"、社会活动"课间十分钟"、音乐活动"上学歌"等集体教学活动；有实地参观小学校园、体验一分钟有多长、整理小书包等实践活动；有一系列的区域活动，如益智区的"文具超市"、阅读区的"词语接龙赛"等；还创设了"我担心""不一样的小学""别担心"三个主题墙板块，帮助儿童加深对小学生活的了解，做好充分的入学准备，并对小学生活产生憧憬和向往。

　　你认为这些都是幼儿园教育活动吗？到底何为幼儿园教育活动？你觉得优秀的幼儿园教育活动是怎样的？如何才能设计好幼儿园教育活动呢？接下来，我们一起走进幼儿园教育活动，开启一场奇妙的探寻之旅吧！

## 主要内容

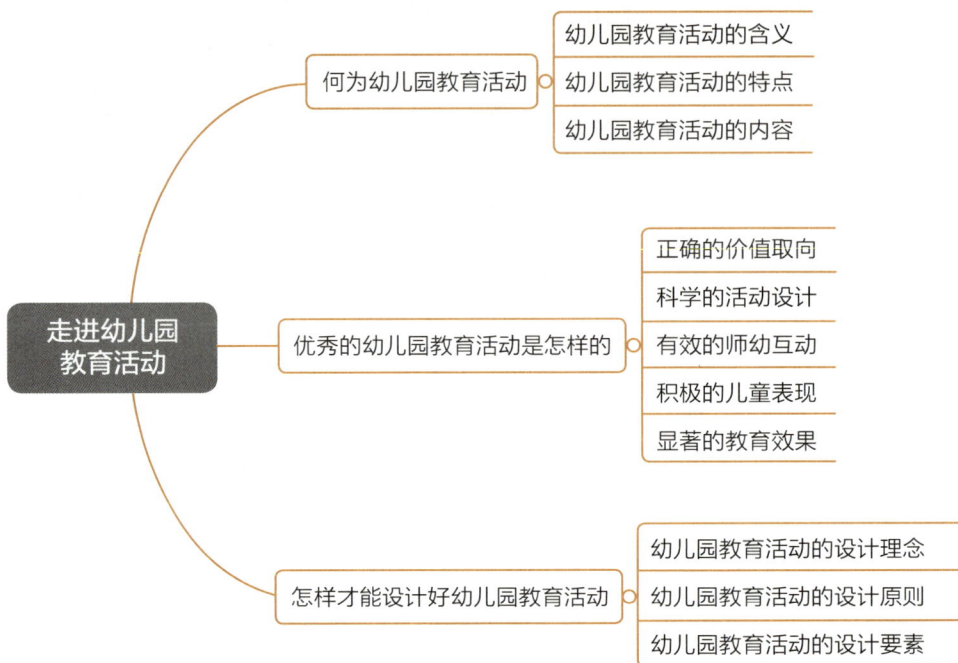

走进幼儿园教育活动
- 何为幼儿园教育活动
  - 幼儿园教育活动的含义
  - 幼儿园教育活动的特点
  - 幼儿园教育活动的内容
- 优秀的幼儿园教育活动是怎样的
  - 正确的价值取向
  - 科学的活动设计
  - 有效的师幼互动
  - 积极的儿童表现
  - 显著的教育效果
- 怎样才能设计好幼儿园教育活动
  - 幼儿园教育活动的设计理念
  - 幼儿园教育活动的设计原则
  - 幼儿园教育活动的设计要素

## 学习目标

1. 掌握幼儿园教育活动的含义、特点和内容。
2. 领会优秀的幼儿园教育活动的特点，并初步分析实践中的幼儿园教育活动。
3. 理解幼儿园教育活动的设计理念、原则和要素，并尝试设计一个幼儿园教育活动。

# 活动1 何为幼儿园教育活动

## 我是调查者

你可以前往幼儿园走一走、看一看、问一问，也可以查阅有关资料，完成表 1–1 的填写。（在条件有限的情况下，允许利用网络资源完成调查任务。）

表 1–1　幼儿园教育活动的调查

| 关键问题 | 你的原有经验 | 你的调查结果 | 你的感悟 |
| --- | --- | --- | --- |
| 什么是幼儿园教育活动 | | | |
| 幼儿园教育活动有哪些特点 | | | |
| 幼儿园教育活动主要包括哪些内容 | | | |

幼儿园教育活动作为幼儿园教育的实施载体，既是实现幼儿园教育目标、组织幼儿园教育内容、落实幼儿园教育任务的主要手段，又是促进儿童全面、健康、和谐、整体发展的重要途径。因此，我们十分有必要从幼儿园教育活动的含义、特点和内容三个角度，进一步加深对幼儿园教育活动的理解，为幼儿园教育活动的设计与实践奠定坚实的基础。

### 一、幼儿园教育活动的含义

在我国的法规文件中，"幼儿园教育活动"最早出现在 1989 年教育部颁布的《幼儿园工作规程（试行）》（国家教育委员会令第 2 号，现已废止，由中华人民共和国国家教育委员会令第 39 号代替），自此打破了传统的分科课程模式，取消了"语言课""常识课""美术课"等说法，取而代之的是"语言活动""科学活动""美术活动"等。一般而言，幼儿园教育活动有广义和狭义之分，本书所说的幼儿园教育活动是从狭义层面进行界定的。

### （一）广义的幼儿园教育活动

2001年，教育部印发的《幼儿园教育指导纲要（试行）》指出，"幼儿园的教育活动，是教师以多种形式有目的、有计划地引导幼儿生动、活泼、主动活动的教育过程"。[①] 不难发现，这里的"教育过程"包括促进儿童身心全面和谐发展的一切在园活动的总和，它具有以下三个方面的深层含义。

第一，幼儿园教育活动是一种有目的、有计划的活动。幼儿园教育活动是在幼儿园教育目标指导下，为了促进儿童身心健康、全面和谐发展而开展的活动，并不是盲目、自发、任凭儿童自然发展的活动。

第二，幼儿园教育活动是一种以教师为主导、以儿童为主体的活动。从根本上来说，幼儿园教育活动是教师和儿童共同参与的互动过程。一方面，教师是幼儿园教育活动的支持者、合作者和引导者，激发儿童积极主动地参与活动，发挥教师的主导作用。另一方面，儿童是幼儿园教育活动的主体，在与环境、材料、教师和同伴的相互作用中，促进儿童富有个性的发展，体现儿童的主体地位。

第三，幼儿园教育活动是一种以多种形式开展的活动。儿童的身心发展特点决定了幼儿园教育活动必须是丰富多彩、多种多样的。例如，幼儿园教育活动既有集体活动，也有小组活动和个别活动；既有学习活动，也有生活活动、游戏活动和运动活动；既有教师发起的预设性活动，也有儿童自发的生成性活动；等等。

### （二）狭义的幼儿园教育活动

根据结构化程度不同，幼儿园教育活动可以划分为纯游戏、低结构化教学、高结构化教学和完全结构化教学，如图1-1所示。

顺应儿童的自然发展　　　　　　　　　　　　儿童完成教师预设的教学任务
让儿童获得一般能力　　　　　　　　　　　　让儿童获得基本知识和技能

纯游戏　　　　低结构化教学　　　高结构化教学　　完全结构化教学

图1-1　幼儿园教育活动的结构化程度

从这一视角出发，狭义的幼儿园教育活动属于"高结构化教学"或"完全结构化教学"，是教师根据儿童的身心发展特点，遵循一定的教育原则，制定合理的活动目标，选择适宜的活动内容和方法，在一定时间内面向全体儿童精心组织与实施的教育活动，主要涉及健康、语言、社会、科学、艺术五大领域。简单地说，这就是"集体教学活动"，如图1-2所示，其特点是全体儿童在同一时间内做基本

---

① 教育部关于印发《幼儿园教育指导纲要（试行）》的通知 [EB/OL].(2001-07-02) [2022-03-01]. http://www.moe.gov.cn/srcsite/A06/s3327/200107/t20010702_81984.html.

相同的事情，活动过程由教师进行组织和直接指导。

图1-2 集体教学活动①

## 二、幼儿园教育活动的特点

相对于其他年龄阶段而言，3~6岁的儿童在学习与发展方面有着独特之处，这决定了幼儿园教育活动主要具有以下五个特点。

### （一）计划性

幼儿园教育活动的根本目的是达成设定的活动目标，促进活动过程的有效实施。为了在有限的时间里实现这一目标，教师往往需要事先制订一份科学合理的活动计划，即"教案"，其主要包括设计意图、活动目标、活动准备、活动过程和活动延伸等基本要素，均是教师提前预设的内容，具有较强的计划性，更加倾向于结果取向。

微视频：幼儿园教育活动的特点

### （二）广泛性

幼儿园教育活动是幼儿园教育的重要实施载体，可以相对划分为健康、语言、社会、科学和艺术五个领域。其所涵盖的内容广泛，涉及生活的方方面面。以科学领域为例，主要包括物质科学、生命科学、地球和空间科学、科学与技术四个方面，不仅涉及生活周围丰富的物质材料、科技产品、简单工具，而且对常见的动植物、人类活动、地球变化也有所探究，如图1-3所示。

---

① 该图由浙江省台州市临海市人民政府机关幼儿园提供。

图 1-3 科学领域所涵盖的主要内容

### （三）生活性

陶行知"生活即教育"

　　幼儿园教育活动以帮助儿童获得大量的直接经验为主要任务，其内容和方法必须贴近儿童的实际生活。一是内容源于生活。注重将幼儿园教育活动的内容与儿童日常生活建立密切的联系，基于儿童的兴趣、经验和需要，寓教育于生活之中。二是方法归于生活。在开展幼儿园教育活动的过程中，运用结合儿童生活、创设生活情境的方法，使得他们回归生活、丰富经验，在生活中学习与发展。

### 🔗 案例 1-1

#### 大班数学活动"倒计时"①

　　大班数学活动"倒计时"的主要目标是，促使儿童在理解倒计时与人们生活关

---

① 毛凤鹰. 倒计时（大班）[J]. 幼儿教育，2016(13):30-31. 引用时有改动。

系的基础上，进一步尝试计算倒计时，并对某个特殊日子产生期盼之情。教师首先给儿童观看"春晚倒计时"视频，让他们感受倒计时的作用和人们的喜悦之情，并说一说生活中见过的"倒计时"；其次，给儿童观看"红绿灯倒计时"和"火箭发射倒计时"视频，让他们说一说其作用，并通过模拟体会倒计时与人们生活的关系；最后，学习计算倒计时，例如为"母亲节"计算倒计时。教师可让儿童挑选自己喜欢的节日或期盼日子的图片，学习倒计时，并从旁观察与指导。

"倒计时"这一活动源于儿童的日常生活，他们时常会问"老师，我们还有几天春游呀？""老师，毕业演出还有几天呢？"等问题，这表明儿童已经有了倒计时的意识，并乐意为某天的某事做准备，期待着这一天的到来。从案例1-1中可以看到，为了帮助儿童掌握具有一定挑战性的"倒计时"，教师有意识地联系儿童生活中出现的"倒计时"，如"红绿灯倒计时""春晚倒计时"等，并创设了"为'母亲节'计算倒计时"的生活情境，将教育与生活有机融合，进一步学习倒计时的计算方法。

**（四）趣味性**

趣味性是儿童探究和加入活动最直接且朴素的缘由，生动有趣的幼儿园教育活动，能够吸引儿童积极主动地参与活动。一是体现在活动内容和活动材料上，选择富有童趣的活动内容，提供新奇多变的活动材料，能满足儿童的好奇心，激发他们的探究欲；二是体现在游戏化的教学方法上，创设一定的游戏情境，能唤起和调动儿童的兴趣，使得他们保持长久的专注力，实现在玩中学、学中玩。

🔗 **案例1-2**

### 小班音乐活动"小小鱼儿游啊游"[①]

小班音乐活动"小小鱼儿游啊游"的教学目标是：

> （1）熟悉歌曲的旋律、歌词和节拍，感受歌曲的趣味；
> （2）理解游戏玩法，能在歌曲结束后表现小鱼躲藏，体验音乐游戏的快乐；
> （3）乐意在游戏情境中演唱歌曲。

活动过程如下：第一，播放律动音乐《小鱼吐泡泡》，教师和儿童一起跟随律动音乐合拍表现小鱼吐泡泡；第二，欣赏歌曲《小小鱼儿游啊游》，儿童把手掌当作小鱼，边听歌曲边表现小鱼游动，歌曲结束后表现小鱼躲藏，教师寻找"小鱼"躲在哪里；第三，了解游戏"小小鱼儿游啊游"的玩法，教师操作小鱼图卡，随歌

---

① 周玲美，林红.小小鱼儿游啊游（小班）[J].幼儿教育，2019(10):38-39.引用时有改动。

曲表现小鱼躲藏，当儿童说"小鱼、小鱼快出来"时，教师出示小鱼图卡，表示小鱼被找到了；第四，通过角色扮演表现"小小鱼儿游啊游"，儿童扮演小鱼，边演唱歌曲边合拍表现小鱼游动。当教师发出"躲起来喽"的指令时，儿童自主选择海底场景展板躲藏。教师既可以到展板后面去寻找"小鱼"，也可以对着展板喊："小鱼、小鱼快出来吧。"儿童听到后从展板后面"游"出来。

《小小鱼儿游啊游》是一首充满童趣的歌曲，生动地呈现了小鱼游、抓小鱼和小鱼躲的游戏情境，满足了小班幼儿喜欢玩捉迷藏游戏的愿望。从案例1-2中不难发现，教师借助妙趣横生的"小鱼躲藏"的游戏情境，辅之以海底场景展板、小鱼图卡、PPT动画等多种材料，创设了逼真的"海底世界"，并将角色扮演的方法贯穿整个活动的始终，使得儿童浸润在游戏情境之中，激发了他们参与游戏的积极性、主动性，体现了教学游戏化的理念，更具趣味性。

**（五）整合性**

陈鹤琴"五指活动"

儿童的发展是一个整体，是以"完整人"的形象出现的，这决定了幼儿园教育活动应该是高度整合的。主要表现在：一是儿童获得的不仅仅是知识，更是认知、技能和情感等方面的整合发展；二是不同领域的内容有机联系、相互渗透，绝非彼此割裂，不可片面追求某一方面的孤立发展。

## 案例1-3
### 中班语言活动"最奇妙的蛋"[①]

中班语言活动"最奇妙的蛋"活动目标如下：

（1）仔细观察画面，理解故事内容，感悟每个人都有自己独特的最棒之处，要悦纳自己及他人；
（2）大胆想象，尝试运用修饰性词汇或者比喻、夸张等修辞方法进行描述和表达；
（3）感受绘本中各种奇妙情境所带来的幽默和惊喜。

本次活动主要包括两个环节，分别是教师引导的集体阅读和儿童的自主阅读。在集体阅读环节中，教师引导儿童观察之后，用语言描述三只母鸡各自的特点，并进行大胆想象，多维表达心目中最奇妙的蛋。在自主阅读环节，教师以悬念发起讨论，儿童进一步验证猜想，并联系自身实际感悟"每个人都有自己独特的最

---
① 李宁蓉.最奇妙的蛋（中班）[J].幼儿教育，2018(7):29-31.引用时有改动。

棒之处，要悦纳自己及他人"的道理。

显而易见，案例 1-3 中所描述的活动目标分别从认知、技能和情感三个角度出发制定，而不仅仅体现在某一方面的目标，具有高度的整合性。此外，"最奇妙的蛋"虽然是一个中班语言活动，但有机整合了语言和社会领域的学习。教师依托富有想象且蕴含哲理的绘本故事《最奇妙的蛋》，引导儿童仔细观察画面，尝试运用修饰性词汇或者比喻、夸张等修辞方法进行描述和表达，并进一步理解故事的内容，真切体悟"每个人都有自己独特的最棒之处，要悦纳自己及他人"的深层意蕴。

### 三、幼儿园教育活动的内容

《幼儿园教育指导纲要（试行）》指出，"幼儿园的教育内容是全面的、启蒙性的，可以相对划分为健康、语言、社会、科学、艺术五个领域，也可作其他不同的划分"。[①] 据此，幼儿园教育活动的内容可以从五大领域进行划分，具体内容如下。

#### （一）健康领域

《3—6 岁儿童学习与发展指南》将健康领域的内容分为身心状况、动作发展、生活习惯与生活能力三个部分。具体而言，健康领域的活动主要包括身体健康教育活动、饮食与营养教育活动、心理健康教育活动、身体认识与保护教育活动、日常生活习惯和生活能力教育、体育活动以及安全教育活动。基于此，进一步归纳梳理健康领域六个维度的关键经验，即身体健康、心理健康、适应能力、动作发展、生活习惯和生活能力、安全教育。

#### （二）语言领域

《3—6 岁儿童学习与发展指南》将语言领域的内容分为倾听与表达、阅读与书写准备两个部分。具体而言，语言领域的活动主要包括谈话活动、讲述活动、语言游戏活动、文学活动、早期阅读活动。基于此，进一步归纳梳理语言领域五个维度的关键经验，即谈话经验、讲述经验、语言游戏经验、文学经验和早期读写经验。

#### （三）社会领域

《3—6 岁儿童学习与发展指南》将社会领域的内容分为人际交往、社会适应两个部分。具体而言，社会领域的活动主要包括自我意识活动、人际关系活动和社会适应活动。基于此，进一步归纳梳理社会领域三个维度的关键经验，即指向自我、指向他人和指向社会文化。

#### （四）科学领域

《3—6 岁儿童学习与发展指南》将科学领域的内容分为科学探究和数学认知两

---

① 教育部关于印发《幼儿园教育指导纲要（试行）》的通知 [EB/OL].(2001-07-02) [2022-03-01]. http://www.moe.gov.cn/srcsite/A06/s3327/200107/t20010702_81984.html.

个部分。科学探究主要包括观察型科学活动、实验型科学活动、制作型科学活动、讨论型科学活动、科学游戏型活动；数学认知主要包括集合概念活动、数和数的运算活动、几何形体活动、量概念活动、空间与时间活动。基于此，可以进一步归纳梳理科学领域五个维度的关键经验，即生命科学、物质科学、地球与空间科学、数与量、图形与空间。

**（五）艺术领域**

《3—6岁儿童学习与发展指南》将艺术领域的内容分为感受与欣赏、表现与创造两个部分。具体而言，艺术领域的活动主要包括美术欣赏活动、绘画活动、手工活动、歌唱活动、音乐欣赏活动、打击乐活动、集体舞活动和音乐游戏活动。基于此，进一步归纳梳理艺术领域六个维度的关键经验，即审美心理意象、使用形式要素、探索工具和材料、节奏关键经验、旋律关键经验和描述关键经验。

## 活动 2 优秀的幼儿园教育活动是怎样的

微视频：睡莲
花开

👤 **我是评论者**

请你观看由优秀青年教师执教的中班科学活动"睡莲花开"视频，认真做好观摩记录，思考值得学习之处和需要改进的地方，写下你的评论，填写表 1–2。（建议至少观看两遍，第一遍整体感受，第二遍重点突破、精细梳理。）

表 1–2 中班科学活动"睡莲花开"观摩记录

| 活动过程记录 | 你的评论 |
| --- | --- |
|  |  |

近些年来，世界各国对学前教育的重视已从关注"量"转向关注"质"，进入所谓的"质量时代"。[①] 同样地，我国于 2010 年颁布的《国务院关于当前发展学前教育的若干意见》（国发〔2010〕41 号）指出，"努力构建覆盖城乡、布局合理的学前教育公共服务体系，保障适龄儿童接受基本的、有质量的学前教育"。而幼儿园教育活动质量是幼儿园教育质量的重要组成部分，对儿童各方面的发展有着独

---

① Dahlberg, et al. Beyond quality in early childhood education and care: language of evaluation[M]. New York: Routledge, 2007:3.

特的价值。下面将以当前在幼儿园教育活动质量研究领域中的最新成果《中国托幼机构教育质量评价量表（第三版）》为依托，深入剖析优秀的幼儿园教育活动是怎样的，其主要表现在正确的价值取向、科学的活动设计、有效的师幼互动、积极的儿童表现和显著的教育效果五个方面。

## 一、正确的价值取向

文本素材

正确的价值取向是一个优秀的幼儿园教育活动必须具备的首要条件，而"以儿童为本"的价值取向作为《幼儿园教育指导纲要（试行）》的突出特征和《3—6 岁儿童学习与发展指南》的核心理念，示范引领着幼儿园教育活动的整体走向。其实质是尊重儿童是独立的人，享有和成年人平等对话的权利，切实把握儿童的学习方式，遵循儿童的发展特点和速度，促进每一个儿童富有个性的发展，进一步细化的内容如表 1–3 所示。

表 1–3　幼儿园教育活动的"价值取向"量表[①]

| 类型 | 具体指标 |
| --- | --- |
| 不正确的价值取向 | 1. 完全是知识传递取向的，幼儿的学习完全是被动接受的（如表现为灌输式）<br>2. 教师处于绝对权威地位，幼儿完全被动服从<br>3. 教师对待不同幼儿严重不公平 |
| 正确的价值取向 | 1. 体现了幼儿自主学习与教师有效引导之间的平衡，是师幼对话、共同建构知识与意义的过程<br>2. 师幼之间可以自由平等地进行对话和交流<br>3. 每位幼儿能够均等地获得学习、活动和表现的机会 |

## 二、科学的活动设计

学者视线：从目标定位看集体教学活动的有效性

一个优秀的幼儿园教育活动必然离不开科学的活动设计，它既是教师对幼儿园教育活动的具体规划，更是教师开展幼儿园教育活动的行动指南，直接关系着幼儿园教育活动的成败。因此，我们需要制定合理的活动目标、选择适宜的活动内容、做好充分的活动准备、安排有序的活动过程、运用恰当的教学方法以及设置丰富的活动延伸，进一步细化的内容如表 1-4 所示。

---

① 李克建，胡碧颖. 中国托幼机构教育质量评价量表（第三版）[Z]. 杭州：浙江师范大学杭州幼儿师范学院，2014:95. 引用时有改动。

表 1-4　幼儿园教育活动的"活动设计"量表 [①]

| 类型 | | 具体指标 |
|---|---|---|
| 不科学的活动设计 | 活动教案 | 1. 没有备课或任何事先考虑<br>2. 教案设计明显不合理（违背幼儿身心发展和认知活动的基本原理） |
| | 活动目标与内容 | 1. 活动目标以单纯的知识记忆或技能训练为主<br>2. 活动目标要求严重不合理<br>3. 教师自身对活动目标、内容要点没有明晰的理解和把握，导致幼儿对学习任务不明确<br>4. 活动目标和内容完全脱离幼儿的兴趣和经验<br>5. 明显的分科授课，活动内容仅限于一个学科领域 |
| | 活动准备 | 1. 教师没有做任何的活动准备（如没有必要的教具、对幼儿的已有经验基础和接受能力完全不了解）<br>2. 缺乏必要的辅助设备或操作材料<br>3. 辅助设备与操作材料的使用明显不适宜 |
| | 活动过程 | 1. 活动组织与秩序混乱，难以继续（因组织或秩序问题而中断两次或两次以上）<br>2. 活动持续时间过长（如因长时间教学，大部分幼儿表现出明显的疲劳和注意力涣散）<br>3. 采用机械训练或灌输的教学方法，有明显"小学化""成人化"倾向<br>4. 幼儿完全被动接受，没有任何操作、探索、表达或创造活动的机会<br>5. 教师的教学刻板僵化，完全忽略幼儿现场的学习状态或反应<br>6. 教师对意外事件的处理明显不当，严重干扰了教学 |

① 李克建，胡碧颖. 中国托幼机构教育质量评价量表（第三版）[Z]. 杭州：浙江师范大学杭州幼儿师范学院，2014:77. 引用时有改动。

续表

| 类型 | | 具体指标 |
|---|---|---|
| 科学的活动设计 | 活动教案 | 1. 教案设计构思巧妙，有利于促进幼儿的主动探索，个别化或创造性学习<br>2. 教案设计为生成性的活动预留了空间，或为延伸性的活动埋下了伏笔 |
| | 活动目标与内容 | 1. 活动目标具有多个层次和不同程度的挑战性，不同需求和发展水平的幼儿都能在其中找到适宜的活动和学习任务<br>2. 几乎每位幼儿都有明确的目标或任务意识，专注地围绕核心内容展开学习或探索活动<br>3. 活动内容源于幼儿的生活，以解决真实问题为导向，激发幼儿强烈的兴趣与探究欲望<br>4. 活动目标考虑到促进幼儿的全面发展，并体现在实际的活动过程中<br>5. 活动内容重点突出，紧紧围绕核心目标（如关键概念或技能等） |
| | 活动准备 | 1. 考虑到活动过程中的各种可能性和情境因素的变化，有针对性地做了备选<br>2. 辅助设备的使用有效地支持了幼儿的主动学习<br>3. 至少有部分（1/3 以上）材料源于当地的自然资源，或由教师和幼儿自制，或可循环利用 |
| | 活动过程 | 1. 幼儿数在 25 人以下，至少有 2 名教师在场并积极相互配合或全班幼儿被分成两组（每组在 15 人以下），各由至少 1 名教师负责，开展平行教学<br>2. （必要时）多种组织形式可灵活转换，有效支持幼儿的学习<br>3. 根据幼儿的兴趣、学习进展和疲劳程度，灵活决定不同幼儿的活动结束时间，并为先完成学习任务的幼儿提供适宜的延伸活动<br>4. 教学方法多样而适宜，有利于幼儿积极主动和创造性地学习，有效地支持幼儿思维和技能的发展<br>5. 几乎所有幼儿都能获得操作、探索、表达或创造活动的机会<br>6. 活动过程中提供了多种选择机会（至少 3 种，如材料、小组或合作伙伴、学习方式、完成任务的时间等）<br>7. 教师注意把握预设与生成的平衡，善于根据幼儿现场的反应推动活动的发展，提升幼儿学习的效果<br>8. 教师处理及时而适宜，甚至巧妙地把意外事件转化为良好的教育契机 |

### 三、有效的师幼互动

师幼互动是幼儿园教育质量的核心要素，高质量的师幼互动对促进儿童各方面的发展具有积极作用。而师幼互动伴随着幼儿园教育活动过程的始终，有效的师幼互动显然是一个优秀的幼儿园教育活动必不可少的因素，其主要包括做出适宜的回应、及时给予积极的反馈、营造宽松愉悦的氛围三个方面，进一步细化的内容如表1-5所示。

CLASS课堂
师幼互动评估
系统量表

表1-5　幼儿园教育活动的"师幼互动"量表[①]

| 类型 | 具体指标 |
|---|---|
| 无效的师幼互动 | 1. 教师缺乏敏感性，完全不顾幼儿的反应（如幼儿的哭泣、争执等）<br>2. 幼儿的学习得不到任何反馈和评价，或者反馈与评价方式明显不当<br>3. 活动过程中发生了严重的消极事件，严重影响幼儿的学习与情绪<br>4. 活动过程中，教师严厉地惩罚、批评、呵斥幼儿 |
| 有效的师幼互动 | 1. 教师密切关注幼儿的行为并做出适宜的回应，注意安抚个别幼儿的情绪<br>2. 大多数幼儿得到个别化的、具体而有意义的反馈和评价，有效地推动和支持幼儿的学习<br>3. 教师与幼儿之间以及同伴间关系亲密，彼此积极交流，表现出尊重和关爱 |

### 四、积极的儿童表现

儿童作为幼儿园教育活动的主体，是具有主观能动性的学习者，幼儿园教育活动的内容只有通过儿童的自主建构和深度内化才能达到较好的教育效果，这也正如马里奥·希森所言："儿童是热情投入的主动学习者。"因此，积极的儿童表现成为判断一个幼儿园教育活动是否优秀的重要依据，集中体现在儿童的兴趣状态、注意状态、参与状态、投入状态、情绪状态和交往状态六个方面，进一步细化的内容如表1-6所示。

---

① 李克建，胡碧颖.中国托幼机构教育质量评价量表（第三版）[Z].杭州：浙江师范大学杭州幼儿师范学院，2014:80，87.引用时有改动。

表 1-6　幼儿园教育活动的"儿童表现"量表 [①]

| 类型 | 具体指标 |
|---|---|
| 消极的儿童表现 | 1. 几乎所有幼儿对所进行的活动没有兴趣，注意力涣散，做与活动无关的事情<br>2. 幼儿总体上处于消极情绪状态（如恐惧、压抑、沮丧或异常亢奋）<br>3. 攻击性行为经常发生（3 次及以上） |
| 积极的儿童表现 | 1. 几乎所有幼儿都表现出浓厚的学习兴趣，积极参与活动，专注而持久<br>2. 幼儿表现出对他人的理解、同情、关爱等积极的社会性情感<br>3. 幼儿之间能够通过协商等方式自行解决交往中的问题，表现出与年龄和能力相适应的良好社会性行为 |

### 五、显著的教育效果

众所周知，促进儿童身心全面和谐发展是我们开展幼儿园教育活动的着眼点。也就是说，取得显著的教育效果是一个优秀的幼儿园教育活动的根本目的和最终归宿。其中因为表达与创造、思维与技能对儿童任何其他领域的学习与发展具有基础性的作用，所以它们与活动目标是否达成、儿童是否获得有意义的学习，共同包含在显著的教育效果之内，进一步细化的内容如表 1-7 所示。

表 1-7　幼儿园教育活动的"教育效果"量表 [②]

| 类型 | 具体指标 |
|---|---|
| 不显著的教育效果 | 1. 活动基本是无效的（如完全没有达到预定目标，对幼儿发展基本没有正向促进作用）<br>2. 大部分时间被浪费，或花在维持秩序和纪律上<br>3. 幼儿没有进行任何探究思维活动或技能学习活动<br>4. 幼儿在思维能力或技能上几乎没有提升<br>5. 幼儿表达与创造能力得不到任何展现和提升 |
| 显著的教育效果 | 1. 在活动过程中，幼儿有机会进行个别化、创造性的学习或合作学习<br>2. 活动后，几乎每位幼儿均有不同程度的预期性提高<br>3. 几乎每位幼儿都专注地参与适宜发展的探究思维活动或技能学习活动<br>4. 几乎每位幼儿的思维或技能都得到不同程度的提升<br>5. 几乎每位幼儿表达和创造的能力都得到展现和提升，体验到自信和成功 |

---

① 李克建，胡碧颖 . 中国托幼机构教育质量评价量表（第三版）[Z]. 杭州：浙江师范大学杭州幼儿师范学院，2014:93. 引用时有改动。
② 李克建，胡碧颖 . 中国托幼机构教育质量评价量表（第三版）[Z]. 杭州：浙江师范大学杭州幼儿师范学院，2014:84，94. 引用时有改动。

## 活动 3　怎样才能设计好幼儿园教育活动

### 我是设计者

请你以"我的一家子"为主题，设计一个中班的幼儿园教育活动（领域自定），并说明你的设计理由，完成表 1-8 的填写。

表 1-8　中班 _____（领域）活动 _____（名称）

| 活动方案 | 设计理由 |
|---|---|
|  |  |

幼儿园教育活动的设计是实施幼儿园教育活动的前提条件，是教师遵循儿童身心发展的特点，依据一定的活动目标，选择适宜的活动内容和方法，在一定的时间内对儿童施加教育影响的活动方案，其质量的好坏是决定活动成败的关键。下面，我们将从幼儿园教育活动的设计理念、设计原则和设计要素三个方面展开具体分析。

### 一、幼儿园教育活动的设计理念

教师持有的理念是幼儿园教育活动设计的逻辑起点，对实施幼儿园教育活动起着至关重要的作用，有什么样的设计理念就会有什么样的活动设计。具体而言，幼儿园教育活动的设计理念主要基于成熟势力理论、人本主义理论、认知发展理论和多元智能理论四个方面的内容。

#### （一）成熟势力理论

成熟势力理论的代表人物是美国儿童心理学家阿诺德·格赛尔（Arnold Gesell），其基本观点是个体的生理和心理发展都是按基因规定的顺序有规则、有秩序地进行，并将发展看成一个顺序模式的过程，这个模式由机体成熟预先决定和表现，成熟则是通过基因来指导发展的机制，即成熟是推动儿童发展的主要动力。因此，在进行幼儿园教育活动设计时，教师必须了解儿童的成长规律，尊重儿童的实际水平，不要违背儿童发展的"内在时间表"，在儿童尚未成熟时，应耐心等待，切忌拔苗助长。

### （二）人本主义理论

人本主义理论的代表人物有美国心理学家亚伯拉罕·H.马斯洛（Abraham H. Maslow）和卡尔·兰塞姆·罗杰斯（Carl Ransom Rogers），他们认为人的本性是乐观的、积极的，而且是富有建设性的，强调以人为中心，每个人都有自己的需要和愿望，具有追求自我价值的共同趋向。这启示我们在进行幼儿园教育活动设计时，应当坚持以儿童为本的理念，将儿童看作一个独立的个体，充分考虑儿童的兴趣和需要，引导他们达到各自发展的最佳状态。

### （三）认知发展理论

认知发展理论的代表人物是瑞士心理学家让·皮亚杰（Jean Piaget），其基本观点如下：儿童是在与环境的相互作用过程中，逐步建构关于外部世界的知识，从而使自身的认知结构得到发展，即儿童的认知结构是通过同化与顺应的过程，在"平衡—不平衡—新的平衡"的循环中不断发展和提高。由此可知，在进行幼儿园教育活动设计时，教师应该充分发挥儿童的主动性，强调儿童对知识的主动探索与发现，突出儿童根据自身的经验建构有关知识的意义，并且重视儿童与环境中的材料和人的互动的积极作用。

### （四）多元智能理论

多元智能理论的代表人物是美国心理发展学家霍华德·加德纳（Howard Gardner），他提出了人类具有8种智能，分别是语言、逻辑、空间、运动、音乐、人际、内省和自然，每个人都拥有不同的智能优势组合。这就要求我们在进行幼儿园教育活动设计时，必须尊重儿童存在的智能差异，做到因材施教，注意充分挖掘儿童的优势智能，为其提供合适的发展机会。

## 二、幼儿园教育活动的设计原则

幼儿园教育活动的设计原则是教师在进行幼儿园教育活动设计时必须遵循的基本要求和指导思想，主要有以下五条原则。

### （一）主体性原则

教师和儿童在幼儿园教育活动中是共同参与、相互配合的，理所当然都是幼儿园教育活动的主体，但是需要注意，在充分发挥教师主导作用的同时，不可忽视儿童的主体地位。具体来说，一是必须坚持以儿童为主体，尊重儿童按照自己的兴趣、需要和能力进行活动，让儿童真正成为学习的主人；二是教师应当成为儿童学习活动的支持者、合作者和引导者，帮助他们积极主动地参与活动。

### （二）科学性原则

科学性原则对促进儿童的发展有着十分重要的作用，必须时刻贯穿于整个幼儿园教育活动的始终。其主要蕴含以下两个方面的内容：一是指向儿童传授的知识、观点、技能等应该是准确的、可靠的、符合客观规律的，能够帮助儿童形成科学的概念和正确的态度；二是幼儿园教育活动的目标、内容、过程以及方法等，应该符合儿童的年龄特点和认知规律，是科学合理的、切实可行的。

### （三）发展性原则

根据苏联著名心理学家列夫·维果斯基（Lev Semenovich Vygotsky）提出的"最近发展区"概念，即儿童独立解决问题的现有发展水平与经过他人帮助可以达到的较高水平之间的差距[①]，如图 1-4 所示。发展性原则主要包括以下两层含义：一是以儿童的原有基础和发展水平为出发点，既不任意拔高，也不盲目滞后；二是以促进儿童身心全面和谐发展为落脚点，将"发展"作为幼儿园教育活动的核心，考虑儿童长远发展的需要和价值。

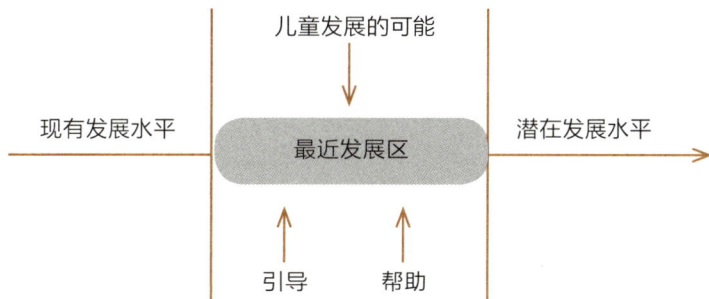

图 1-4 最近发展区

### （四）直观性原则

《3—6 岁儿童学习与发展指南》指出，最大限度地支持和满足幼儿通过直接感知、实际操作和亲身体验获取经验的需要。[②]而直观性原则是指教师根据儿童思维的具体形象性，充分利用儿童的多感官通道，通过各种直观手段吸引儿童的注意力，激发儿童的学习兴趣，丰富儿童的直接经验和感性认识。其中，常用的直观手段有实物直观（如实地参观等）、教具直观（如图片、模型等）、电化教育直观（如幻灯片、视频等）、语言直观（如生动形象的语言描述等）和动作直观（如示范、表演等）。

---

① 陈福红，李慧霞，李德菊.学前儿童发展心理学 [M]. 长沙：湖南师范大学出版社，2017:38.
② 中华人民共和国教育部.3—6 岁儿童学习与发展指南 [M]. 北京：首都师范大学出版社，2012:3.

### （五）创造性原则

幼儿园教育活动应是开放的、灵活的，而不是一成不变的封闭过程，即教师对幼儿园教育活动进行了必要的预设，但是仍然需要留有一定的弹性空间。具体而言，一是教师应当鼓励儿童不受传统思维的束缚，引导儿童积极主动地思考，拥有自己独特的见解和思路；二是教师在设计幼儿园教育活动时，需要充分发挥创造性，不拘泥于文本和教材，能够根据所在班级儿童的情况，大胆探索尝试，勇于开拓创新。

微视频：幼儿园教育活动的设计要素

## 三、幼儿园教育活动的设计要素

一份完整的幼儿园教育活动方案是幼儿园教育活动设计的重要内容，其主要包括活动名称、设计意图、活动目标、活动重难点、活动准备、活动过程和活动延伸七个部分。每个部分相互联系、不可分割，共同构成了幼儿园教育活动的设计要素。

### （一）活动名称

活动名称主要是由年龄段、所属领域和具体名称三个部分组成，并且在确定名称时需要注意以下两点：一是涵盖活动的核心内容，言简意赅，令人一目了然；二是符合儿童化语言的特点，通俗易懂，充满童趣。例如，小班健康活动"一二三，爬起来！"、中班语言活动"小老虎的大屁股"、大班科学活动"水娃娃不见了"。

### （二）设计意图

设计意图旨在说明"为什么要设计这个活动""这个活动的设计依据是什么"以及"这个活动可以促进儿童哪些方面的发展"。详细地说，主要包括以下三个方面的内容：一是阐述理论依据，进一步剖析活动内容；二是分析儿童发展特点、已有经验和兴趣需要；三是说明活动的设计思路以及主要价值。正如案例1-4所示，首先阐述了开展此次科学活动的理论依据，即《3—6岁儿童学习与发展指南》中对幼儿科学学习的要求，接着结合小班幼儿的特点、兴趣和经验，解释了为什么选择"彩虹糖溶化"的科学现象进行探究，最后简要说明了如何开展此次活动及其所带来的发展价值。

🔗 **案例 1-4**

### 小班科学活动"哇！彩虹糖"①

《3—6 岁儿童学习与发展指南》指出，幼儿科学学习的核心是激发探究兴趣，体验探究过程，发展初步的探究能力。彩虹糖是儿童常见并喜爱的一种食物，用彩虹糖作为实验材料，可以调动儿童的已有经验，使得儿童有话可说。同时，溶化也是儿童在生活中常见并感兴趣的科学现象。因此，通过创设"怎样让彩虹糖上的颜色变没了"的游戏情境，引导儿童通过听一听、看一看、猜一猜、做一做、说一说等方法，在亲身体验的过程中发现彩虹糖遇到水就会溶化的这一科学现象，从而激发儿童的好奇心，感受色彩变化带来的惊喜，促进儿童科学素养的养成。

## （三）活动目标

活动目标是幼儿园教育活动的"指南针"，其决定了幼儿园教育活动所能达到的预期效果。依据美国教育家本杰明·布卢姆（Benjamin Bloom）的教育目标分类理论，可以将活动目标分为认知目标（儿童在学习过程中需要理解和掌握的知识、概念和经验等）、技能目标（对完成某项任务所必需的各种能力的掌握）和情感目标（个体对参与活动所产生的情绪体验、内在感受和价值态度等）三个维度。另外，必须遵循以下三点要求：一是符合儿童的年龄特点和发展水平，具有一定的挑战性；二是表述具体明确，核心目标突出，有较强的可操作性；三是表述角度一致，从儿童的角度出发。例如，案例 1-5 从认知、技能和情感出发，确定了三条具体明确的目标，聚焦健康领域，核心目标突出，可操作性强。同时，目标表述角度一致，是以儿童为主体，并且掌握双手拉动绳子带动身体向前移动的动作要领，符合中班幼儿的年龄特点和发展水平，而尝试和挑战拉动绳索移动身体的多种方法具有一定的挑战性。

🔗 **案例 1-5**

### 中班健康活动"勇敢的小士兵"②

1. 掌握双手拉动绳子带动身体向前移动的动作要领。（认知目标）
2. 愿意尝试和挑战拉绳索移动身体的多种方法。（技能目标）
3. 理解并遵守活动规则，体验与同伴共同游戏的快乐。（情感目标）

---

① 陈世联 . 幼儿园教育活动设计与实施 [M]. 北京：中国人民大学出版社，2016:30. 引用时有改动。
② 何桂香 . 教学有方：幼儿园教学活动设计与实施 [M]. 北京：中国农业出版社，2020:40. 引用时有改动。

### （四）活动重难点

确定活动重难点是为了进一步明确活动目标，以便在幼儿园教育活动过程中突出重点、突破难点，更好地实现活动目标。其中，活动重点是指在幼儿园教育活动中具有重要价值的关键内容，对儿童的学习与发展起着决定性作用；活动难点是指儿童难以理解的、较为复杂抽象的内容，需要根据儿童的实际情况确定。例如在案例1-6中，感知做事时拥挤和有序的不同效果，体会有序在生活中的重要性，这是大班社会活动"大家一起来排队"的关键内容，而尝试有序做事的方法，愿意将活动中的经验运用到生活中去是较为复杂抽象的内容，因此可以将前者确定为活动重点，后者确定为活动难点。

### 🔗 案例1-6

**大班社会活动"大家一起来排队"** [①]

1. 活动重点：感知做事时拥挤和有序的不同效果，体会有序在生活中的重要性。
2. 活动难点：尝试有序做事的方法，愿意将活动中的经验运用到生活中去。

### （五）活动准备

活动准备是实施幼儿园教育活动的必要前提，可以将其分为物质准备和经验准备。其中，物质准备是指为支持儿童的学习与发展所需提供的材料、教具和学具，如案例1-7中的"方格子老虎"PPT、小老虎教具、每人一只没有花纹的小老虎、蜡笔若干。经验准备是指在开展幼儿园教育活动前，儿童必须具备的各种知识经验。例如在案例1-7中，开展小班美术活动"方格子老虎"之前，教师需要让幼儿知道，刚出生的小老虎身上是没有花纹的，并具备画横线和竖线的经验，如此才能保证活动的顺利开展。

### 🔗 案例1-7

**小班美术活动"方格子老虎"** [②]

1. 物质准备："方格子老虎"PPT、小老虎教具、每人一只没有花纹的小老虎、蜡笔若干。
2. 经验准备：知道刚出生的小老虎是没有花纹的，并已经具备了画横线和竖线的经验。

### （六）活动过程

活动过程作为幼儿园教育活动设计的关键部分，详细说明了实施幼儿园教育

---

① 刘彩云.幼儿园集体教学活动设计与案例[M].北京：中国轻工业出版社，2016:187-188.引用时有改动。
② 何桂香.教学有方：幼儿园教学活动设计与实施[M].北京：中国农业出版社，2020:132.引用时有改动。

活动的具体步骤与方法，并且整个过程以"导入部分—主体部分—结束部分"为主线进行总体架构。每个部分对应着若干不同的活动环节，每个环节继续细化为若干具体的小步骤，条理清晰、环环相扣、层层递进，如图1-5所示。其中，导入部分是幼儿园教育活动的起始环节，通过运用富有趣味性的各种方法，让儿童集中注意力，引出活动的主题，激发儿童的好奇心和求知欲。例如，在案例1-8中，第一个环节就是导入部分，先以猜谜语的方式引出松鼠角色，有效激发幼儿的学习兴趣，接着播放课件"小松鼠的大尾巴"，帮助幼儿了解松鼠的主要特征，为下一个环节做铺垫。

主体部分是幼儿园教育活动的重点环节，为了有效达成活动目标、解决活动重难点，教师应选择适宜的方法引导儿童主动参与活动，充分感知理解、思考探索和表达表现。例如，在案例1-8中，第二个环节和第三个环节就是主体部分，教师遵循幼儿学习的特点，先整体感知画面一，引导幼儿仔细观察画面，初步了解故事内容，再逐一出示画面二、画面三和画面四，引导幼儿自由表达对小松鼠的大尾巴在不同季节作用的理解，以此落实语言活动"小松鼠的大尾巴"的目标，解决活动的重难点，即能够清晰地讲述每幅画面的内容。

结束部分是幼儿园教育活动的总结环节，既可以是教师对活动的梳理提升，也可以是教师对儿童表现的评价并进一步提出新的要求，还可以是以游戏的方式巩固所学内容。例如，在案例1-8中，第四个环节就是结束部分，教师有感情地完整讲述故事内容，进一步梳理和巩固幼儿所学内容，并辅之以情景表演的方式，引导幼儿运用完整的语言简单讲述整个故事，同时感受帮助别人和被别人帮助的快乐，达到了寓教于乐的效果。

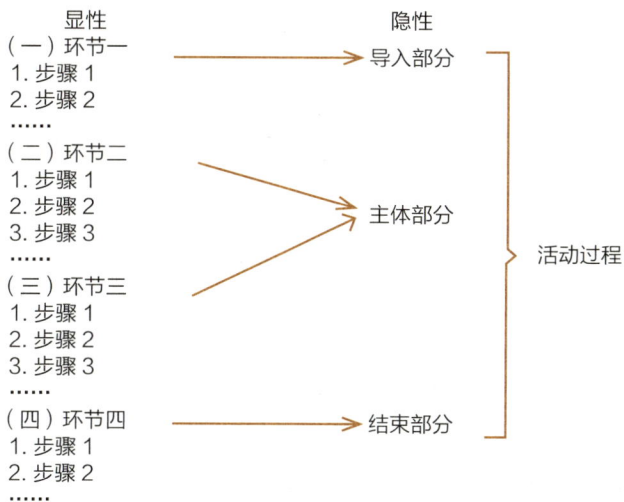

图1-5　活动过程的设计框架

🔗 **案例1-8**

### 中班语言活动"小松鼠的大尾巴"①

**1. 猜谜语引出松鼠角色，了解松鼠的主要特征**

（1）教师说谜语，引出话题

谜语：它的身子很灵巧，身上穿着灰皮袄，树上走，树上跑，还在树上睡大觉。

（2）播放课件"小松鼠的大尾巴"，儿童观察松鼠特征

①提问：小松鼠的尾巴是什么样的？它的大尾巴有什么作用？

②鼓励儿童说一说松鼠尾巴的作用。

**2. 继续播放课件，引导儿童初步了解画面的内容**

观察画面一，并提问：这是什么季节？你是怎么看出来的？它们是谁？在做什么事情？

请个别儿童讲述自己对画面的理解。教师逐一出示其他三幅画面，引导儿童感知小松鼠的大尾巴在不同季节的作用。

观察画面二，引导儿童讲述图片内容：①这是什么季节？天气怎么样？②小蜗牛怎么了？小松鼠对小蜗牛说了什么？它是怎样帮助小蜗牛的？

观察画面三，引导儿童回答以下问题：①这是什么季节？天气怎么样？②小兔在做什么？小松鼠对小兔说了什么？它是怎样帮助小兔的？

观察画面四，鼓励儿童运用已有经验进行讲述：①前面说了春天、夏天、秋天，接下来是什么季节？②启发儿童看图，讲述小松鼠用大尾巴当被子盖的情节。

**3. 完整讲述故事内容**

通过情景表演的方式让儿童感受帮助别人和被帮助的快乐。教师有感情地朗诵故事内容，并引导儿童按照季节的顺序互相讲述故事内容。

教师扮演小松鼠，儿童扮演其他小动物进行故事表演，引导儿童了解故事表演的方式。邀请一名儿童扮演小松鼠，其他儿童扮演小动物，体验小松鼠帮助别人和被帮助的快乐。

**（七）活动延伸**

活动延伸是在幼儿园教育活动结束之后，自然引发或延伸出来的相关活动，以此巩固和拓展所学的内容，促进活动目标更好地达成。延伸方式是多种多样的，可以延伸至其他活动，形成系列，也可以延伸至家庭（家园合作），还可以延伸至

---

① 刘彩云. 幼儿园集体教学活动设计与案例 [M]. 北京：中国轻工业出版社，2016:120—122. 引用时有改动。

社区（联系生活）。例如，把《小熊的阳光》绘本投放到阅读区，引导小朋友们进一步阅读，为下一次深度学习做准备；又如，请小朋友们回家统计一下妈妈的裙子颜色，看看妈妈的衣橱里面哪种颜色的裙子最多；再如，带着小朋友们到社区医院的牙科参观，积累有关牙科医院的知识。

## 拓展阅读

### 深度学习视角下幼儿园教学活动的审思 [①]

教学之为教学，在于"教"与"学"的统一。近年来，幼儿深度学习在学前教育领域备受关注，因其不仅关乎幼儿当下的成长，还对幼儿的终身发展具有重要价值。然而，在幼儿园教学活动中，幼儿的"学"往往停留于浅层，难以走向深层。要知道，"教"的所有意义、价值与功能都在于引发"学"，为"学"服务。基于此，本文从幼儿深度学习视角审思幼儿园教学活动现状，并提出促进幼儿深度学习的教学建议。

#### 1. 关于幼儿深度学习

幼儿深度学习在幼儿园教育实践中得到验证，并强调深度学习的关键要素包括：在认知层面，即以提升学习者解决问题的能力为目标，表现出理解与批判、联想与建构、迁移与应用的特点；在动机层面，即幼儿深度学习包含幼儿积极情绪，是一个整体性投入的过程；在社会文化层面，即幼儿深度学习是人际互动的社会化过程。

可见，幼儿深度学习基本表现出如下特征：第一，以幼儿为主体。幼儿是深度学习的主体，教师是幼儿深度学习的引导者。第二，全身心投入。幼儿深度学习是幼儿全身心投入的过程，即包括身体、认知、情感和意志等的学习过程。第三，提高解决问题的能力。深度学习发生在真实的问题情境中，以提高问题的解决能力为导向，强调幼儿对知识经验的批判理解、整合建构和迁移运用。第四，发展高阶思维。按照布卢姆认知领域的教育目标分类所对应的"知道、领会、应用、分析、综合及评价"六个层次，其中，应用、分析、综合及评价属于高阶思维。深度学习强调幼儿在学习中高阶思维的运用与发展。

#### 2. 基于幼儿深度学习视角反观教学活动现状

深度学习虽然以浅层学习为基础，但幼儿的学习不能只停留在浅层。机械记忆和重复模仿的浅层学习对促进幼儿的全面发展有很大的局限性。然而，在幼儿园教学活动中，幼儿的"学"多停留于浅层。

---

[①] 舒婷婷，王春燕.深度学习视角下幼儿园教学活动的审思[J].基础教育课程，2021(8):75-80.

（1）幼儿主体性缺失

幼儿深度学习是以幼儿为主体、教师为引导者的学习过程，其角色定位的准确把握是幼儿深度学习发生发展的基础。然而，幼儿园教学活动中不乏幼儿主体性缺失的现象存在，主要表现为教师很少为幼儿提供表达自己想法的机会。作为学习主体的幼儿，应有自己的思考和言说，而不是他人代替幼儿或是幼儿应和他人，如此只会造成教学过程中幼儿的学习仅仅是浅层学习的结果。

有这样一个场景在幼儿园教学活动中屡见不鲜：每当教师提问"对不对""是不是""可不可以"等问题时，幼儿多是不假思索地应和。尽管偶尔也会有幼儿质疑甚至否定，但常常被教师以无反馈的方式忽视。表面上，教师通过征求幼儿意见体现对幼儿主体性的尊重，实际上，教师关注的是教学流程的推进，而不是幼儿作为主体的学习。教师更多的是示意幼儿去肯定、去配合，而不是鼓励幼儿去思考、去质疑。长此以往，教师安于表面的"和谐"，就会愈加忽视促进幼儿深入思考，忽视对幼儿深度学习的引导。相应地，幼儿也会自然而然地以教师的言说为标准，习惯于简单记忆和重复模仿的浅层学习状态。

（2）创设虚假问题情境

幼儿的学习离不开情境，适宜的情境为幼儿迁移运用已有经验和深入理解新经验提供机会，有助于提高幼儿解决问题的能力。然而，在幼儿园教学活动中，往往存在教师创设虚假问题情境的现象，这在一定程度上降低了幼儿学习的积极性，不利于幼儿进行深度学习。

以中班科学活动"小猪透视图"为例，首先，教师引导幼儿感知桃花纸、复印纸、卡纸、牛皮纸的透光性，并猜测纸的透光性和厚薄有关。其次，教师引入"小猪佩奇吃坏东西肚子疼，它吃了什么东西？"的问题情境，提出制作小猪透视图，即用不同的纸分别贴在佩奇的肚子部位，透过灯光检查佩奇的肚子，以比较不同纸的透光性。幼儿积极参与其中，然而，在操作过程中，幼儿发现佩奇肚子里什么都没有。对此，教师并没有回应，而是匆忙总结"纸越薄，透光性越好"。

小猪佩奇是幼儿非常熟悉和喜爱的卡通人物，与小猪佩奇相关的问题情境的创设，不仅有助于满足幼儿帮助佩奇的强烈愿望，还有助于实现比较纸透光性的教学目标。然而，此课中的问题情境是虚假的，即佩奇没有吃坏东西。当虚假的问题情境被拆穿时，真实感就消失了，幼儿参与的积极性也随之降低，以致无法全身心投入其中，无暇探究纸的透光性，无暇思考理解"纸越薄，透光性越好"。可见，虚假问题情境的创设难以维持幼儿持久的学习兴趣，也难以引导幼儿进行深度学习。

（3）师幼互动呈现低认知状态

幼儿深度学习以发展高阶思维为核心，在幼儿园教学活动中，幼儿高阶思维的发展主要通过师幼互动的形式实现。然而，教学活动中的师幼互动往往呈现低认知状态，主要表现在教师的提问和反馈两个方面。从教师提问来看，教师多提出低认知水平的问题，如大量的封闭式问题。已有研究表明，教师提问的认知水平与学生回答的认知水平呈正相关。在低认知的提问之下，幼儿的认知也只停留在低水平。从教师反馈来看，教师多是重复幼儿回答，较少使用质疑、追问等促进幼儿深入思考的反馈策略。

以大班语言教学活动"菲菲生气了"为例，教师提问"有什么办法让菲菲不那么生气？"通过观察记录发现，13 名幼儿进行了回答，其中 10 名幼儿的办法是"给她买东西（如玩具、好吃的、新衣服等）"，3 名幼儿的办法是"可以跟她一起玩""可以喝口水，等一下，安静一下""可以做深呼吸"。对此，教师分别进行了重复反馈，如"嗯，你觉得可以给她买很多好吃的"。并在最后总结"小朋友们想到了这么多的好办法"。表面上，教师尊重和肯定了幼儿的想法，实际上，教师的反馈忽视了幼儿想法背后的思考过程。在这个过程中，尽管教师提出了有助于引发幼儿联系实际生活经验、促进幼儿思考的问题，但是教师的反馈却没有进一步引导幼儿深入思考，因此，幼儿的学习也只是浅层的学习。

（4）幼儿个性化创造缺失

创造性思维是高阶思维的重要表现，幼儿的深度学习离不开教师对幼儿创造性表现的尊重、鼓励与支持。然而，在幼儿园教学活动中，多存在幼儿个性化创造缺失的现象。

以大班科学活动"神奇的盐水"为例，首先，教师通过演示"土豆浮起来"，引导幼儿猜测："水中添加了什么材料使土豆浮起来了？"教师提供了盐、糖、味精（用不同颜色的碗装着）告知幼儿："刚才就是往水里加了这三个'好朋友'中的一个，你们猜猜我放的是谁呢？现在先不告诉你们，我请小朋友们都来做一个小科学家，自己动手，去试一试，发现我的秘密！"随后，幼儿开始了第一次探究，幼儿被分成 4 组，每组 3 人，人手一个杯子、一颗土豆、一把勺子、一杯清水，每组幼儿都分到三种调料。每个幼儿试验一种调料，把调料倒进水杯中并搅拌，完全溶解后再放入土豆，观察土豆沉浮情况并记录（在空格处打钩或打叉）。师幼共同总结："盐水能让土豆浮起来。"接着，进行第二次探究，幼儿被分成 6 组，每组 2 人。这次幼儿只分到盐，他们需要根据记录表上盐的用量（一勺至五勺）提示逐步往水中加盐，搅拌至完全溶解，观察土豆沉浮情况并记录（在用量下方打钩或打叉）。最后，教师总结："盐越多，水的浮力越大。"至此，教学结束。

单一固定的材料分配、一勺至五勺的固定化操作程序、只需打钩或打叉的记录方式……在科学活动中，教师事无巨细地为幼儿的探究做好安排，幼儿也按部就班地进行。这样"面面俱到"的科学探究过程，幼儿既缺少自主探究的机会，也缺少个性化创造的机会，其经历的只是简单观察和模仿操作的浅层学习。

### 3. 促进幼儿深度学习的教学建议

**（1）落实幼儿学习主体地位，确立促进幼儿深度学习的教学**

第一，转变"教师本位"的教学观，落实幼儿的主体地位，建构"我与你"的对话教学观。在这种对话关系中，教师和幼儿的地位是平等的，幼儿可以有自己的意见态度，有自己的言说思考，他们不再是教师的附和者，也不再是被动的接受者，而是一个主动学习者。第二，"以学定教"，即教师的教立足于幼儿的学，因为"所有关于教的问题的思考和设计，都应以对学的理解和把握为基础，否则，教就可能成为背离学的规律、脱离学的目的的无实际效果和意义的活动"。第三，确立促进幼儿深度学习的教学目标。将促进幼儿深度学习作为一个隐性的教学目标贯穿于教学过程的始终，教师要关注教学活动中幼儿的学习过程，关注幼儿学习过程中的整体投入情况，不仅仅局限于思维，更包括情感、意志、动机、精神乃至身体等全方位的投入；分析与解读幼儿的学习状态，有针对性地提供教学支持，引导幼儿深度学习。

**（2）创设真实问题情境，引导幼儿深入探究**

第一，问题情境应贴近幼儿真实生活。真实的问题源于真实的生活，贴近生活的情境易触发幼儿的好奇心和内在兴趣，激发幼儿持续学习的动机，促进幼儿积极主动地学习。深度学习要求学习者对学习情境的深入理解，对关键要素的判断和把握，在相似情境能够做到"举一反三"，也能在新情境中分析判断差异并将原则思路迁移运用，贴近真实生活的问题情境有助于幼儿对知识经验进行深入理解与迁移运用。第二，问题情境要有一定的挑战性。有挑战性的问题情境可以促进幼儿相互合作，促使其运用应用、分析、综合、评价等高阶思维来解决问题，这样既有助于幼儿高阶思维的发展，又能提高其人际交往和问题解决的能力。有挑战性的问题不是幼儿能够独立解决的简单问题，也不是超越幼儿能力太多的艰深问题，而是建立在幼儿的最近发展区内的问题。第三，问题情境要具有复杂性。问题情境的复杂性为幼儿提供了更多发现和解决问题的机会，其强调的是"幼儿在学习过程中是否发生深层次思考，是否有真正高水平的认知活动参与"。

**（3）提供高质量的提问和反馈，促进幼儿高阶思维发展**

第一，有效提问，引导幼儿深入思考。提高问题的有效性，教师需要根据具体教学内容、幼儿的已有经验和兴趣需要设计提问，注意问题要少而精、多样化，以及提出的问题要有层次性，尤其要增加高认知水平问题的比重。例如，在大班语言教学活动"像爸爸一样"中，可以将封闭式提问"大狮子是不是一个好爸爸？"改为开放式提问"大狮子是一个怎样的爸爸？"鼓励幼儿结合绘本内容，联系实际生活，表达自己对狮子爸爸的独特评价。第二，及时反馈、持续反馈、具体反馈，促进幼儿深入思考。教师应关注幼儿的学习进展，根据幼儿的学习状态给予及时反馈；在幼儿学习的关键点，积极引导，给予持续反馈；针对幼儿的不同认知发展特点和具体学习状态进行具体反馈，包括幼儿学习过程、学习方法和学习结果。例如，在大班语言教学活动"菲菲生气了"中，就"有什么办法让菲菲不那么生气？"的问题，大部分幼儿表示可以通过物质满足（如买玩具、买好吃的、买新衣服等）来缓解生气情绪。但有一名幼儿提出"做深呼吸"的办法，此时教师可以尝试这样反馈："你的想法很独特，不是买玩具、买好吃的、买新衣服，而是做深呼吸，你能说说你是怎么想到的吗？"倾听幼儿想法背后的思考过程而不仅仅局限于结果的获知，在此基础上，尝试进一步引导幼儿思考什么是健康的情绪调节方法，如"你们觉得哪一种方法更好，为什么？"等。

（4）建构良好教学环境，支持幼儿创造性表现

环境与经验和学习之间有密切关系，支持性环境能为幼儿提供更多积极体验、自主探究、协商合作、思考和创造的空间，进而引发深度学习，促进幼儿认知、语言和社会性等方面的发展。教师需要建构良好的教学环境，支持幼儿创造性表现。

第一，营造民主自由的心理环境。民主自由的心理环境能够让幼儿毫无顾忌地全身心投入学习，进行个性化的表达与表现。良好的教学心理环境需要教师与幼儿建立良好的师生关系，需要教师充分尊重与信任幼儿的学习能力，让幼儿能够大胆猜测、质疑、分析、评价与创造，给予幼儿自由的时间和空间，以及及时的关注与回应。第二，创设丰富的物质环境。幼儿的学习离不开材料的运用，充足多样的材料是幼儿学习的载体，能够满足幼儿自主选择的需要和个性化的兴趣，支持幼儿的创造性表现，提高幼儿深度学习的可能性。值得注意的是，充足多样的材料是以支持幼儿深度学习为目的的，这就需要教师根据教学实际情况，综合考量，提供适当、适宜、适度的学习材料。例如，在大班科学活动"神奇的盐水"中，教师可以尝试为幼儿提供空白的记录表，鼓励幼儿运用多样化的方式记录探究过程与结果。

# MODULE

## 2
模块二

# 如何设计幼儿园教育活动

---

▶ **单元导言**

　　某幼儿园中班年级组正在开展艺术活动的教研活动，一名年轻教师苦恼地谈道：艺术活动的创设越来越难了，我们既要让幼儿自由地唱唱跳跳、涂涂画画，让他们感受到美，能够创造和表达美，又不能过多地干预和禁锢他们的创造力，那么到底该怎么做呢？我有时翻开《3—6 岁儿童学习与发展指南》或者《幼儿园教育指导纲要（试行）》，找到艺术活动的相关要求，确定相关教学内容，然后把总体大方向搬到活动设计里。比如说，我要通过这一活动来激发孩子自由的唱唱跳跳的愿望，可是问题又来了，这样的一个目标表述不够具体，并不是所有的目标通过一次活动就能实现。那么，在设计活动时应该怎么做呢？怎么样才能让活动目标变得既具体又有针对性？如何提供有意义的活动情境？如何准备有价值的活动材料，使活动内容适宜、过程有趣呢？本章将带你一探究竟。

## ▶ 主要内容

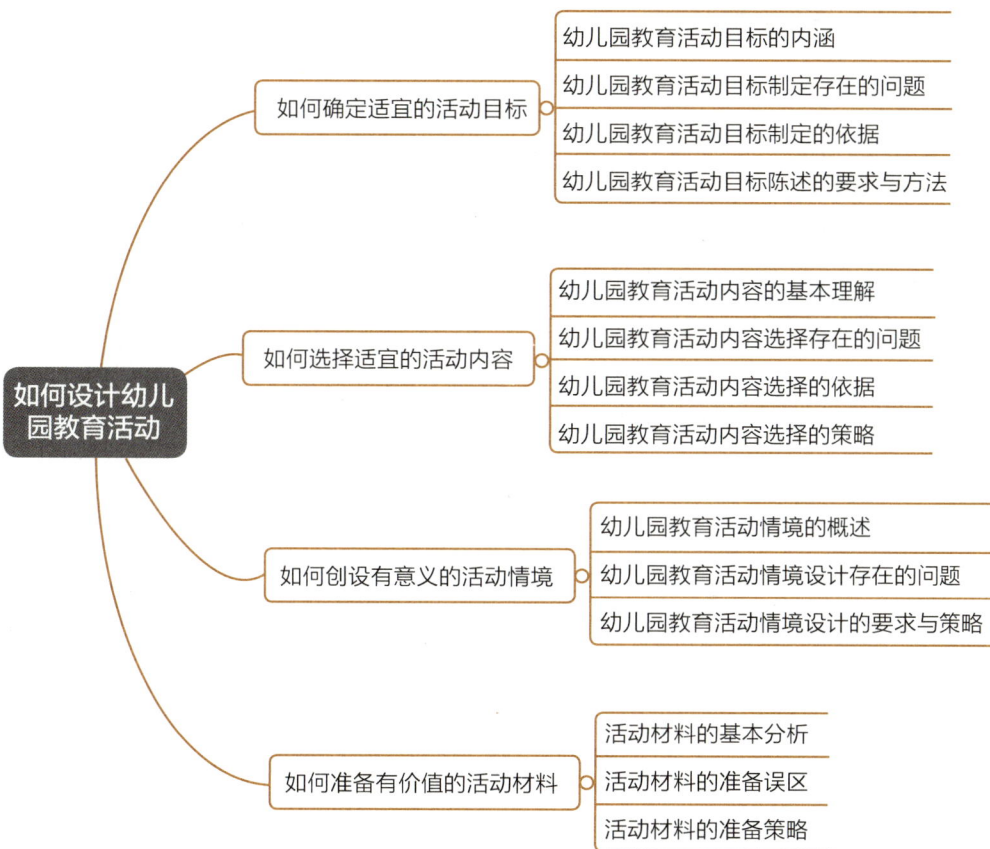

如何设计幼儿园教育活动
- 如何确定适宜的活动目标
  - 幼儿园教育活动目标的内涵
  - 幼儿园教育活动目标制定存在的问题
  - 幼儿园教育活动目标制定的依据
  - 幼儿园教育活动目标陈述的要求与方法
- 如何选择适宜的活动内容
  - 幼儿园教育活动内容的基本理解
  - 幼儿园教育活动内容选择存在的问题
  - 幼儿园教育活动内容选择的依据
  - 幼儿园教育活动内容选择的策略
- 如何创设有意义的活动情境
  - 幼儿园教育活动情境的概述
  - 幼儿园教育活动情境设计存在的问题
  - 幼儿园教育活动情境设计的要求与策略
- 如何准备有价值的活动材料
  - 活动材料的基本分析
  - 活动材料的准备误区
  - 活动材料的准备策略

## ▶ 学习目标

1. 理解幼儿园教育活动目标的内涵、层次、制定依据等，明确并掌握幼儿园教育活动目标陈述的要求与方法。
2. 解释幼儿园教育活动内容的内涵及选择依据，理解并举例说明幼儿园教育活动内容选择的策略。
3. 理解幼儿园教育活动情境化的依据、特点及分类，并尝试设计幼儿园教育活动情境。
4. 理解活动材料的内涵、类型和价值，明确活动材料的准备误区，并进一步掌握活动材料的准备策略。
5. 树立科学的幼儿园教育活动设计理念，学会设计各类活动方案，并尝试分析各类教育活动案例。

## 活动 1  如何确定适宜的活动目标

### 我是制定者

请以小组为单位，尝试设计大班语言活动"逃家小兔"的活动目标，并写出设计依据。建议查阅资料，深度解读绘本《逃家小兔》，结合《3—6 岁儿童学习与发展指南》，完成表 2-1 的填写。

表 2-1  "逃家小兔"活动目标设计

| 活动目标 | 设计依据 |
| --- | --- |
|  |  |

### 一、幼儿园教育活动目标的内涵

#### （一）幼儿园教育活动目标的含义

幼儿园教育活动目标是指教师通过一次或一段时间的教育活动所要达到的预期目的。作为幼儿园人才培养的要求，它揭示了幼儿园教育活动影响幼儿发展的预期变化，是教师开展教育活动的导向。在整个幼儿园教育活动设计中，教育活动目标决定着教育活动设计工作的方向、教育活动内容的选择与组织。它既是教师实施教育活动的依据，也是评价教育活动的标准，且使教育活动内容的选择与组织以及实施和评价等方面与教育活动目标成为一个有机的整体。[①]

#### （二）目标系统及其层次关系

1. 幼儿园教育活动目标在教育目标体系中的定位

由于教育活动的复杂性和长期性，所达到的标准包含多重内涵，具有一定的层次性和阶梯性，所以，在教育活动设计中，为能准确理解和把握教育活动目标，就

---

[①]  许卓娅. 幼儿园课程理论与实践 [M]. 南京：南京师范大学出版社，2002:34.

要对不同层次的教育目的和目标进行分析并理清。从教育目的到教育目标、课程目标，再到活动目标是一个从宏观到微观，从概括到具体的过程。在幼儿园教育系统中，教育目的、教育目标、课程目标、教育活动目标等构成了一个有机的整体。

（1）第一层次：教育目的

教育目的在目标体系中是最上位的概念，体现的是普遍的、终极的价值追求。它往往以教育方针的形式贯彻落实，教育方针是国家根据政治、经济、文化发展的要求，为实现教育目的所规定的教育工作总方向，是教育政策的总概括，内容包括教育指导思想、培养人才的规格及实现教育目的的基本途径等。关于我国教育目的的描述，不同历史时期有不同的表述。《国家中长期教育改革和发展规划纲要（2020—2020 年）》中强调，促进德育、智育、体育、美育有机融合，提高学生综合素质，使学生成为德智体美全面发展的社会主义建设者和接班人。[①]

（2）第二层次：教育目标

教育目标所体现的是不同性质的教育和不同阶段的教育价值，不同教育阶段具有不同的教育目标。自 2016 年 3 月 1 日起施行的《幼儿园工作规程》中，明确提出幼儿园的任务是："贯彻国家的教育方针，按照保育与教育相结合的原则，遵循幼儿身心发展特点和规律，实施德、智、体、美等方面全面发展的教育，促进幼儿身心和谐发展。"[②]

（3）第三层次：课程目标

课程目标是依据教育目的以及教育目标而提出的关于课程的具体价值和任务，我国在 2001 年颁发的《幼儿园教育指导纲要（试行）》中，把幼儿园课程相对划分为健康、语言、社会、科学、艺术五个领域，各领域的内容相互渗透，都有明确的目标。从不同的角度促进幼儿情感、态度、能力、知识、技能等方面的发展。

（4）第四层次：教育活动目标

幼儿园教育活动目标是通过某一次或某一段教育活动，期望幼儿获得的某些方面的发展，它是最为具体的目标，也是各领域教育目标的下位概念。教育活动目标是课程目标的具体化。课程目标需要划分成一系列的可操作的目标才能最终实现。

**2. 幼儿园目标的层次及其关系**

（1）幼儿园课程总目标

幼儿园课程总目标是根据国家教育目的并结合幼儿园的实际而确定的。这类目

---

① 国家中长期教育改革和发展规划纲要（2010—2020 年）[EB/OL].（2010-07-29）[2022-03-01]. http://www.gov.cn/jrzg/2010-07/29/content_1667143.htm.
② 幼儿园工作规程 [EB/OL].（2016-02-29）[2022-03-01]. http://www.moe.gov.cn/srcsite/A02/s5911/moe_621/201602/t20160229_231184.html.

标是幼儿园课程规划和建设的宏观目标，表述得相对比较抽象、概括、提纲挈领。

（2）幼儿园年龄阶段目标

年龄阶段目标是将幼儿园课程总目标在幼儿园三个不同年龄阶段具体分解和落实，它由一系列的单元目标构成，这一层目标是小班、中班、大班三个年龄段的目标。例如，《3—6岁儿童学习与发展指南》中健康领域的目标3，如表2-2所示。

表2-2　目标3　具备基本的安全知识和自我保护能力

| 3~4岁 | 4~5岁 | 5~6岁 |
| --- | --- | --- |
| 1. 不吃陌生人给的东西，不跟陌生人走<br>2. 在提醒下能注意安全，不做危险的事<br>3. 在公共场所走失时，能向警察或有关人员说出自己和家长的名字、电话号码等简单信息 | 1. 知道在公共场合不远离成人的视线单独活动<br>2. 认识常见的安全标志，能遵守安全规则<br>3. 运动时能主动躲避危险<br>4. 知道简单的求助方式 | 1. 未经大人允许不给陌生人开门<br>2. 能自觉遵守基本的安全规则和交通规则<br>3. 运动时能注意安全，不给他人造成危险<br>4. 知道一些基本的防灾知识 |

（3）幼儿园学期教育目标

学期教育目标即各年龄阶段目标在第一、第二学期的分步实施。在不同的学期，各领域目标要求也有所不同。某幼儿园大班第二学期的学期计划（2021.2—2021.6），如表2-3所示。

表2-3　某幼儿园大班第二学期的学期计划（2021.2—2021.6）

| 班级情况分析 | | 本学期本班幼儿35名（老生31名，新生4名）。经过大班上学期的学习，分析学期末班级幼儿检核情况，总的来看：幼儿在生活自理能力、学习习惯方面都有了较大进步，特别是在体能、语言表达、社会交往、逻辑思维能力等方面表现较为突出。精力旺盛，爆发力强，对体育活动充满兴趣，初步形成个性并表现出明显的个体差异。他们大多为独生子女，拥有充分的爱抚与关怀，较优裕的物质生活条件，缺乏兄弟之间的交往和亲情，使的幼儿缺乏社会互动意识、不合群，自顾自，有独占习惯，同情心、责任感比较缺乏 |
| --- | --- | --- |
| 学期教育目标 | 语言领域 | 1. 能听懂多重指令，并能按顺序行动<br>2. 对生活中的语言、声调、节奏敏感，能辨别不同的语言、声调、节奏所表达的含义（如情绪、态度等）<br>3. 能清楚地讲述事情的前后经过，语言清楚完整，会用多种方式提出问题<br>4. 能专注地阅读图书，知道画面与文字的对应关系，培养阅读兴趣和简单的文字认读规律<br>5. 喜欢制作图书，发展连贯讲述和完整表达的能力 |

| | | |
|---|---|---|
| 学期教育目标 | 科学领域 | 1. 帮助儿童了解不同环境中的动植物及其与环境的相互关系，参与保护生态环境的活动<br>2. 引导儿童学习使用常见科技产品（如交通、通信工具等）的方法，运用简单工具和多种材料进行制作活动，能够发现物品和材料的多种特性和功能，并能表现出一定的创造性<br>3. 引导幼儿等分（二等分、四等分）或不等分一个整体，感知整体与部分的关系<br>4. 用不同的方法分解（或组成）一组物体（6~10 个），发现总数与部分数之间的关系，部分数与部分数之间的互补关系和互换关系<br>5. 学习 6~10 的加减，进一步理解加法、减法的含义，具有初步的估算意识 |
| | 社会领域 | 1. 愿意与众多的同伴合作游戏，有一定的坚持性<br>2. 会根据需要自己制定区域游戏的规则，并制作相应的提醒标记<br>3. 有环境保护的意识，当发现不当的行为举止时，敢于劝阻<br>4. 了解传统民间节日的由来和庆贺方式，喜欢民俗习惯<br>5. 知道中国是一个多民族的国家，尊重少数民族 |
| | 健康领域 | 1. 进餐时举止文明，不挑食，不暴饮暴食，进一步了解身体主要器官的重要功能和保护方法<br>2. 排队走步时较好地一对一保持队形，节奏一致。掌握更多走步方法，能独立想出新的走步方法，进行长距离远足活动<br>3. 掌握多种跑步方法，能独立想出新的跑步方法（如持物跑、后退跑、往返跑等），有强烈地提高跑速的愿望，进行竞赛跑，能绕复杂障碍物走、跑交替 300 米左右<br>4. 培养幼儿良好的弹跳力，有强烈地提高跳跃距离或跳跃高度的愿望，会跳短绳并尝试练习合作跳长绳<br>5. 熟练掌握侧钻、曲身钻、肘膝着地爬等难度动作，有序地过障碍物<br>6. 进一步了解相关的体育活动常识，能遵守体育活动的规则和要求，有集体观念，活动中懂得合作、负责、宽容、谦让、坚强、勇敢、不怕困难，运动保健意识和能力进一步增强 |
| | 艺术领域 | 1. 进一步引导幼儿利用多种绘画工具和材料，运用不同技法表现自己独特的思想和感受，体验创造的乐趣，能根据一定的主题，用丰富的色彩和线条构思、组织形象，表现出一定的内容和情节<br>2. 能按照自己的意愿运用多种泥工技法塑造结构较复杂的物象，表现其主要特征和某些细节。综合利用各种材料、工具和技能来布置环境，制作教具、玩具、礼品、演出服饰、道具等，并注意装饰美观<br>3. 继续学习领唱、齐唱以及简单的两声部轮唱、合唱，能较自如地控制、调节自己的歌声，较恰当地表现歌曲情感，能基本独立地即兴编、即兴唱 |

（4）月计划教育目标

月计划教育目标基于学期教育计划的目标进行每个月的分解，主要是在总结上月执行情况的基础上提出实现学期目标计划的操作性方案，如表 2-4 所示。

表 2-4　小班第一学期（11 月）计划

| 本月重点 | 1. 加强幼儿的常规教育<br>2. 开展"图形宝宝"主题活动，幼儿对图形特征有明确的认识，并能关注身边的具有图形特征的事物<br>3. 请家长配合，引导幼儿发现生活中的图形，并有意识地与幼儿共同选购有图形特征的食品或玩具<br>4. 引导幼儿积极参加晨间锻炼，并能遵守活动规则 | | |
|---|---|---|---|
| 常规教育<br>活动重点 | 1. 加强幼儿晨练的安全教育<br>2. 引导幼儿能关注身边的具有图形特征的事物，了解各种图形的特征<br>3. 教育幼儿集体活动时能遵守纪律，不随便讲话<br>4. 教育幼儿安静午睡，养成良好的午睡习惯 | | |
| 主题活动及<br>主题环境创设 | 1. 主题活动"图形宝宝"<br>2. 布置与主题相对应的墙饰，将幼儿的美术作品布置在墙饰里<br>3. 开展"图形宝宝"的主题活动，幼儿对图形特征都有了明确的认识，并能关注身边的具有图形特征的事物<br>4. 开设"送图形宝宝回家"的益智区游戏，巩固幼儿对图形的认识 | | |
| 游戏活动及<br>区角材料投放 | 游戏活动：益智区、娃娃家、生活区、美工区等<br>投放与主题有关的材料在各个区角中 | | |
| 家长工作及<br>家长园地更换 | 1. 引导幼儿关注生活中的图形，并有意识地与幼儿共同选购有图形特征的食品<br>2. 为幼儿的活动提供感知、表现、表达的机会，这样有助于幼儿的学习 | | |
| 幼儿发展要求 | 领域 | 活动名称 | 要求 |
| | 综合 | 1. 快乐的小鱼<br>2. 积木娃娃本领<br>3. 图形展览会<br>4. 图形食物品尝会 | 1. 会观察由图形组成的"小鱼"，认识三角形<br>2. 乐意用各种形状的积木进行搭建活动<br>3. 尝试用自己的方式发现物体圆的面或平的面，有兴趣参加收集、探索、分类的活动<br>4. 愿意将自己的食品与大家共同品尝，体验与同伴分享的快乐 |
| | 语言 | 1. 红红的小东西<br>2. 圆、圆、圆<br>3. 方脸盘和圆脸蛋 | 1. 能根据原有儿歌格式替换儿歌中圆形物体的形象，仿编出新的儿歌<br>2. 认识多种红红的、圆圆的物体，感受圆形物体可以滚动的特点<br>3. 了解故事的主要内容和情节 |

| | | | |
|---|---|---|---|
| 幼儿发展要求 | 科学 | 1. 找圆形<br>2. 瓶子和盖子<br>3. 图形宝宝找朋友<br>4. 有趣的图形<br>5 给图形排队 | 1. 认识图形，能从许多图形中找出圆形<br>2. 了解瓶盖的作用，会根据瓶口的特征选择合适的瓶盖<br>3. 能够根据形状特征进行图形分类与排列<br>4. 能从各种各样的图形中找出图形、三角形、长方形、正方形等图形 |
| | 艺术 | 1. 小鱼吐泡泡<br>2. 拉个圆圈走走<br>3. 吹泡泡<br>4. 图形灯笼<br>5. 转一圈，摸摸他<br>6. 糖葫芦 | 1. 能大胆选择色彩，学习用印章印画，表现大大小小的圆圈泡泡<br>2. 喜欢用动作表现、模仿吹泡泡的游戏情境<br>3. 学习将相同图形对齐粘贴制作灯笼，体验用自己的作品布置环境的快乐 |

（5）幼儿园教育活动目标

幼儿园教育活动目标，即某一个教育活动所期望达成的效果，它比较具体、操作性强。幼儿园课程目标只有最终转化成具体教育活动目标，才能真正落实到幼儿的发展上。例如，大班语言活动"一片叶子的猜想"，其教育活动目标是：欣赏散文诗，并尝试在理解散文诗的基础上根据画面信息进行仿编；感受大自然的美好，萌发对文学作品的兴趣。

**（三）幼儿园教育活动目标的取向**

由于对幼儿发展、社会需求及对幼儿园教育活动的不同理解，在幼儿园教育活动目标的设计中，会体现出不同的价值观，从而表现出不同的目标取向。幼儿园教育活动的目标取向，反映了该教育活动的基本价值和性质。较常见的目标取向在幼儿园里主要有行为目标、生成性目标和表现性目标等。

**1. 行为目标**

行为目标，指的是可以用幼儿具体的、可被观察的行为加以表述的幼儿园教育活动目标。它指向的是教育活动实施以后在幼儿身上所发生的行为变化，具有客观性和可操作性等特点。[①] 在设置活动目标时，表述往往比较具体、指向比较明确，因此其也是对教育活动成效进行评价的重要依据。

美国芝加哥大学教授约翰·富兰克林·博比特（John Franklin Bobbitt）是首位提出行为目标的人，他曾用"活动分析法"对人类经验和职业进行了系统分析，并提出了 10 个领域中的 800 多个目标，为行为目标在课程领域的确立奠定了基础。美国课程理论家拉尔夫·W. 泰勒（Ralph W. Tyler）在《课程与教学的基本原理》一书中，系统发展了博比特等人关于行为目标的理念。他强调指出，在目标确立之后，

---

① 朱家雄. 幼儿园课程 [M]. 2 版. 上海：华东师范大学出版社，2011：66.

最有效的陈述形式是，"既指出要使学生养成的那种行为，又指明这种行为能在其中运用的生活领域或内容"，[①] 即每一个课程目标都应该包括"行为"与"内容"两个方面。后来，布卢姆等人继承并发展了泰勒的行为目标理念，他们借用生物学中的"分类学"概念，在教育领域建立了"教育目标分类学"，从而把行为目标发展到新的阶段。20世纪六七十年代，美国心理学家梅杰（Mager）等人总结并发展了前人的行为目标理念，领导并发动了"行为目标运动"，将行为目标取向的发展推到了顶峰。

**2. 生成性目标**

生成性目标是指在教育情境中，随着教育过程的展开而自然生成的活动目标。在教育情境中自己产生的目标，它充分尊重儿童，使儿童有权决定什么是最值得学习的。如果说行为目标关注的是结果，那么生成性目标注重的则是过程，反映的是教育过程中儿童经验的增长，体现的是儿童问题解决的过程与结果。

英国学者劳伦斯·斯坦豪斯（Lawrence Stenhouse）曾对生成性目标做了比较充分的诠释。他认为，学校教育主要包括三个过程：训练、教学和引导。"训练"是使儿童获得动作技能的过程；"教学"是使儿童获得知识信息的过程；"引导"是使儿童获得以知识体系为支持的批判性、创造性的思维能力，这是使儿童进入"知识的本质"的过程。真正的教育使人类更加自由，更有创造性，因而教育的本质是引导。训练与教学是可以用行为目标来陈述的，而引导则不能用行为目标加以表述，因为引导的本质恰恰在于其不可预测性上，故用生成性目标来表述是最恰当的。

**3. 表现性目标**

表现性目标是由美国学者艾略特·W. 艾斯纳（Elliot W. Eisner）提出的，是指每个儿童在具体的教育情境中所产生的个性化表现。它追求的是儿童反应的多元化和个性化，而非反应的一致性。

随着对儿童身心发展的深入认知，表现性目标也是幼儿园教育活动必不可少的一种取向，儿童围绕某一主题可以运用原来学到的技能和知识，并通过"表现性目标"引导，扩展和拓深对原有技能与知识的理解，进而使它们具有个性化特点，培养儿童的创造性，最终体现在对儿童主体的尊重上。

## 二、幼儿园教育活动目标制定存在的问题

幼儿园教育活动目标是教育目标具体化的体现，目标实现与否以及实现程度如何，是教育活动质量与效益的核心标识。随着《幼儿园教育指导纲要（试行）》

---

① 泰勒. 课程与教学的基本原理 [M]. 施良方，译. 北京：人民教育出版社，1994:136.

和《3—6 岁儿童学习与发展指南》的贯彻落实，当前幼儿园教育十分强调幼儿的全面发展，强调教育活动目标在幼儿园一日生活和各类教育形式中的渗透。因此，教育活动目标的作用就显得尤为重要。然而，许多幼儿园教师虽然知道教育活动目标的重要性，但是不知道怎样的活动目标是适宜的，也不知道如何科学有效地将教育活动目标贯彻到具体的教学过程之中。这就造成了幼儿园教育活动目标在制定过程中出现了诸多问题。具体问题如下：

**（一）目标过于宽泛笼统，忽视关键经验和操作性**

对于一个具体的教育活动，所设计的目标应当具体而有针对性。笼统而宽泛的活动目标既不能体现对于特定具体教育活动的有效匹配，也不可能在一次教育活动中实现，同时也丧失了对于活动效果进行评判的参照价值。

例如，中班健康活动"白白的牙齿"中的一条目标："养成保护牙齿的良好习惯，能坚持早晚刷牙。"很显然，这个"习惯"的养成仅在一次教育活动中是不能培养起来的，自然也不可能实现。单就这条目标而言，宜调整为"了解保护牙齿的方法，懂得早晚刷牙的好处"。

再如，大班科学活动"有趣的盐水"的目标：①让幼儿感受探索的乐趣，培养幼儿的科学探究精神。②能大胆探索，并乐于分享。③对盐水使物体（如小番茄、小土豆等）浮起来的现象感兴趣。第一个目标"让幼儿感受探索的乐趣，培养幼儿的科学探究精神"。这个目标在任何一个科学领域都适用，没有针对性，无法操作和检测。第二个目标，幼儿在具体的活动中有操作、有交流，如果老师在操作的过程中能提示幼儿可以通过哪些方式来展现自己的发现，那么对幼儿会更有指向性。该目标没有说明，存在目标泛化、不具体的问题。第三个目标，在这个活动中，对大班幼儿来说，"对盐水使物体（如小番茄、小土豆等）浮起来的现象感兴趣"这个目标难度不够。进一步挖掘其教育价值可以发现，此活动就是集"溶解"和"沉浮"于一体的有趣现象，同等体积的盐水比淡水重，这个能极大引发幼儿的探索兴趣。幼儿通过实验，能直观感受到同样的东西在淡水和盐水中的沉浮状态。由此看出，该教育活动目标的制定存在关键经验不凸显的问题。上述活动目标可以调整为：①对盐水使物体（如小番茄、小土豆、鹌鹑蛋等）浮起来的现象感兴趣。②通过实验，感知等量的盐水比淡水重。③大胆探索，并用语言和标记表达自己的发现。为避免目标确定的发展任务过于宽泛笼统，目标设计在表述上尽可能追求能够呈现出幼儿可感知或可看见的行为表现以及活动情景与对象。

**（二）目标定位不准确，脱离幼儿实际发展水平**

教育活动目标要以《幼儿园工作规程》和《幼儿园教育指导纲要（试行）》所提出的各领域目标为指导，结合本班幼儿的发展水平、经验和需要来确定。在目标设定中，既要确保目标具有一定的难度和挑战性，以达到教学促进发展的有效性，同时又要考虑不能超出幼儿的能力范围；既要保证幼儿能够达到或完成目标确定的要求，又要能够避免在低水平上的简单重复。幼儿不能有效完成或轻易即可完成的目标要求都是没有意义的。例如对于大班幼儿来说，能够掌握系鞋带的方法，过于简单，而对于小班幼儿来说，体验与其他小朋友一起合作染纸的乐趣，过于困难，因此上述目标均是不适宜的。一般而言，目标要确保班级 2/3 以上的幼儿可以达到或完成。例如，对于中班幼儿来说，引导幼儿能够区分自己及他人的左和右，在实际教学活动中，约有一半的幼儿不能完成，因此，不妨灵活地表述为，能够认识自己的左和右，并学习尝试分辨别人的左和右。

由此看来，幼儿园教育活动目标的制定，除了要考虑活动目标的具体、可操作性外，还要依据幼儿各领域的发展水平，使目标的制定既能建立在幼儿已有的经验水平上，同时又具有一定的挑战性。

**（三）活动目标与内容、实施手段或途径混同**

目标的纯粹性：避免把手段或途径混合于"目标"中。在目标制定上，很多教师经常把目标与内容混淆。例如，一个小班的科学活动"好玩的传声筒"，目标是：①知道传声筒的名称，学习与同伴合作活动。②尝试使用各种传声筒来积极探索。其中，第二个目标表达的不是活动结束后期待幼儿要达到的发展水平，而是活动的基本内容，从界定来看，活动目标是指幼儿参与活动后应该能够达到的水平或获得的经验，而活动内容则表示的是活动所要进行的具体环节，两者是不同的。上述活动目标就把这两者等同了。因此，上述目标建议可以这样制定：①知道传声筒的名称及玩法，学习与同伴合作活动。②对探索各种传声筒有积极参与的兴趣。

这些目标的制定，虽然交代了目标实现的具体背景或依托，有利于避免目标的宽泛，但是丧失了活动目标在逻辑上的纯粹性。在一个教育活动方案中，"活动目标"就是目标，而"活动过程"才是真正表现或呈现活动的手段、途径及情境的适宜平台。

**（四）目标表述角度不一致且条目层次不清晰**

幼儿园教育活动目标一般是分条目列述的，重点阐明幼儿行为或能力在活动后的变化，一般包括行为、条件和标准。即在某些条件下幼儿发生的行为变化，并指出这些适宜行为的最低标准，也可以按照布鲁姆等人在"教育目标分类学"中提出的目标形式标准，即认知领域（包括知识的掌握和认知能力发展）、情感领域（包括兴趣、态度、习惯、价值观念和社会适应能力的发展）、动作技能领域（包括感知动作、运动协调、动作技能的发展）。这既是为了更好地呈现目标内容的不同层次或维度，也是为了清晰地分布幼儿的经验要点，让人一目了然，避免彼此之间在意义上的交叉或重叠。

但在幼儿园教学实践过程中，目标表述角度不一致且条目层次不清晰问题凸显，如某中班科学教育活动"找影子"的目标：

> 目标 1　引导幼儿对光和影子感兴趣，激发幼儿探究的欲望。
> 目标 2　引导幼儿主动参与实践活动，探索和发现光和影子之间的关系。
> 目标 3　学习动物手影，体验表演、合作的乐趣。

以上活动目标存在的问题是表述角度前后不一，目标 1 和目标 2 是从教师的角度进行表述，目标 3 是从幼儿的角度进行表述。应将目标 1 和目标 2 修改为：①对光和影子的现象感兴趣，有探究的欲望。②能主动参与实践活动，探索和发现光和影子的关系。

例如，某中班语言活动"美丽的家乡"的目标：

> 目标 1　通过观赏家乡标志性建筑图片，初步萌发幼儿爱家乡的情感。
> 目标 2　引导幼儿说说自己心目中的家乡，提升认真倾听和说话完整的能力。
> 目标 3　知道家乡有名的地方，学习有感情地朗读儿歌。

该活动目标中，且不说存在表述角度不一致与手段和目标混合等问题，在目标 1 和目标 3 之间内隐地存在着意义的重叠，即"观赏家乡标志性建筑图片"和"知道家乡有名的地方"对于幼儿发展的实质意义是重复的。

基于该活动目标存在的问题，可修改为：

> 目标 1　知道家乡标志性的建筑或风景，初步萌发爱家乡的情感。
> 目标 2　能够欣赏家乡的建筑或风景图片，并尝试完整的讲述图片的内容。
> 目标 3　理解儿歌《我的家乡》的内容，并能有感情地朗诵。

综上所述，幼儿园教育活动目标作为教育活动的方向和灵魂，它需要通过有计划的设计加以实现，制定科学合理的教育活动目标并不简单，一个科学、适宜、有效的活动目标，不仅需要幼儿园教师对领域内容的综合把握能力，还反映了其对幼儿发展状态的了解和活动目标之间关系的深刻把控等综合素养。[1] 作为教师，应以《幼儿园教育指导纲要（试行）》与《3—6 岁儿童学习与发展指南》的精神为基准，自省日常教学行为，分析以往在教学目标制定过程中的问题，找出症结所

---

① 苏敏，朱立萍. 幼儿园课程设计与组织 [M]. 上海：华东师范大学出版社，2017:66.

在，不断提升制定活动目标的能力，使活动目标真正落实于教育活动过程之中。

### 三、幼儿园教育活动目标制定的依据

幼儿园教育活动目标的制定，首先要以国家的教育方针政策为基础，然后根据当地社会、文化、环境的发展特点以及本园的教育发展规划，重点考虑班级幼儿的具体发展水平。只有综合考量这些因素后，才能制定出适宜的幼儿园教育活动目标。

#### （一）制定幼儿园课程目标的政策依据

**1.《幼儿园工作规程》**

自 2016 年 3 月起施行的《幼儿园工作规程》，第一章第五条规定了幼儿园保育和教育的主要目标。

第五条　幼儿园保育和教育的主要目标是[①]：

促进幼儿身体正常发育和机能的协调发展，增强体质，促进心理健康，培养良好的生活习惯、卫生习惯和参加体育活动的兴趣。

发展幼儿智力，培养正确运用感官和运用语言交往的基本能力，增进对环境的认识，培养有益的兴趣和求知欲望，培养初步的动手探究能力。

萌发幼儿爱祖国、爱家乡、爱集体、爱劳动、爱科学的情感，培养诚实、自信、友爱、勇敢、勤学、好问、爱护公物、克服困难、讲礼貌、守纪律等良好的品德行为和习惯，以及活泼开朗的性格。

培养幼儿初步感受美和表现美的情趣和能力。

**2.《幼儿园教育指导纲要（试行）》**

《幼儿园教育指导纲要（试行）》明确提出了幼儿园健康、语言、社会、科学、艺术五个领域的目标[②]，具体如下：

健康领域的目标：

（1）身体健康，在集体生活中情绪安定、愉快；

（2）生活、卫生习惯良好，有基本的生活自理能力；

（3）知道必要的安全保健常识，学习保护自己；

（4）喜欢参加体育活动，动作协调、灵活。

语言领域的目标：

（1）乐意与人交谈，讲话礼貌；

（2）注意倾听对方讲话，能理解日常用语；

---

① 幼儿园工作规程 [EB/OL].（2016-2-29）[2022-03-01]. http://www.moe.gov.cn/srcsite/Ao2/s5911/mov-621/201602/t20160229_231184.html.

② 教育部关于印发《幼儿园教育指导纲要（试行）》的通知 [EB/OL].（2001-07-02）[2022-03-01]. http://www.moe.gov.cn/srcsite/A06/s3327/200107/t20010702_81984.html.

（3）能清楚地说出自己想说的事；

（4）喜欢听故事、看图书；

（5）能听懂和会说普通话。

社会领域的目标：

（1）能主动地参与各项活动，有自信心；

（2）乐意与人交往，学习互助、合作和分享，有同情心；

（3）理解并遵守日常生活中基本的社会行为规则；

（4）能努力做好力所能及的事，不怕困难，有初步的责任感；

（5）爱父母长辈、老师和同伴，爱集体、爱家乡、爱祖国。

科学领域的目标：

（1）对周围的事物、现象感兴趣，有好奇心和求知欲；

（2）能运用各种感官，动手动脑，探究问题；

（3）能用适当的方式表达、交流探索的过程和结果；

（4）能从生活和游戏中感受事物的数量关系并体验到数学的重要和有趣；

（5）爱护动植物，关心周围环境，亲近大自然，珍惜自然资源，有初步的环保意识。

艺术领域的目标：

（1）能初步感受并喜爱环境、生活和艺术中的美；

（2）喜欢参加艺术活动，并能大胆地表现自己的情感和体验；

（3）能用自己喜欢的方式进行艺术表现活动。

3.《3—6岁儿童学习与发展指南》

《3—6岁儿童学习与发展指南》分别提出了3~4岁、4~5岁、5~6岁三个年龄段幼儿有效学习的特征和合理的发展期望，并指明了幼儿学习与发展的具体方向。例如健康领域第一个方面身心状况的目标[①]，如表2-5至表2-7所示。

---

① 教育部关于印发《3—6岁儿童学习与发展指南》的通知 [EB/OL]. （2012-10-09）[2022-03-01]. http://www.moe.gov.cn/srcsite/A06/s3327/201210/t20121009_143254.html.

表 2-5　目标 1　具有健康的体态

| 3~4 岁 | 4~5 岁 | 5~6 岁 |
|---|---|---|
| 1. 身高和体重适宜<br>参考标准：<br>男孩：<br>身高：94.9~111.7 厘米<br>体重：12.7~21.2 公斤<br>女孩：<br>身高：94.1~111.3 厘米<br>体重：12.3~21.5 公斤<br>2. 在提醒下能自然坐直、站直 | 1. 身高和体重适宜<br>参考标准：<br>男孩：<br>身高：100.7~119.2 厘米<br>体重：14.1~24.2 公斤<br>女孩：<br>身高：99.9~118.9 厘米<br>体重：13.7~24.9 公斤<br>2. 在提醒下能保持正确的站、坐和行走姿势 | 1. 身高和体重适宜<br>参考标准：<br>男孩：<br>身高：106.1~125.8 厘米<br>体重：15.9~27.1 公斤<br>女孩：<br>身高：104.9~125.4 厘米<br>体重：15.3~27.8 公斤<br>2. 经常保持正确的站、坐和行走姿势 |

　　注：身高和体重数据来源于《2006 年世界卫生组织儿童生长标准》4、5、6 周岁儿童身高和体重的参考数据。

表 2-6　目标 2　情绪安定愉快

| 3~4 岁 | 4~5 岁 | 5~6 岁 |
|---|---|---|
| 1. 情绪比较稳定，很少因一点小事哭闹不止<br>2. 有比较强烈的情绪反应时，能在成人的安抚下逐渐平静下来 | 1. 经常保持愉快的情绪，不高兴时能较快缓解<br>2. 有比较强烈的情绪反应时，能在成人提醒下逐渐平静下来<br>3. 愿意把自己的情绪告诉亲近的人，一起分享快乐或求得安慰 | 1. 经常保持愉快的情绪，知道引起自己某种情绪的原因，并努力缓解<br>2. 表达情绪的方式比较适度，不乱发脾气<br>3. 能随着活动的需要转换情绪和注意力 |

表 2-7　目标 3　具有一定的适应能力

| 3~4 岁 | 4~5 岁 | 5~6 岁 |
|---|---|---|
| 1. 能在较热或较冷的户外环境中活动<br>2. 换新环境时情绪能较快稳定，睡眠、饮食基本正常<br>3. 在帮助下能较快适应集体生活 | 1. 能在较热或较冷的户外环境中连续活动半小时左右<br>2. 换新环境时较少出现身体不适<br>3. 能较快适应人际环境中发生的变化，如换了新老师能较快适应 | 1. 能在较热或较冷的户外环境中连续活动半小时以上<br>2. 天气变化时较少感冒，能适应车、船等交通工具造成的轻微颠簸<br>3. 能较快融入新的人际关系环境，如换了新的幼儿园或班级能较快适应 |

### （二）当地社会文化发展特点

　　我国幅员辽阔，各地的社会文化发展都呈现出各自的特点，发展层次也都不尽相同，因此，在制定幼儿园教育活动目标时，应考虑到当地的社会文化发展特点，让幼儿了解自己所处的文化环境。

**（三）幼儿园自身的发展目标规划**

每个幼儿园的成立与发展都依据一定的办园理念和宗旨，体现出幼儿园自身的发展目标规划。因此，幼儿园在制定具体的教育活动目标时，要考虑到本园的教育方向和理念，体现出教育的一致性和系统性。

**（四）本班幼儿的具体发展水平**

《3—6岁儿童学习与发展指南》中指出："幼儿的发展是一个持续、渐进的过程，同时也表现出一定的阶段性特征。每个幼儿在沿着相似进程发展的过程中，各自的发展速度和到达某一水平的时间不完全相同。要充分理解和尊重幼儿发展进程中的个别差异，支持和引导他们从原有水平向更高水平发展。"[①] 因此，在确定具体的教育活动目标时，先要了解本班幼儿的具体发展水平，在此基础上，才能科学地确定适宜于每个幼儿的教育活动目标。

**四、幼儿园教育活动目标陈述的要求与方法**

关于教育活动目标的设计及撰写，目前并没有什么绝对严格的规定和固定模式。但是，基于对组织、开展和评价教育活动的有效指导，为切实提高教育活动的质量与效果，目标的设计及表述存在着某些原则性和规范性的基本要求。一般而言，在一个教育活动方案中，活动目标的科学与否，既取决于目标本身的适宜度，也有赖于陈述形式上的规范。基于活动目标设计实际操作的现实，并有针对性地避免某些容易出现的问题，教师在设计和陈述教育活动目标时，建议了解以下三个方面的要点。

**（一）目标框架要维度合理**

目标要涉及儿童身心发展的不同维度，从而形成目标的整体框架，并在构建中，考虑幼儿全面发展的要求，尤其是幼儿经验的完整性。

借鉴布鲁姆关于"教育目标分类学"的方法，也是从实际可操作的要求出发，目前比较有共识的看法是，一个具体的教育活动目标一般可以从认知、技能（行为）和情感这三个维度来进行框架构建，以尽量确保目标指向幼儿经验的完整获得，而服务于幼儿的全面发展。

幼儿在一次相对独立的具体教育活动中的参与经历，往往就是头脑认知、身体动作与心灵情感等身心发展因素的全面投入和整体体验的过程。但需要注意的是，并不是所有教育活动的目标设计都要一分为三地均衡呈现上述三个维度。因

---

① 教育部关于印发《3—6岁儿童学习与发展指南》的通知 [EB/OL].（2012—10—09）[2022—03—01]. http://www.moe.gov.cn/srcsite/A06/s3327/201210/t20121009_143254.html.

为这三个维度中的某个维度在特定领域或学科的教育活动中会更显重要且不可或缺。例如，认知目标之于科学活动，情感目标之于艺术活动，行为技能之于体育活动，就是如此。因此，在不同领域的教育活动设计中，目标设计需要特别关注某些发展的维度，认知、行为（技能）与情感三维度分类法实际上只是为我们提供了一个确保目标完整性的一般参照。

**（二）目标要突出核心经验**

一个具体的教育活动教案，从分条呈现的活动目标数量上来看，一般是 2~4 条，并力争简洁而明快。一次具体的教育活动不可能承载过多的发展目标，必须有所侧重，要有针对性地突出某些关键经验和核心的学习任务。对于幼儿来说，需要学习和发展的核心经验可能有很多，但这些核心经验不可能在一个教育活动中同时实现，而是需要通过一系列活动来实现。如大班语言活动中关于散文诗《家》的学习，在学习的过程中，可以学习散文诗的情节内容和句子结构，也可以进行想象和仿编等，但这些核心经验不可能在一次教育活动中全部完成。因此，我们需要搞清楚这些核心经验之间的逻辑关系，通过一系列活动来让幼儿掌握这些核心经验。面面俱到的目标反而是分散的，没有聚焦的，对于教育活动过程的指导价值也是缺失的。

**（三）目标表述角度要一致**

作为一个具体教育活动的目标，表述角度应当保持一致，这是保证目标设计在形式上整齐统一的需要，而关于目标的表述角度，目前在学前教育界比较认同的是从幼儿角度进行表述。其原因在于，从幼儿角度表述目标，在形式上体现了以幼儿发展为中心的活动设计意识，在操作上便于将目标所确定的发展任务具体化，实现从教师的"教"转向幼儿的"学"。

类似于：

（1）提高幼儿的观察能力，教给幼儿比较的方法。

（2）培养幼儿帮助别人的意识和习惯。

这些从教师角度表述的目标，如果改为从幼儿角度进行表述，则更容易使目标具体化、有针对性。

基于此，以上两个目标可以调整为：

（1）能够仔细观察，区分出两张图画中的不同之处。

（2）懂得帮助别人也能给自己带来快乐的道理，产生想去帮助别人的意愿。

幼儿园教育活动目标表述方式，如表 2-8 所示。

表 2-8　幼儿园教育活动目标表述方式 ①

| 方式 | 维度 | 具体层面 |
|---|---|---|
| 结果性目标表述方式 | 知识 | 了解层面的表述：说出、背诵、辨认、回忆、选出、举例、复述、描述、识别、知道、认识、了解…… |
| | | 理解层面的表述：解释、说明、阐明、推断、判断、区分、比较、分类、分析、归类…… |
| | | 运用层面的表述：使用、应用、设计、解决…… |
| | 技能 | 模仿层面的表述：模仿、临摹、模拟…… |
| | | 操作层面的表述：制作、测量、衡量、实验…… |
| | | 迁移层面的表述：联系、联想…… |
| 体验性目标表述方式 | 情感态度 | 感受性层面的表达：感受、体验…… |
| | | 倾向性层面的表述：愿意、喜欢…… |
| | | 意志、品行层面的表述：积极参与、主动探究、持续尝试…… |

　　总之，当教师在活动设计过程中能够正确理解活动目标，并灵活运用活动目标陈述技术时，目标便可以真正对活动过程产生实际的指导意义，转化为教师在活动过程中的具体操作行为。

---

①　张淑琼.幼儿园教育活动设计与实施[M].北京：北京师范大学出版社，2012:15.

## 活动 2　如何选择适宜的活动内容

### 我是筛选者

　　片段 1 "我爱妈妈"："三八"妇女节快到了，大（1）班的 W 老师设计了一个 "我爱妈妈"的教学活动。活动一开始，她请小朋友们说说自己最爱的人是谁？慢慢引出妈妈的话题；接下来，她请小朋友们说说平时妈妈是怎么关心爱护自己的，从而了解妈妈是家里最辛苦的人；然后再给小朋友们看课件中妈妈辛苦工作的场景，听听妈妈送给他们的一句话来激发孩子的情感；最后，她请小朋友们想一句祝福的话送给妈妈。

　　片段 2 "庆祝'三八'妇女节"："三八"妇女节到了，大（2）班的 F 老师设计了一个庆祝 "三八"妇女节的活动。首先，她请小朋友们想想这是哪些人的节日，并播放课件中小朋友们的奶奶、外婆、妈妈辛勤工作、操持家务的场景，让小朋友们回忆自己的女性长辈是如何爱护自己的；接着，F 老师重点和小朋友们讨论了如何为奶奶、外婆或妈妈庆祝节日；最后，她让小朋友们根据自己的想法分组去准备：录一句美妙的祝福语、做一张贺卡、准备一个节目、练习一段按摩……

　　片段 3 "我的妈妈"："三八"妇女节到了，大（3）班的 L 老师决定要给小朋友们进行爱妈妈的教育。她拿出了一本图画书《我的妈妈》。在教小朋友们学习了封面上的字 "妈妈"后，她请小朋友们分组阅读图画书；看完后，鼓励小朋友们进行了交流，并提出一个问题——为什么书里的小朋友觉得妈妈是很美的，然后引导小朋友们看图画书的最后一页，书中说 "因为有爱"。随后，L 老师请小朋友们也用语言来描述自己的妈妈，引导小朋友们赞美妈妈。最后，L 老师请小朋友们想想今天是什么节日，请小朋友把今天自己说的这句 "爱的语言"带回家给妈妈。[①]

　　根据以上三个片段，分析庆祝 "三八"妇女节活动中三位教师选择的活动内容，并完成表 2-9 的填写。

---

① 俞春晓. 幼儿园集体教学活动设计方法与实例 [M]. 北京：中国轻工业出版社，2012:15.

表 2-9  庆祝"三八"妇女节活动内容分析

| 活动名称 | 活动内容 | 思考与分析 |
|---|---|---|
| 片段 1 "我爱妈妈" | | |
| 片段 2 "庆祝'三八'妇女节" | | |
| 片段 3 "我的妈妈" | | |

## 一、幼儿园教育活动内容的基本理解

### （一）幼儿园教育活动内容的含义

#### 1. 教育活动内容

教育活动内容是指教育活动中包含的知识、技能、价值观念和行为规范等一系列的人类文化经验，是人类对自然、社会生活和人自身所形成的经验体系，反映了人类文明发展的水平。教育活动内容是学习者通过学习活动所需要掌握的内容，也是教育活动最终结果的实质，反映在教育活动目标的具体内容上，是学习者在教育活动过程中的学习对象。[①]

#### 2. 幼儿园教育活动内容

幼儿园教育活动内容是指为实现教育目标，要求儿童学习、获得的知识、技能和行为经验的总和。[②] 幼儿园教育活动内容是幼儿园教育活动的重要组成部分，是幼儿园课程目标和教育活动目标得以实现的载体。因此，选择适宜的幼儿园教育活动内容并加以组织、实施，是每个教师在教学工作中应该达到的目标。

### （二）幼儿园教育活动内容的特点

#### 1. 全面性

幼儿园教育是教育的初始阶段，高质量的幼儿园教育能为儿童的全面发展奠定良好的基础。因此，幼儿园教育应给予儿童幸福而有意义的童年，并以此为基础，成就他们幸福而美好的人生。

---

① 倪志明. 幼儿园教育活动设计与指导 [M]. 上海：华东师范大学出版社，2015:32.
② 黄瑾. 幼儿园教育活动设计与指导 [M]. 2 版. 上海：华东师范大学出版社，2014:36.

儿童对事物具有强烈的好奇心和求知欲，正是这一特性成为儿童探索世界万事万物的强大动力。因此，幼儿园教育活动的内容涵盖了自然、科学、数学、文学、艺术、体育、社会等，具有全面性。

2. 整体性

著名教育学家陶行知指出："生活即教育，社会即学校。到处都是生活，即到处都是教育；整个的社会是生活的场所，亦即是教育之场所。"①生活中蕴含着取之不尽的教育资源，学习也可以说是随时随地发生的。虽然我国的幼儿园教育将其内容整合为健康、语言、社会、科学和艺术五大领域，但不代表我们只能在幼儿园教育活动中开展这些内容，教育内容的实施和开展应渗透在日常生活的每一处，这也体现了幼儿园教育活动内容的整体性特点。

3. 预设与生成相结合

幼儿园教育活动内容以活动目标为依托，体现了内容的预设性特点，但脱离儿童兴趣和生活经验的活动内容是不利于儿童全面和谐发展的。因此，这就意味着教育活动内容在教师预设的基础上，必须与儿童的生活经验相联系，在活动过程和儿童兴趣中生成。只有通过预设和生成相结合的方式，才能使教育活动的内容适应儿童的发展需要，否则，教育活动就会成为无源之水，无本之木，失去了发展的意义。

## 二、幼儿园教育活动内容选择存在的问题

### （一）教育活动目标流失，偏重认知取向

微视频：幼儿园教育活动内容选择存在的问题

研究表明，20世纪80年代的幼儿园教育活动内容偏重认知，十分重视幼儿学科知识的获得。虽然现在的教育活动内容较以往有了较大变化，不再以认知作为内容选择的主要方面，但是目前仍有许多幼儿园在教育活动内容的选择上偏重认知取向，即重视幼儿知识和技能的获得而忽视了幼儿情感和能力的发展。教育活动的内容是为了实现活动目标服务的，因此在实际教育活动中，情感态度等内容的缺失也造成了活动目标的流失。

例如，一位实习教师组织了大班语言活动，主要是学习诗歌《做梦》，其中诗歌的内容为："小草爱做梦，梦是绿绿的；小花爱做梦，梦是红红的；露珠爱做梦，梦是圆圆的；小朋友爱做梦，梦是甜甜的。"

活动过程为：

（1）老师朗诵诗歌。

（2）提问："诗歌中写了小草、小花、露珠和小朋友，是不是？"

---

① 胡晓风. 陶行知教育文集 [M]. 成都：四川教育出版社，2007:333.

（3）老师带小朋友反复读诗歌。

（4）小朋友分组跟老师读诗歌。

（5）小朋友背诵诗歌。

（6）背诗歌比赛。

（7）评价。

总结来看，该活动就是单纯地背诵诗歌内容而已，过分偏重认知取向，而忽略了绿色的小草、红色的小花、圆圆的露珠等这一类对于美的理解。幼儿在这个活动结束后，无法获得一个全面的发展，甚至无法在理解的基础上感知诗歌的美好。

**（二）教育活动内容过多，过于繁杂深奥**

作为教育工作者，幼儿园教师都知道在选择教育活动内容时，应当从幼儿的身心发展、年龄特点、兴趣需要等方面出发。但是在实际操作中，教师仍然会挑选过于复杂深奥的内容，而这些内容又高于幼儿的发展水平，存在信息量过大、内容偏难等问题，更有甚者出现教育活动内容的"小学化"倾向，也使幼儿丧失学习的兴趣。

例如，小班语言活动"伞"中，教师的教学内容如下：

（1）运用多媒体出示各种颜色、大小不同的伞，教师提问："你们看到了什么？"幼儿举手回答。

（2）运用多媒体出示伞的象形字和"伞"字。

（3）学习"伞"字的写法。

（4）教师提问："伞有什么作用？"幼儿讨论后举手回答。教师总结："伞可以为我们遮风挡雨，保护我们。"

（5）教师提问："在我们的生活中谁像伞一样为我们遮风挡雨，保护我们？"小朋友互相讨论后举手回答。

（6）教师提问："我们怎样报答为我们遮风挡雨，保护我们的爸爸、妈妈、爷爷、奶奶呢？"幼儿讨论后举手回答。

（7）学习《我的好妈妈》这首歌。

（8）简单跟着歌曲边唱边跳，结束活动。

对于小班幼儿来说，上述活动内容明显过于复杂深奥，并且内容超载、信息量过大，从认识"伞"这个实物，到认识"伞"的象形字和学习写"伞"字，再到之后将父母长辈比喻为"伞"，最后学唱歌曲，并边唱边跳，容易造成幼儿"消化不良"的情况。

**（三）教育活动内容偏离幼儿的生活经验**

当前在教育活动内容的选择上，存在偏向学科内容而脱离幼儿生活经验的问题，教师往往按照成人的思路和经验来选择内容，而忽视幼儿的已有经验，容易导致幼儿在活动中难以产生兴趣，同时，缺乏生活经验支撑的内容也无法使幼儿能够真正理解和掌握。另外，许多教师在选择活动内容时，经常忽视本国、本地区的实际情况和传统文化，导致脱离幼儿的实际经验，失去了解本民族文化的机会，不利于全面发展。

例如，在北京奥运会期间，某乡镇的一个幼儿园老师为了契合奥运这个盛会，开展了与奥运相关的活动，向幼儿提出了"奥运五环""福娃""圣火传递""火炬"等问题。但是，由于身处乡镇的幼儿没有奥运的相关生活经验，无法回答这些问题，造成整个教育活动难以继续进行。可见，教育活动的内容必须基于幼儿的生活经验，也许在某些城市的幼儿园中，奥运相关主题能够顺利开展，但这并不代表所有地方的幼儿都具有相关经验。因此，在选择活动内容时，需要分析幼儿的实际情况再进行选择，或者提前做好经验的铺垫。

**（四）教育活动内容空洞，缺乏提升**

幼儿园教育活动内容需具体、明确且易于操作，才能保证教育活动正常开展，但是幼儿园教师在活动内容的选择中往往存在内容空洞、缺乏提升的问题。主要表现为：一是活动内容缺乏开展的载体，没有具体的落脚点作为支撑，只能流于说教；二是活动内容仅仅停留在幼儿经验的简单重复，如通过一个故事、一个活动让幼儿说出"我爱妈妈"这类的情感表达，缺乏认知、情感上的提升，这是幼儿已有的经验，不利于其新经验的拓展和身心的全面发展。

**（五）教育活动内容不科学，偏离真善美原则**

幼儿园教育活动内容来源丰富，教师在选择活动内容上具有较大的弹性空间，这也容易使得教师在选择时出现性质、定位上的偏差。例如，在科学领域活动中，教师自身知识性的错误直接导致教育活动内容选择的不科学。又如，在语言领域活动中，往往会出现坏人做了坏事最后下场悲惨，或是动物损害了人类的利益，于是人类消灭了它们等偏离真、善、美原则的内容。

**三、幼儿园教育活动内容选择的依据**

幼儿园教育活动内容作为教育活动实施和开展的载体，它的选择意味着"教什么"的问题，所包含的一切信息都能作为刺激在师幼互动之间进行传递和交换。因此，不正确或不科学的内容会对幼儿的发展产生不利影响，使他们应有的正确认知发生偏差、引发误导。因此，幼儿园教育活动内容的选择必须以正确的教育目标为导向，符合幼儿的发展需要。

**（一）以政策为导向，保证教育活动内容选择的指导性**

目前，我国针对学前教育的相关政策指导性文件主要有《幼儿园工作规程》

《3—6岁儿童学习与发展指南》和《幼儿园教育指导纲要（试行）》等。这些文件能帮助我们明确幼儿园教育的目标、原则和指导意见，尤其在《幼儿园教育指导纲要（试行）》中提出，要按照幼儿学习活动的范畴把幼儿园教育内容相对划分为健康、语言、社会、科学和艺术五个领域，对幼儿园教育活动的具体内容和形式也做了详细的规划和描述。因此，在进行教育活动内容选择时，以政策为导向能够保证选择的方向性和指导性。

1. 健康领域教育活动的内容与要求

建立良好的师生、同伴关系，让幼儿在集体生活中感到温暖，心情愉快，形成安全感、信赖感。

与家长配合，根据幼儿的需要建立科学的生活常规。培养幼儿良好的饮食、睡眠、盥洗、排泄等生活习惯和生活自理能力。

教育幼儿爱清洁、讲卫生，注意保持个人和生活场所的整洁和卫生。

密切结合幼儿的生活进行安全、营养和保健教育，提高幼儿的自我保护意识和能力。

开展丰富多彩的户外游戏和体育活动，培养幼儿参加体育活动的兴趣和习惯，增强体质，提高对环境的适应能力。

用幼儿感兴趣的方式发展基本动作，提高动作的协调性、灵活性。

在体育活动中，培养幼儿坚强、勇敢、不怕困难的意志品质和主动、乐观、合作的态度。

2. 语言领域教育活动的内容与要求

创造一个自由、宽松的语言交往环境，支持、鼓励、吸引幼儿与教师、同伴或其他人交谈，体验语言交流的乐趣，学习使用适当的、礼貌的语言交往。

养成幼儿倾听的习惯，发展语言理解能力。

鼓励幼儿大胆、清楚地表达自己的想法和感受，尝试说明、描述简单的事物或过程，发展语言表达能力和思维能力。

引导幼儿接触优秀的儿童文学作品，使之感受语言的丰富和优美，并通过多种活动帮助幼儿加深对作品的体验和理解。

培养幼儿对生活中常见的简单标记和文字符号的兴趣。

利用图书、绘画和其他多种方式，引发幼儿对书籍、阅读和书写的兴趣，培养前阅读和前书写技能。

提供普通话的语言环境，帮助幼儿熟悉、听懂并学说普通话。少数民族地区还应帮助幼儿学习本民族语言。

3. 社会领域教育活动的内容与要求

引导幼儿参加各种集体活动，体验与教师、同伴等共同生活的乐趣，帮助他们正确认识自己和他人，养成对他人、社会亲近、合作的态度，学习初步的人际交往技能。

为每个幼儿提供表现自己长处和获得成功的机会，增强其自尊心和自信心。

提供自由活动的机会，支持幼儿自主地选择、计划活动，鼓励他们通过多方面的努力解决问题，不轻易放弃克服困难的尝试。

在共同的生活和活动中，以多种方式引导幼儿认识、体验并理解基本的社会行为规则，学习自律和尊重他人。

教育幼儿爱护玩具和其他物品，爱护公物和公共环境。

与家庭、社区合作，引导幼儿了解自己的亲人以及与自己生活有关的各行各业人们的劳动，培养其对劳动者的热爱和对劳动成果的尊重。

充分利用社会资源，引导幼儿实际感受祖国文化的丰富与优秀，感受家乡的变化和发展，激发幼儿爱家乡、爱祖国的情感。

适当向幼儿介绍我国各民族和世界其他国家、民族的文化，使其感知人类文化的多样性和差异性，培养理解、尊重、平等的态度。

4.科学领域教育活动的内容与要求

引导幼儿对身边常见事物和现象的特点、变化规律产生兴趣和探究的欲望。

为幼儿的探究活动创造宽松的环境，让每个幼儿都有机会参与尝试，支持、鼓励他们大胆提出问题，发表不同意见，学会尊重别人的观点和经验。

提供丰富的可操作的材料，为每个幼儿都能运用多种感官、多种方式进行探索提供活动的条件。

通过引导幼儿积极参加小组讨论、探索等方式，培养幼儿合作学习的意识和能力，学习用多种方式表现、交流、分享探索的过程和结果。

引导幼儿对周围环境中的数、量、形、时间和空间等现象产生兴趣，建构初步的数概念，并学习用简单的数学方法解决生活和游戏中某些简单的问题。

从生活或媒体中幼儿熟悉的科技成果入手，引导幼儿感受科学技术对生活的影响，培养他们对科学的兴趣和对科学家的崇敬。

在幼儿生活经验的基础上，帮助幼儿了解自然、环境与人类生活的关系。从身边的小事入手，培养初步的环保意识和行为。

5.艺术领域教育活动的内容与要求

引导幼儿接触周围环境和生活中美好的人、事、物，丰富他们的感性经验和审美情趣，激发他们表现美、创造美的情趣。

在艺术活动中面向全体幼儿，要针对他们的不同特点和需要，让每个幼儿都得到美的熏陶和培养。对有艺术天赋的幼儿要注意发展他们的艺术潜能。

提供自由表现的机会，鼓励幼儿用不同艺术形式大胆地表达自己的情感、理解和想象，尊重每个幼儿的想法和创造，肯定和接纳他们独特的审美感受和表现方式，分享他们创造的快乐。

在支持、鼓励幼儿积极参加各种艺术活动并大胆表现的同时，帮助他们提高表现的技能和能力。

指导幼儿利用身边的物品或废旧材料制作玩具、手工艺品等来美化自己的生活或开展其他活动。

为幼儿创设展示自己作品的条件，引导幼儿相互交流、相互欣赏、共同提高。

### （二）以目标为基础，保证教育活动内容选择的匹配性

教育活动目标体现了对活动的价值导向，是可观察、可测量、可评价、可明确说的，它具体指导着教育活动的进行。因此，教育活动内容的选择应紧扣目标，即有什么样的目标就有与之相匹配的内容，不同的目标结构也对应着不同的内容选择。例如，同样是针对"牙齿"这一内容，若教师设计的是健康领域的目标，则内容选择一般会以保护牙齿、不能多吃糖等方面为主；而当目标为科学领域时，内容则为探索牙齿的内部结构、了解牙齿构造等。

因此，内容选择要尽量以目标为基础，在仔细分析目标的基础上，思考与之匹配的内容，从而正确把握预设的教育活动内容。

### （三）从幼儿实际情况出发，保证教育活动内容选择的可接受性

幼儿的实际情况，包括了幼儿的需要、兴趣、年龄特点及原有经验等方面。如何选择适宜的教学内容，帮助幼儿成长而不是干扰和阻碍其发展，这就需要从幼儿的实际情况出发，考虑他们当下的成长需要，从而找到他们发展的关键点。

一般而言，如果选择的教育活动内容是幼儿感兴趣的，他们就会主动参与活动，并能有效地应对各种挑战。正如约翰·杜威所说："当学习是被迫的，不是从学习者真正的兴趣出发时，有效的学习相对来讲是无效的。"

教育活动内容的选择还应反映幼儿的年龄特点，从身心发展阶段性、顺序性、连续性和整体性的角度出发，选择针对他们年龄特点的有效内容。学前阶段的儿童正处于直觉思维阶段，具有具体性和表象性等认知特点，因此，内容的选择应尽量围绕其生活展开，基于原有经验，选择具有针对性的内容。例如，生活在农村和生活在城市的同年龄段幼儿，虽然他们的年龄特点是相同的，但是其原有经验是不同的。农村幼儿可能对拖拉机、农作物等内容比较熟悉，而城市幼儿可能对电梯、消防车、地铁等内容更为熟悉。因此，在选择内容时要考虑到不同地区幼儿的具体情况。

### （四）从社会需要出发，选择有利于后续学习与发展的内容

人的知识结构和水平决定了他们能否适应社会生活中扮演的种种角色。因此，教师在选择教育活动内容时，必须考虑现实社会的需求，要能够反映现代社会文化

的发展，培养一个公民所必需的基本生活能力。从幼儿终身学习和发展角度而言，教育活动内容选择应注重与小学教育的有效衔接。这就需要教师着眼于未来教育的相关内容需求，使之成为幼儿发展的"脚手架"，让他们能更快适应未来的学习。

### 四、幼儿园教育活动内容选择的策略

微视频：幼儿园教育活动内容选择的策略

幼儿园教育活动作为以幼儿为主体的活动，是由幼儿自主参与，以他们的兴趣、积极性和内在动机需要为基础的。作为幼儿的主动活动，教育活动是幼儿自身与环境、材料、老师以及其他幼儿的相互作用而建构知识、获得经验的过程。当然，教育活动也需要在教师的支持和引导下进行。

因此，幼儿园教育活动内容的选择是影响教育活动效果和幼儿发展的重要因素之一，也成为教育工作者的核心任务之一。

#### （一）从幼儿的兴趣入手

爱因斯坦曾说过："兴趣是最好的老师，它可激发人的创造热情、好奇心和求知欲。有百折不挠的信念所支持的人的意志，比那些似乎是无敌的物质力量有更强大的威力。"孔子曾说过："知之者不如好之者，好之者不如乐之者。"古希腊哲学家亚里士多德曾说过："古往今来人们开始哲理探索，都应起源于对自然万物的惊异。"莎士比亚在《驯悍记》中也曾写道："学问必须合乎自己的兴趣，方才可以得益。"可见，兴趣是人们积极探究某种事物或从事某种活动的意志倾向，是人们认识事物最需的情绪表现，是动机中最积极活跃的部分。

因此，幼儿园教育活动的内容应从幼儿的兴趣入手进行选择，这在一定程度上也体现了内容的生成性。所谓生成，即活动既不是教育者预先设计好的、在教育过程中不可改变的僵死的计划，也不是儿童无目的、随意的、自发的活动。它是通过教师对儿童的需要和感兴趣的事物的价值判断，不断调整活动，以促进儿童更加有效学习的发展过程，是一个动态的师生共同学习、共同建构的过程。如幼儿园请来了京剧演唱者表演《西游记》这一剧目，通过观看表演，幼儿对京剧脸谱、唱腔都产生了浓厚的兴趣，纷纷自发地在间隙表演模仿起来。教师发现后，便根据幼儿的兴趣及时生成了以"画脸谱""唱京剧"为内容的教育活动。幼儿和教师一起寻找并准备相关材料，不仅在教育活动中开展了这个活动，也将活动内容延伸到了游戏活动中。在活动中，幼儿的兴趣得到了满足，体验了探索与合作的乐趣，也发展了他们团结协作、人际交往、演唱技巧和动手操作的能力。

值得注意的是，并不是所有幼儿感兴趣的内容都能促进幼儿的发展，这就要求教师能够严加判断，从幼儿的兴趣中挑选适合他们发展的活动内容。与此同时，由于从幼儿兴趣出发选择活动内容已经成为教师公认的原则之一，在幼儿园中也

容易出现生搬兴趣而选择活动内容的情况，如教师为了某个活动内容，硬将幼儿的其他兴趣套到活动中去，进而展开此类活动，但深究内容，可以发现幼儿的兴趣与内容本身是脱节的、难以衔接的。因此，从幼儿兴趣入手选择活动内容，应当在活动设计的最初就已经把握好、考虑到位，这不仅包括了活动的内容，也包括了在整个活动过程中都能维持幼儿的兴趣，同时兴趣的出发点与落脚点都应该是幼儿自身的发展。

### （二）从幼儿的经验入手

这里所说的经验，主要分为幼儿的生活经验和学习经验两部分。

杜威曾说："教育应当是生活本身，而不是生活的准备。"在杜威看来，教育并不是强制幼儿静坐听讲和闭门读书，教育就是生活、生长和经验的改造。生活和经验是教育的灵魂，离开生活和经验就没有生长，也就没有教育。"最好使学校成为儿童真正生活的地方，并从中获得他感到高兴和有意义的生活经验。"由此可见，教育与生活是不可分离的，教育的过程就是不断更新与丰富生活经验的过程。

所以，在教育活动内容的选择上，教师就要从幼儿的生活经验入手。因为幼儿的学习离不开他们的生活经验，只有源于幼儿生活经验的活动内容，才能引发他们的兴趣，符合他们的认知发展水平，促进他们的全面发展。

学习经验指的是幼儿与周围环境之间的相互作用所做出的反应。幼儿在活动中是否能真正理解活动内容，主要取决于他们已有的学习经验，知识是幼儿自己"学"会的，而不是教师"教"会的。因此，教师在教育活动内容的选择上，需要从幼儿的学习经验出发，在此基础上建构新知识、新内容，使教学活动更有层次性和阶段性。

### （三）从教学的材料入手

所谓教学的材料，主要是指幼儿园教育活动相关的各类教参教材。从教学的材料入手所选择的教育活动内容与从幼儿的兴趣入手所选择的内容不同，它更偏向内容的预设性。教参教材能够给教师提供一个大致的内容范围以及相对应的具体内容，其优点在于知识和技能的系统性、逻辑性和可操作性强，使教师特别是新手教师在教学过程中有据可依。基于这个优点，从教学的材料入手进行活动内容选择的策略在幼儿园中经常性地被采用。

与此同时，从教学的材料入手选择活动内容也会出现一些误区，比如教师在选择活动内容时，往往容易忽略幼儿的实际情况，选用教材中已有的活动内容，使其远离幼儿的需要和兴趣。此时的活动内容仅仅只是成人期望幼儿学习和获得的内容，而非幼儿真正感兴趣的内容。因此，从教学的材料入手选择活动内容，需要在已有教材的基础上，根据幼儿的兴趣和需要进行加工和改编，促使活动内容更加贴近幼儿生活，有利于他们的发展。

## 活动3　如何创设有意义的活动情境

### 我是创设者

请你以小班数学活动"图形宝宝"为题，创设一个活动情境并说明你的创设理由，完成表 2-10 的填写。

表 2-10　小班数学活动"图形宝宝"活动情境创设

| 活动情境 | 创设理由 |
| --- | --- |
|  |  |

### 一、幼儿园教育活动情境的概述

#### （一）幼儿园教育活动情境的内涵

**1. 教育活动情境**

在心理学语境中，"情境"指的是影响事物发生或对机体行为产生影响的环境条件，也指在一定时间内各种情况相对的或结合的境况。而教育活动的情境，则是指教师在开展教学活动过程中创设的情感氛围。通常而言，这个情境是教师基于教学目标与任务，在人为意志的干预下，形成的一种为了更好地达成学习目的综合的情感环境。

**2. 幼儿园教育活动情境**

幼儿园教育活动情境，更多的是指向一种教学方法，是指在教学过程中，教师依据教学目标，从教学实际出发，在教学的相应环节以提问或音乐等形式，引入或创设与教学内容相适应的情境（真实的或模拟的），以激发幼儿的学习热情，引发幼儿的情感体验，在轻松愉快的教学氛围中引导幼儿主动探索、学习新知识和新技能，并将所学知识、技能迁移运用到实际中，从而促进教与学最佳效果达成的一种教学方式。[①] 我们将这样的教学活动情境也称为幼儿园教学活动的情境化，是基于学前儿童年龄特点和学习方式而采用的一种教学策略。

### （二）幼儿园教育活动情境化的依据

#### 1. 基于幼儿的学习方式与特点

《3—6 岁儿童学习与发展指南》明确表示，"幼儿的学习是以直接经验为基础，在游戏和日常生活中进行。要珍视游戏和生活的独特价值，创设丰富的教育环境，合理安排一日生活，最大限度地支持和满足幼儿通过直接感知、实际操作和亲身体验获取经验的需要"。也就是说，教学活动应尊重幼儿在有意义的情境中学习的特点，尽可能地创设符合幼儿需求的教育环境，使教学活动情境化。

#### 2. 为了幼儿学习品质的发展

幼儿园教育活动情境化是一种通过多样化的方式，在达成教与学最佳效果的目标指引下，通过营造恰当的、丰富的情境，促进幼儿更主动、更有效的学习。而幼儿在活动过程中积极主动、认真专注、不怕困难、敢于钻研、乐于坚持等良好的品质均在营造教育活动情境的过程中被重点关注，其也是幼儿终身学习与发展所必需的宝贵品质，能够为后续的学习与发展服务。

### （三）幼儿园教育活动情境的特点

#### 1. 趣味性

幼儿园教学活动的情境是为教学目标服务的，它是整个教学过程的组成部分，兼具内隐性与外显性的特征。幼儿作为教学过程中的主体，也是评判教学情境是否有价值的唯一标准。因此，一个有效的教学活动情境必须符合幼儿的喜好，是具有趣味性的。

微视频：幼儿园教育活动情境的特点

#### 2. 直观性

幼儿园教学活动情境的服务主体是幼儿，而 3~6 岁儿童的思维特点主要是以直觉行动思维以及具体形象思维为主，同时，幼儿的学习方式是以直接经验为基础，在游戏和日常生活中进行的。因此，简洁直观的情境只有符合幼儿的认知思维水平与学习特点，才能真正起到激活幼儿已有经验，提升活动感受的目的。

#### 3. 体验性

幼儿的学习是通过实际操作、亲身体验来获得的，因此，一个有价值的教学活动情境必须具有体验性，注重幼儿亲身体验，充分调动幼儿的已有经验。幼儿通过真实的、可感受的、可探究的情境，提升其活动的参与性，从而提升教学活动的实施质量。

---

① 徐优. 幼儿园情绪教学的运用研究 [D]. 重庆：西南大学，2012.

## （四）幼儿园教育活动情境的分类

### 1. 问题性情境

问题性情境，指的是通过创设一个需要解决的"问题"，通过这个问题激发幼儿的学习兴趣，以及持续学习的动力。这也是我们在教育活动中常常被用到的一种教育活动情境。

### 2. 体验性情境

体验性情境，指的是通过语言的营造或者材料的投放，创设一个可感受的氛围与可操作的环境，帮助幼儿在体验中深入学习，在操作中主动建构的一种学习情境。这也是在实践中反复被设计与使用的一种教育活动情境。

### 3. 游戏性情境

游戏性情境，重点是通过其可玩、好玩的特质，实现幼儿玩中学的学习路径。成功激发幼儿参与学习、持续学习、深度主动学习的可能性。这也是在教育活动实践中，教师追求、幼儿喜闻乐见的一种教育活动情境。

## 二、幼儿园教育活动情境设计存在的问题

微视频：幼儿园教育活动情境设计存在的问题

基于幼儿思维能力发展水平以及学习方式的特点，在教学活动中进行情境渗透的做法古已有之，但是真正对情境认知或者情境学习详细论述的是在 1989 年艾伦·柯林斯（Allan Collins）和保罗·杜基德（Paul Duguid）发表的《情境认知和学习的文化》一文中。他们认为，知识具有情境性，是活动、背景、文化产品的一部分，它在活动中、在丰富的情境中、在文化中不断地被运用和发展着。要学的知识与人的思考以及学习情境有着紧密的联系，知与行也是相互联系的，知识总是处在情境中，并在行动中得到进步与发展。[①] 也就是说，在情境中学习知识、在情境中运用知识，情境是学习的载体与通道，是达成学习目的的重要手段。正是基于相关的思考，情境教学在幼儿园教育活动中广泛地、普遍地、弥散地存在。但是，在真实的幼儿园实践过程中，仍普遍存在以下一些问题。

### （一）情境脱离幼儿生活，虚假情境较为普遍

幼儿的学习是基于实践、操作、体验基础之上的积极建构，因此，情境的"真"，就显得十分的必要。只有真实的和幼儿的生活经验有相关性的教学活动情境，才能激发或唤起幼儿的情绪感受或已有经验，也才能成为连接新旧知识之间的桥梁。但是，在教学活动中能准确切入真实的情境并非易事，一方面是因为幼儿的个体差异；另一方面则是教学活动中的情境是教师的二次加工，它必然是有

---

① 杨娟. 基于小学生心理发展特点的音乐情境教学研究 [D]. 福州：福建师范大学，2012.

别于真实生活的。所以，在教学实践过程中，往往会出现脱离幼儿实际生活的虚假情境现象。

### （二）情境连续性不强，情境创设有始无终

"情境"二字，在《心理学词典》中的权威解释，是指在一定时间内各种情况的相对的或结合的境况。[①] 它其实指向的是一个连续的时间段，而不仅仅是一个时间点。可以这么理解，只有一段时间持续地发生，这样的情境才是有意义的情境。但是，当我们回到教学活动中来看情境的创设，你会发现受限于教学活动的容量、时长、目标等诸多因素的限制，教师往往只是在导入环节采用融入情境，而在之后的环节便不了了之。这无疑是不利于情境在教学活动中发挥积极效益的。情境创设也变得比较粗浅和随意，往往浅尝辄止，没有深入解析通过情境变化推进幼儿的深入学习，帮助幼儿积极主动地获得更多有益的经验。

### （三）情境功利性较强，缺乏儿童视角

在"以儿童为中心"的儿童观大力普及与推广的今天，教师在设计教学活动时，有了多样化的"基于儿童立场"的教学方式的尝试，情境教学法的价值与意义也得到了广泛性的认可。在情境创设的当下，到底是为了渗透有情境的教学活动，还是教学活动中需要情境这一载体，很多教师并不能清晰的研判。如果仅仅是为了教学活动有一件漂亮的"形式外衣"，那就忽略了情境性在教学活动中的真正意义。

### （四）情境较为粗浅，忽略园本课程背景

基础性课程因时因地进行园本化改造，成为当下绝大部分幼儿园的实践内容，而教学活动作为达成课程目标、架构课程内容的重要组成部分，对园本课程的落实具有重要价值。因此，教学活动情境不应忽略对园本课程背景的基本关注，也只有基于园本课程大背景下的教学情境，才能够真正地统合成一个完整的、有机联系的以及系统的课程情境。但是，现实的情况往往是一线教师孤立地看待教学活动与课程之间的关系，缺乏基于课程观视角下的认识教学活动的能力。这也导致了教学活动的情境往往是一个环节一个情境，其创设各自为政，缺乏有机联系。一方面教学活动中情境的创设缺乏对课程背景的关注，另一方面教学活动中情境的实施也缺乏对课程内容的联系。

## 三、幼儿园教育活动情境设计的要求与策略

### （一）幼儿园教育活动情境设计的要求

#### 1. 对情境设计的宗旨要求

（1）幼儿在前，情境在后

在幼儿园情境教学过程中，教师始终要明白：幼儿才是教学的主体，教师只

---

① 杨治良，郝兴昌. 心理学辞典 [M]. 上海：上海辞书出版社，2016.

是幼儿探索、求知的激发者和引导者。[①] 因此，将学习的主动权交还给幼儿，明确情境创设是为幼儿的有效学习服务的。符合幼儿已有的生活经验，能激发兴趣，提升动力均是围绕这一目的。作为活动设计者与组织者的教师，不仅需要关注幼儿发展的整体性，也应该关注幼儿能力的个体差异，创设的情境以最大限度地满足每一位幼儿的发展需要。

（2）激发—持续—深化—运用，情境与学习紧密联系

幼儿学习都是遵循一定过程的，根据美国教育心理学家罗伯特·加涅（Robert Mills Gagné）的信息加工理论，将学习划分为 8 个阶段，如图 2-1 所示。随着学习进程的推进，不断从"期望"逐一进阶到"强化"，同时加涅也依据学习的内部过程，将教学事件与学习阶段进行有机的关联。

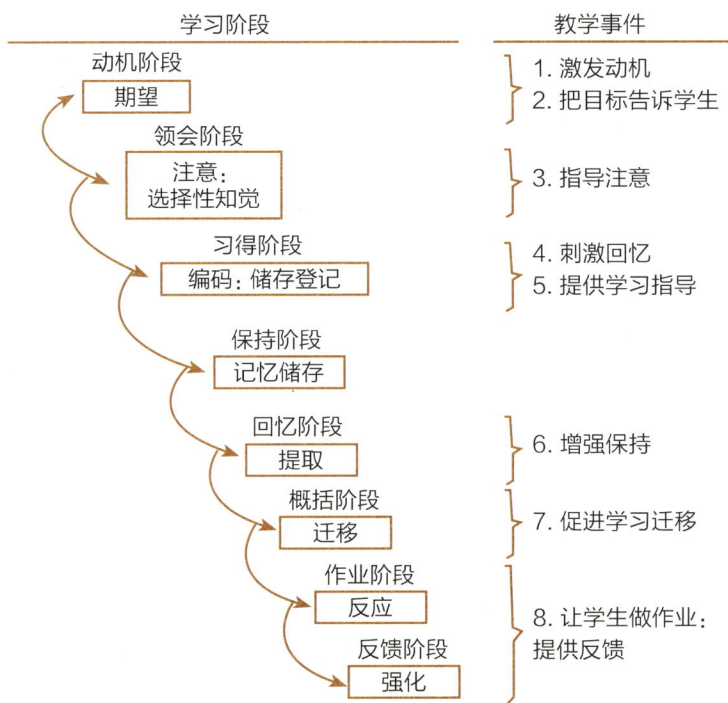

学习阶段 　　　　　　　　　　教学事件

动机阶段
期望
　　　　　　　　1. 激发动机
　　　　　　　　2. 把目标告诉学生

领会阶段
注意：选择性知觉
　　　　　　　　3. 指导注意

习得阶段
编码：储存登记
　　　　　　　　4. 刺激回忆
　　　　　　　　5. 提供学习指导

保持阶段
记忆储存

回忆阶段
提取
　　　　　　　　6. 增强保持

概括阶段
迁移
　　　　　　　　7. 促进学习迁移

作业阶段
反应
　　　　　　　　8. 让学生做作业：提供反馈

反馈阶段
强化

图 2-1　加涅的信息加工理论学习 8 阶段

遵循学习的进程，我们可以将教学事件，即教育活动的阶段大体概括为：激发阶段、持续阶段、深化阶段、运用阶段，而情境创设也在这 4 个阶段分别发挥作用。激发阶段，教育活动中的情境可以为幼儿提供学习任务、学习体验等方式，激发幼儿的学习兴趣；持续阶段，教育活动中的情境可以为幼儿提供情境氛围、操作机会等方式，刺激幼儿持续性的学习；深化阶段，教育活动中的情境可以为

[①]　吴丽霞 . 对幼儿园数学情境教学评价的几点思考 [J]. 山东教育（幼教刊），2006(18):61.

幼儿提供游戏环境、小组或者个别化的学习计划，推动幼儿的深度学习；运用阶段，教育活动中的情境可以为幼儿提供使用或者验证的契机，帮助幼儿将习得的知识或经验进行运用。

（3）课程是基石，活动是载体，发展是目的

我们要始终明确课程的合理建设与有效实施，是整个教育活动顺利开展的基石；教育活动是课程架构下具体的教学行为，它是教育情境的载体；幼儿的发展是整个教育活动的终极目标，而教育情境只是为这一目标服务的众多教学策略中的一种而已。

2. 对情境设计过程性的要求

（1）应该有调研，了解儿童的经验水平

这里的调研并非科研层面的前期研究，更多的是强调一种准备的态度与意识。教师在情境设计之前，要有意识地去搜集与幼儿相关的经验程度与能力水平信息，重点关注幼儿与教学目标、教学活动相关的生活经验和能力水平，知道幼儿的整体水平与个体差异，明确幼儿的兴趣点，为情境的设计打下基础。

（2）应该有研读，了解活动的核心目标

情境设计是服务于教学活动的，因此，教师应基于具体的教育活动与教育目标，在剖析、研读教育活动价值与意义的基础上，有针对性地创设教育情境，以此提高情境的意义与使用价值。

（3）应该有巧思，助力情境的真实价值

"设计"必然是有人工痕迹的，它和自然纯粹的情境是有本质区别的。因此，我们在设计的时候，就需要通过巧妙的设计，淡化"设计"痕迹，体现自然的样态。如何化教育于无形，做到此处无声胜有声，这就需要教师的巧思与妙想了。

3. 对情境设计结果性的要求

教育活动中的情境设计，虽然它本身有可能是短暂的、一过性的，但是实质上它都是以一种结果性的现场，体现出教育者（教师）的教育期待。所以，这样的情境出现在教育活动中，需要体现以下五点特质：①情境是有趣的；②情境是真实的；③情境是自然的；④情境是连贯的；⑤情境是有意义的。

以上特质是保证创设的情境能顺利连接儿童内心与外在教育目的的基本保障。

**（二）幼儿园教育活动情境设计的策略**

1. 资源的利用

（1）运用实物等直接的资源

情境创设的终极状态莫过于"育教育于无痕"，"像真的"远不如"是真的"。所以，最理想的状态就是让幼儿在真实的情境里学习。这就需要教师运用智慧，通过提供真实资源的方法得以实现。尤其是在园本课程建设的背景下，如何因地

制宜地利用好当下现有的资源，是值得教师思考与努力挖掘的。比如，在"寻找春天"的活动里，就可以带着幼儿一起踏春、出游，在春天这种真实的情境里，让幼儿运动多种感官去感受春天。

（2）运用多媒体等间接的资源

教育活动本就是一个高度概括的间接知识传授。这就需要教师利用一些间接资源尽可能地把教育情境逼真化。尤其是在科技高度发达的今天，教师更需有意识地利用多媒体资源为教育活动服务。例如，在"米的由来"活动中，虽然无法创设直接的、真实的稻谷场景，但是通过视频欣赏、直播连线等方式，可以让幼儿直观、详细地了解米的由来。

**2. 教师专业素养的提升**

（1）高级的语言

语言也是营造与传递情境的一种重要方式。此处的高级语言，特指教师通过语言的内容、组织、声调等，有效营造教育情境的一种能力。

（2）丰富适当的肢体语言

在教育活动的当下，教师的一个微笑、一个点头、一个耸肩甚至是一个嘟嘴动作都可以传递出不一样的意义，这也是情境创设的一部分。所以，教师要丰富肢体表达能力，丰满教育情境的创设。

（3）多样化的活动组织方式

体验式的环节、游戏式的情境、任务式的驱动、角色式的表演……均可以帮助教师高效地创设教育情境，但同时也都需要教师因时、因地、因人而异的使用。

**3. 幼儿园资源库的建立**

（1）研修团队的建立

情境创设是具有一定程度的共性问题，因此，可以依托年级组建研修团队，以集体的力量去教研情境创设的问题。这一方面可以有效减轻教师繁重的工作负担，另一方面通过小组化的合作研修，可以提高教师情境创设的能力和水平。

（2）资源包的累积

每一次智慧的结晶，都需要受到珍视。通过建立幼儿园教育活动情境设计资源库，让教师在积累的过程中检验，在检验的过程中调整，在调整的过程中优化，在优化的过程中促进。这是一个良性的动态循环，有利于教育情境价值的提升。

## 活动 4　如何准备有价值的活动材料

### 我是收集者

请你到幼儿园的某一班级进行半日活动观摩，收集幼儿园教育活动中所需使用的活动材料并进行拍摄记录，写下你对活动材料的分析，完成表 2-11 的填写。

表 2-11　幼儿园教育活动中使用的活动材料及分析

| 你收集的活动材料（可附照片） | 你的分析 |
| --- | --- |
|  |  |

瑞士著名心理学家让·皮亚杰曾提出："儿童的智慧源于材料。"活动材料作为实施幼儿园教育活动的物质载体，既是儿童学习与发展的媒介，又是教师支持与引导的途径，其直接关系幼儿园教育活动的质量与效果，有着独一无二的价值意义。所以，我们将在对活动材料展开具体分析的基础上，进一步说明准备活动材料过程中容易出现的误区，继而提出如何准备有价值的活动材料的指导策略，以期为儿童有意义的学习和教师有意义的教学提供有力支持。

### 一、活动材料的基本分析

《幼儿园工作规程》中指出，创设良好的教育环境，合理组织教育内容，提供丰富的玩具和游戏材料，开展适宜的教育活动。[①] 活动材料作为幼儿园教育活动的

---

① 幼儿园工作规程 [EB/OL].（2016-02-29）[2022-03-01]. http://www.moe.gov.cn/srcsite/A02/s5911/moe_621/201602/t20160229_231184.html.

重要组成部分，儿童正是在与活动材料的互动中学习和发展的。为此，我们将对活动材料进行基本分析，围绕活动材料的内涵、类型和价值三个方面展开，描绘出一张关于"活动材料"的图景，从而为活动材料的准备夯实基础。

### （一）活动材料的内涵

活动材料是指在幼儿园教育活动中，能够帮助达成活动目标和落实活动内容的各种教具和学具的总称，是开展幼儿园教育活动必不可少的物质基础。其中，教具是教师用来讲解、说明、演示幼儿园教育活动内容的各种材料（如实物、模型、幻灯片等），以便帮助儿童感知和理解某种情境、知识、概念或原理，其使用对象是教师；学具是儿童用来佩戴、观察、摆弄、操作的各种材料（如头饰、图书、实验器材等），以便帮助儿童在体验、探索、发现和创造的过程中获得直接经验，其使用对象是儿童。由此可知，教具和学具只是使用对象的不同，在一定条件下可以相互转化，它们共同构成了活动材料的内涵，是教师"教"和儿童"学"有机整合的过程。

### （二）活动材料的类型

活动材料的种类是丰富多样的，适用于不同的幼儿园教育活动内容，常见的类型主要包括媒体类材料、实物类材料、模拟类材料、自制类材料和操作类材料。

#### 1. 媒体类材料

随着信息技术的不断发展，媒体类材料在幼儿园教育活动中的使用日益普遍。媒体类材料是指利用电脑、投影仪、一体机等现代媒体设备展示或演示幼儿园教育内容，如幻灯片、音频、视频等，促使幼儿园教育活动内容可视听、可感知、可体会，从而化静为动、化难为易，激发儿童的学习兴趣，调动儿童的积极性，进一步加深儿童对幼儿园教育活动内容的理解和体验，如图2-2所示。

图2-2　媒体类材料 [1]

---

[1]　该图由浙江省台州市临海市人民政府机关幼儿园提供，图中所使用的多媒体就是媒体类材料的表现形式之一。

### 2. 实物类材料

实物类材料因为符合儿童的具体形象思维，能够丰富儿童的感性经验，帮助儿童获得真实的体验，所以在幼儿园教育活动中得到了较为广泛的应用。实物类材料是指与幼儿园教育活动内容有关的生活中的常见物品，呈现出真实、具体、直观的特点。它可以供儿童直接感知，如看一看、听一听、闻一闻、摸一摸、尝一尝等，主要包括各种日常生活中真实存在的实际物品，如图 2-3 所示。

图 2-3　实物类材料 [①]

### 3. 模拟类材料

针对难以用实物类材料呈现的情况，教师在幼儿园教育活动中往往可以使用模拟类材料替代，以此弥补实物类材料的不足。模拟类材料是指运用各种材料对现实生活中的事物进行模拟，帮助儿童在头脑中形成鲜明生动的表象，如图片、照片、模型、玩偶等，以此唤醒儿童的原有经验，使之与幼儿园教育活动内容建立有机联系，促进儿童的学习与发展，如图 2-4 所示。

图 2-4　模拟类材料 [②]

---

[①]　该图由浙江省丽水市青田县中心幼儿园提供，图中男教师所使用的南瓜便是实物类材料的表现形式之一。
[②]　该图由浙江省台州市临海市人民政府机关幼儿园提供，图中所使用的舞蹈动作图谱就是模拟类材料的表现形式之一。

### 4. 自制类材料

一直以来，我们始终坚持"低成本、高质量"的经济性原则，大力提倡在幼儿园教育活动中使用自制类材料。这不仅能够合理利用资源、减轻经济负担，而且能够更好地契合儿童需要，达成活动目标。顾名思义，自制类材料是指根据幼儿园教育活动的需要，从实际出发，因地制宜，就地取材，对各种废旧物品、自然资源等进行收集、分类、加工、改造、组合，重新设计和制作而成的活动材料，如图 2-5 所示。

图 2-5　自制类材料 [①]

### 5. 操作类材料

正如前文所述，"教具"和"学具"共同构成了活动材料的内涵，而操作类材料属于"学具"，其是指在教师的指导下，儿童按照一定的要求通过操作活动材料进行尝试、探索和学习，充分体现了手、眼、脑并用的原则，符合儿童的认知特点，能够有效地将外部的操作练习转化为内在的知识建构，帮助儿童更好地理解和掌握幼儿园教育活动的内容，如图 2-6 所示。

图 2-6　操作类材料 [②]

---

[①]　该图由浙江省杭州市上城区胜利金都幼儿园提供，图中教师手中的帆船便是自制类材料的表现形式之一。
[②]　该图由浙江省台州市临海市人民政府机关幼儿园（大洋分园）提供，图中幼儿所使用的水拓画工具便是操作类材料的表现形式之一。

此外，值得注意的是，幼儿园教育活动内容是生动活泼、多姿多彩的，教师既可以根据实际需要灵活准备活动材料，也可以综合使用不同类型的活动材料，以便最大限度地发挥活动材料的价值，进一步支持儿童有意义的学习。

### （三）活动材料的价值

苏联教育家苏霍姆林斯基提出："儿童的智力在他的手指尖上。"换言之，儿童是在对材料的操作、摆弄与探索的过程中构建自己的认知结构的。从这个角度来说，活动材料在幼儿园教育活动中占据着举足轻重的地位，运用什么样的活动材料，决定了儿童将进行什么样的学习，乃至在一定程度上决定了儿童的发展。其价值主要体现在以下两个方面：

#### 1. 有助于教师将抽象的内容具体形象化

众所周知，根据皮亚杰的认知发展理论，学前儿童的认知水平正处于前运算阶段，具体形象性是这一阶段儿童学习的主要特点。活动材料能够有效地将幼儿园教育活动中抽象的内容变得鲜活、直观、具体、形象，从而帮助儿童更好地感知与理解抽象的知识经验，进一步突出重点、解决难点，真正做到化繁为简。

#### 2. 有助于儿童在主动的学习中获取经验

主动学习是高宽课程的核心价值理念，是指儿童在内在兴趣和需要的基础之上，对物体进行操作，开展活动，在活动中不断思考，发现问题并解决问题的过程。[①] 而活动材料是儿童主动学习的物质载体。儿童正是在对活动材料的直接感知和操作练习的过程中，获取了丰富的直接经验，进行了知识的自我建构。

## 二、活动材料的准备误区

活动材料的核心价值在于突出活动重点、化解学习难点，是具体行动向理性认知转化的过程，其重要性不言而喻。然而有关研究表明，当前我国幼儿园教育活动中的"活动材料的准备与运用"质量主要集中在合格水平。[②] 并且，纵观幼儿园教育活动的实践，很多教师对活动材料的研究较少，在准备活动材料的方面也不尽如人意，随意性较大，出现了许多的问题，具体如下。

微视频：活动材料的准备误区

### （一）实用性不高

幼儿园教育活动是否有效，这在一定程度上取决于活动材料是否能够物化活动目标、落实活动内容。换句话说，活动材料是为达成活动目标和支撑活动内容服务的，而非为了追求形式上的"花哨"和表面上的"热闹"。但事实上，教师在准备活动材料的时候往往是本末倒置的，过于注重活动材料的外在形式——精致

① 王春燕，秦元东. 幼儿园课程概论 [M]. 3 版. 北京：高等教育出版社，2020:218.
② 李克建，等. 中国托幼机构教育质量评价研究 [M]. 北京：北京师范大学出版社，2017:264.

美观、花样繁多，导致活动材料偏离了活动目标与内容，失去了应有的价值意义。

### 🔗 案例 2-1

#### 小班音乐活动"摇篮曲"[①]

活动前，教师为小朋友们准备了 15 个漂亮的花篮和 15 个精美的洋娃娃。活动中，教师在引导儿童欣赏、学唱歌曲后，出示花篮当作摇篮，拿出洋娃娃当作宝宝，让每个儿童抱着一个洋娃娃边唱边表演，给予儿童唱着摇篮曲哄宝宝睡觉的亲身体验。但是，这些洋娃娃形象逼真，功能齐全，有的一按开关就会走路，有的一按开关就会眨眼睛，有的轻轻一拍就会叫"爸爸、妈妈"，有的甚至会唱歌、会说话。这下，小朋友们都一心想着玩洋娃娃，哪里还有心思学唱歌曲呢？活动后，小朋友们似乎还在讨论：美丽的洋娃娃去哪里了？还会回来吗？

案例 2-1 是一节小班音乐活动，其关键在于引导儿童学唱《摇篮曲》，教师准备花篮和洋娃娃的初衷也是为此服务的。然而，美轮美奂的洋娃娃不仅没有助推活动目标与内容的实现，反而产生了负面效应，分散了儿童的注意力，造成了活动的无效。

#### （二）参与度较低

幼儿园教育活动，从根本上来说是教师和儿童共同参与、相互作用的积极互动过程。那么，活动材料作为幼儿园教育活动的重要组成部分，同样离不开教师的指导和儿童的参与。在准备活动材料的过程中，不仅可以萌发儿童的"主人翁"意识，培养一定的责任感和胜任感，而且能够引起儿童浓厚的参与兴趣，增强学习的主动性和积极性。与之形成鲜明对比的是，在幼儿园实践中，绝大部分的活动材料都是以教师事先准备为主，儿童很少有机会参与。

### 🔗 案例 2-2

#### 大班体育活动"纸绳子"[②]

一开始，教师费时费力地利用五颜六色的皱纹纸编了很多纸绳子，为开展大班体育活动"纸绳子"做了充足的准备。但是，当教师带着小朋友们探索纸绳子的多种玩法并设计出一种体育游戏时，小朋友们表现出来的兴趣并不是很高，设计出来的体育游戏也平平无奇。后来，这位教师转变了策略，邀请儿童参与纸绳子的编织，并告诉他们：你们编的是拥有魔法的绳子，它们可能是河流、道路、房屋、花草……明天我们还要用这些魔力绳来玩游戏呢！如此一来，小朋友们马上

---

① 王春燕，等. 幼儿园教学诊断技巧与对策 58 例 [M]. 北京：中国轻工业出版社，2014:135. 引用时有改动。
② 俞春晓. 幼儿园集体教学活动设计方法与实例 [M]. 北京：中国轻工业出版社，2012:96-97. 引用时有改动。

兴致来了，他们充分发挥自己的想象力，设计出了丰富多彩的体育游戏，向我们展现了一个用纸绳子搭建的魔法世界。小朋友们玩得不亦乐乎、意犹未尽。

在案例2-2中，前后两次儿童的表现主要区别在于：是否参与了准备活动材料的过程。教师最开始费尽心思制作的纸绳子并没有取得理想中的效果，儿童表现出来的兴趣也不高，而当教师邀请儿童共同编织纸绳子的时候，儿童兴致勃勃地参与其中，所设计出来的体育游戏精彩纷呈，活动效果显而易见。

### （三）适龄性不足

当前国内外大量的学前心理学研究表明，儿童的认知发展是有阶段性的，每一个阶段都有自身的典型特点和相应的发展水平，即不同年龄阶段的儿童有着不同的现实成长需要，这也为准备活动材料提供了重要的内在科学依据。但在实际工作中，教师对于把握儿童的年龄特点胸有成竹，往往理所当然地准备活动材料，反而容易出现适龄性不足的问题，导致活动效果事与愿违。

**案例 2-3**

#### 小班科学活动"给鸡蛋宝宝一个家"[①]

在活动中，教师和儿童一起探讨可以用哪些材料做鸡蛋宝宝的家，并用收集的材料为鸡蛋宝宝做一个家。首先，教师出示了一枚鸡蛋和收集的很多操作材料，一下子引起了儿童的兴趣，但是每种材料的数量却不多。教师说："今天，我们要给鸡蛋宝宝做一个安全的家，大家一起来看看这些材料，你们都认识吗？哪些材料适合给鸡蛋宝宝做家呢？"小朋友们争先恐后地举手回答："布！""棉花！""纸巾！"也有小朋友说"盒子！""一次性纸杯！"接着，教师根据儿童的回答一一展示了这些材料，和小朋友们讨论了这些材料的特性和作用，然后将儿童分成几组，一起讨论选择什么材料制作，再领取操作材料，合作给鸡蛋宝宝做一个家。但最后，教室里面却乱作一团，告状的声音不绝于耳："老师，天天他们抢我们的布！""老师，棉花不够了！怎么办？""老师，妞妞不让我和她一起做家！"总之，小朋友们把各种材料争来抢去，还弄碎了鸡蛋，鸡蛋液洒得到处都是。

乍看之下，案例2-3中的教师设计思路清晰，沿着"呈现活动材料—分析活动材料—运用活动材料"的线索引导儿童合作制作完成一个鸡蛋宝宝的家。但是细细品味，看似丰富多样的活动材料，在数量上恰恰忽视了小班儿童的年龄特点——喜欢独自操作活动材料，由此引发了"你争我抢"的状况，以致场面一片混乱，整个活动只能以失败而告终。

---

[①] 王春燕，等. 幼儿园教学诊断技巧与对策58例 [M]. 北京：中国轻工业出版社，2014:120−121. 引用时有改动。

#### （四）层次性欠缺

在《3—6岁儿童学习与发展指南》倡导的背景之下，"尊重幼儿发展的个体差异，切忌用一把'尺子'衡量所有幼儿"已然成为一种教育共识和趋势。然而，幼儿园教育活动因其在一个单位时间内面向全体儿童开展的特殊性，致使教师通常准备的活动材料都是"千篇一律"的，难以兼顾儿童之间的"千差万别"，造成能力较弱的儿童"吃不了"、能力较强的儿童"吃不饱"的尴尬局面。

🖋 **案例 2-4**

#### 大班语言活动"有趣的象形文字"①

首先，教师出示了一些象形文字的卡片，引导儿童猜一猜这些是什么字。接着，教师拿出许多汉字的图片，引导儿童进行象形文字和汉字的配对。在活动过程中，教师邀请了姗姗上来配对，只见姗姗从文字框里拿了一张字卡，仔细看了一下，把字卡转来转去看，又看看另一个框里的一叠字卡，站在前面无所适从。这时，坐在位子上的几个小朋友按捺不住了，争先恐后地举手，嘴巴里还嘀咕着答案。见状，教师让姗姗下去以后再想一想，又请了壮壮上来，一向能干的壮壮很快就完成了任务，姗姗则低下了头，显得非常沮丧，很有挫败感。

案例2-4中，针对教师提出的"象形文字和汉字配对"任务，每个儿童有着不同的表现，最明显的就是姗姗和壮壮之间存在的个体差异性，一个难以完成，一个很快完成。很显然，"千篇一律"的活动材料不能满足不同发展水平儿童的需要，容易导致能力较弱的儿童遭受挫败，而能力较强的儿童则无所事事。

#### （五）忽视生活性

陶行知说过："生活即教育。"具体而言，教育和生活是同一过程，教育包含于生活之中，必须和生活结合才能发生作用。对于儿童来说，生活、学习、发展是三位一体的，在生活中学习和发展是儿童学习的一个显著特点。② 由此可知，承载幼儿园教育活动目标和内容的活动材料更需要立足儿童的生活、贴近儿童的生活、回归儿童的生活。但是与之相反，在幼儿园教育活动实践中，教师对活动材料容易缺乏"本土化"的思考与分析，往往盲目照搬照抄、拿来就用，使之与儿童的生活经验背道而驰。

---

① 王春燕，等.幼儿园教学诊断技巧与对策58例[M].北京：中国轻工业出版社，2014:93.引用时有改动。
② 李季湄，冯晓霞.《3—6岁儿童学习与发展指南》解读[M].北京：人民教育出版社，2013:216.

🔗 **案例 2-5**

### 中班美术活动"京剧脸谱"①

一次研讨会中，中班美术活动"京剧脸谱"受到了广泛的关注，获得了大家的一致好评。在活动中，教师先是布置了各种充满神奇色彩的京剧脸谱展，引导儿童进行欣赏，感受京剧脸谱的艺术美，接着师幼共赏，进一步分析京剧脸谱，每个小朋友都兴趣盎然地投入其中，最后儿童潜心创作自己的作品，各有千秋的京剧脸谱作品令人叹为观止。于是，杨老师回到自己所在幼儿园也开展了这个活动。她精心准备了各种各样的京剧脸谱，然而效果却不尽如人意。在第一个欣赏环节中便出现了"水土不服"的状况，小朋友们并未感受到京剧脸谱的艺术美，还说道："这是鬼脸！""这里还有一个猪鼻子。""这么难看，像鬼一样，我才不要画！"

案例 2-5 所描述的情况其实在幼儿园教育实践中并不少见，尤其容易对优秀的幼儿园教育活动照猫画虎。为何在研讨会上如此成功的一节美术活动却出现了"水土不服"的现象呢？原来当时研讨会在北方举行，京剧作为国粹正是起源于北方，北方的儿童对京剧脸谱可谓非常熟悉。但是到了南方的幼儿园，教师精心准备的京剧脸谱付诸东流，因为南方的儿童对此没有相关的生活经验，所以出现了"这是鬼脸""这么难看，我不要画"等令人啼笑皆非的童言稚语。

### 三、活动材料的准备策略

尽管准备适宜的活动材料是幼儿园教师必备的专业能力之一，但是在实践中对此往往不以为意，存在很多活动材料的准备误区，直接影响幼儿园教育活动的有效性。因此，为了有效避免准备误区，教师可以采取如下策略。

#### （一）聚焦目标，切忌"喧宾夺主"

在幼儿园教育活动中，准备有价值的活动材料并非一件简单的事情，可以说它既是一门科学，也是一门艺术。而事实上，活动材料不是越丰富越好、越精致越好、越新奇越好，最关键的应是将活动目标蕴含其中，促进儿童的深度学习，提升幼儿园教育活动的效果，两者犹如一对孪生兄弟密不可分。所以，教师必须牢牢树立目标意识，始终以活动目标为导向准备活动材料，切忌把活动目标抛诸脑后，忽视活动材料的内在价值，一味地追求外在的"花里胡哨"。正因如此，在准备活动材料的过程中，我们需要思考：第一，活动材料是否承载了活动目标；第二，活动材料是否偏离了活动目标；第三，活动材料是否能助力活动目标的达成。

---

① 俞春晓.幼儿园集体教学活动设计方法与实例 [M].北京：中国轻工业出版社，2012:169.引用时有改动。

## （二）转变观念，拒绝"包办替代"

幼儿园课程改革已经过去了30余年，"以儿童为本"的教育理念虽说确实深入人心，但在实践中"教师是权威者"的现象仍然屡见不鲜。这一现象折射在活动材料的准备方面，就是教师完全包办替代，儿童难以参与其中，整个准备过程一直处于"高控被动"的状态。毋庸置疑，转变观念是一个漫长而艰苦的过程，我们必须明确的是，"以儿童为本"的教育理念不是口号，是需要真真切切地扎根在实践之中——儿童和教师是平等双向的主体间性的关系，应该共同参与活动材料的准备，且不妨在准备活动材料的时候扪心自问：第一，儿童是否参与了活动材料的准备；第二，儿童是以什么角色参与活动材料的准备；第三，儿童是"形式上参与了准备"还是"实质上参与了准备"。

## （三）把握特点，防范"理所当然"

对于幼儿园教师来说，把握不同年龄段儿童的发展特点应该是"轻车熟路"，也许正是因为如此，使之慢慢地变成了一个不需要思考的"理所当然"，变成了一个可以随意跳过的"摆设"，导致活动材料的准备出现了一定程度的偏差。这也意味着，教师必须准确把握儿童的年龄特点，万万不可掉以轻心，对此应该研究得更清楚、更透彻、更深入一点，才能保证准备的活动材料符合不同年龄段儿童的发展需要。一般来说，小班幼儿需要数量较多、种类较少、难度较小、色彩鲜艳、逼真美观的活动材料；中班幼儿需要数量、种类、难度适中的活动材料；大班幼儿需要难度较大、数量较少、种类较多、低结构性的活动材料。

## （四）关注差异，规避"整齐划一"

幼儿园教育活动是我国幼儿园特有的一种教育形式，因其"效率高""易管理""统一化"的特点备受青睐，而这种"高效"的背后无疑有着弱点——忽视差异、整齐划一，导致教师习惯于在幼儿园教育活动中准备相同的活动材料。但是正如世界上没有完全相同的两片叶子，每一个儿童都是活生生的独特个体，他们所处的生活环境不同，已有的知识、经验不同，思维方式和兴趣爱好也不同，使得儿童在认知方式、发展速度、能力水平等方面存在着较大的差异。因此，教师应该认真观察每一个儿童，针对不同儿童的情况准备具有层次性的活动材料，以便充分照顾儿童的个体差异，促进每一个儿童向更高水平发展，保证准备的活动材料适宜、有效。比如，按照由易到难、由简到繁、由浅到深的原则提供三个层次的活动材料，能力较弱的幼儿可以选择第一层次的活动材料，能力较强的幼儿可以选择第三层次的活动材料，第二层次的活动材料则往往适合大部分的幼儿。

## （五）因地制宜，警惕"拿来主义"

著名教育家陈鹤琴指出，"大自然、大社会都是活教材"。也就是说，在我们周围的生活中，到处都是可利用的资源，既有丰富多彩的自然资源，又有源远流长的文化资源，这也为教师准备活动材料提供了取之不尽、用之不竭的"活资源"。那么，是不是所有的可利用资源都适合每一个幼儿园呢？答案显然不是。因为我国幅员辽阔，各地差异较大，城乡之间、城市之间的可利用资源有着明显的不同，若是不假思索、拿来就用，无论多么精心准备的活动材料，都有可能远离儿童的生活经验，成为"无源之水、无本之木"，得不到应有的效果。故此，教师必须做到因地制宜、就地取材，在当地可利用的资源中准备活动材料，不可舍近求远，盲目照搬照抄。例如，盛产竹子的地区，竹竿、竹筒、竹节、竹叶等自然资源可以作为活动材料；又如，地处海边的幼儿园，螃蟹、海螺、贝壳等海中资源可以作为活动材料；再如，位于历史文化遗产地区，可以挖掘当地文化特色资源（如江西景德镇的瓷器、江苏南京的云锦等）作为活动材料。

## 拓展阅读

激发幼儿活动兴趣策略初探 [①]

兴趣是孩子们不断地探究他们所生存的这个"未知"世界的不竭源泉，是开展各种活动的前提和保障。兴趣有直接兴趣和间接兴趣之分。如何发现和满足幼儿的直接兴趣与激发和培养幼儿的间接兴趣，是幼教工作者需要探讨的一个课题。在此拟结合笔者的一些探索谈点认识。

### 1. 发现和满足幼儿直接兴趣的策略

（1）"闻"其声，"顺"其趣

教师在组织活动时，要善于用心倾听孩子们对某一件事情的不同看法，从中发现他们的兴趣点，同时"顺"着这一兴趣点引导孩子们进一步探究。如在一次参观江边码头活动中，孩子们兴高采烈地来到渡口，有秩序地站在浮桥上，教师首先让他们观察江边的景色，然后讲解有关浮桥和锚的问题。这时从对岸远远驶来一艘小客轮，教师把孩子们的视线引过去，要求幼儿观察小客轮。孩子们马上议论开了："船上有个人是去摘葡萄的。""你怎么知道？""你看他背着篓子。""不对，他是去采茶的，因为岛上有茶园。""但岛上也有葡萄园。""有一个人看上去很焦急，他在忙什么呢？""看，有一艘大轮船对着它驶过来了，要撞上了！""才不会呢。""快看，要撞上了——咦！怎么都没事呢？"……一大群孩子就这几个问题激烈地争论开了。而此时，教师正忙着指导幼儿认识船上的救生圈，她看孩子们注意力不集中而有点焦急……在这个活动中，教师如果能够在组织教学的过程中注意观察并倾听孩子们的谈话，很快就会发现孩子的兴趣点，从而引出许多有意义的研究课题。如当孩子们谈论"这个人是去摘葡萄还是采茶"时，教师可以及

---

① 陈晓芳. 激发幼儿活动兴趣策略初探 [J]. 学前教育研究，2003(9):57−59.

时接过话题——"你怎么知道她是去摘葡萄（或采茶）？"从而引导孩子们继续讨论下去。这样既有利于调动幼儿的原有经验，集中幼儿的注意力，还可以生成新的教学主题，如"葡萄园""茶园"等教育活动。

（2）"察"其色，"引"其趣

实践证明，幼儿对自己感兴趣的活动会表现出异常激动和专注的神色，而对自己不喜欢的活动往往注意力不集中。因此，在活动中，教师应密切观察幼儿的表情，洞察幼儿的心思及其行为背后的动机，引领他们寻找活动的乐趣。如在晨间锻炼时，教师发现很多幼儿对原先感兴趣的"乌龟爬"活动不再有热情了，他们背着"龟壳"站在原地东张西望，但又舍不得放下"龟壳"去开展其他活动。教师这时灵机一动，启发孩子们自己思考并创设了乌龟进行活动的有趣"情境"。于是一帮"小乌龟"爬过"青草地"，绕过"小树林"，游过"小河湾"，给好朋友送"面粉"。孩子们对这个活动十分感兴趣，玩得兴高采烈。

（3）"追"其行，"延"其趣

这是指教师追踪幼儿的行为，发现幼儿的兴趣并延伸幼儿的兴趣而生成教育活动的一种行为策略。在这种策略下，教师应对幼儿的一些不易理解的行为保持审慎的态度，注意对其先前和后继的行为进行追踪。教师在追踪幼儿行为的过程中有时会意想不到地捕捉到"生成"教育活动的契机。如课间自由活动结束后，教师发现几位小朋友手里捧着"可恶的小虫子"回到活动室，正想批评之际，忽然发现许多孩子渴求的眼神，教师便问："这些'东西'是哪里来的？"孩子们说："在草地上捉到的。"这时教师才明白，在自由活动时，许多孩子在草地上忙着研究的就是这个。于是，教师引导幼儿把有关的活动继续深入地开展了下去。

（4）"解"其道，"展"其趣

这是指教师在教育活动中，为了培养幼儿思维的流畅性，引导幼儿兴趣的拓展并使他们能够从中获益而生成活动的一种策略。如在"认识电"的活动中，教师设计了这样的程序：首先，让幼儿操作电动玩具，并修理坏的电动玩具，启发幼儿懂得电池有电、电流有方向性的道理。然后让幼儿展开想象："我发明的电器是什么样子的？"然而，孩子们在修理电动玩具时却向老师提出了这样的问题："是不是只要装对了电池，玩具就能动起来？"面对孩子们的提问，教师愣了一下，因为自己原先设计好的教学思路已完全被打断。该怎么办？机灵的教师马上反应过来，并用怀疑的眼神说道："是呀，究竟是不是这样呢，小朋友，你能告诉老师吗？"孩子们的兴致顿时高涨起来。他们热烈地讨论，有的说能，有的说不能。教师仔细聆听了他们的讨论，并把答案记录在黑板上。究竟谁是对的？带着疑问，孩子们拆开玩具又开始认真研究起来……在这个活动中，教师为了帮助幼儿揭开谜底，完全抛开了原有的教学思路，而在一个幼儿自己发现问题、自己寻找解决问题的途径、自己研究解决问题的过程中，把幼儿一个小小的兴趣"焦点"拓展成为一个引导幼儿进行科学探究的过程。

**2. 培养和激发幼儿间接兴趣的策略**

（1）"情趣性"策略

这是指教师为幼儿创设有趣味的活动情境，使他们在"身临其境"的活动氛围中产生兴趣。大量实践表明，幼儿对富有情境性和趣味性的活动感兴趣。这种活动因其本身具有的生动、直观、形象、可感触、富于变化的情境而易于吸引他们。如想让幼儿对看图讲解感兴趣，可设计一个有一定情境的"寻宝"探险活动，让幼儿像一位探险家那样，爬过"山地"、蹚过"小溪"、走过"森林"，克服重重困难，一步一步解开图中之谜，最后寻得"宝贝"。这样的活动当然要比教师单纯的看图讲解要好得多。

教师在设计这样的活动时必须注意以下三点：一是应赋予情境动态的特征，使其充满趣味性。如在上面这个案例中，教师虽在活动之前为幼儿准备了游戏的材料，也设置了一定的情境，但如果这种情境没有变化，孩子们的兴趣也会逐渐减退。因此，教师应及时捕捉幼儿兴趣的变化，适当添置或变更活动的情境，使情境在动态的变化中富有趣味，这样活动才能持续深入地进行下去。二是考虑情境中冒险与安全的双重因素。教师设置的情境应具有一定的"冒险性"，以提高幼儿各方面的能力、磨炼幼儿的意志，但又要注意情境的绝对安全，不能对幼儿造成人身伤害。三是尽可能地利用大自然、社会这种"动态"的情境。如风雨雷电、雪霜冰雹、四季变化、植物的繁荣与枯萎、山涧流水、飞禽鱼虫等构成了大自然多彩多姿的"情境"，这些"情境"都可成为幼儿活动的"题材"；人创造出的各式各样的"社会物"加上人本身的"风景"，也构成了人类社会独特的"情境"。"自然"和"社会"纵横交织，形成了更加绚丽多姿的"大自然、大社会"的博大"情境"。

（2）"真实性"策略

随着社会的进步和人类文明的不断发展，21世纪儿童的思维方式与以往儿童的思维方式相比已有了很大的不同。现在的儿童已不再满足于做假戏，他们更看重"假戏真做"的真实效果。如在认识解放军的主题活动中，大班幼儿更喜欢和在远方的解放军叔叔真正地通上几分钟电话，说几句心里的话；甚至要求老师带他们到解放军叔叔的训练营去看一看操练，摸一摸枪支，而不喜欢老师设计的假场景、假角色。所以，在有条件的情况下，教师设计的活动应使幼儿能够涉及真实的情境、真实的物体与材料……

（3）"挑战性"策略

儿童心理学研究和大量实践证明，幼儿对富有挑战性的活动感兴趣。如在"攀爬竹梯"活动中，大班幼儿更多地选择有三四个轮胎搭架的竹梯，两个轮胎搭架的竹梯基本上无人问津。因此，教师在考虑如何使幼儿对本次活动感兴趣的时候，还应考虑活动对幼儿是否具有挑战性。关于这一点，教师应考虑下面两个问题：一是活动难度与幼儿能力之间的关系。幼儿只对通过努力能够取得成功的挑战有兴趣。因此，教师设计的挑战活动应考虑小、中、大班幼儿的活动能力和特点，设计各年龄班幼儿"跳一跳，够得着"的活动。二是挑战难度的递进性。当幼儿已成功完成某一挑战任务时，教师应逐渐增加挑战的难度，使幼儿能够有机会迎接新的挑战。这样孩子们不仅会对活动产生新的激情，使得活动能进一步深入开展下去，而且能看到由于自己的胆量和勇气而在某一方面能力剧增的过程，由衷地为自己的进步感到骄傲和自豪。

（4）"选择性"策略

幼儿对自己能够选择的活动会表现出极大的兴趣。教师可根据幼儿的学习风格、特点、爱好等，设计不同类型、不同难度、不同性质的活动供幼儿选择。如在"学会关心周围的人"活动中，教师提供了电脑、电话、皱纸、细丝、信封、信纸、图片等，让幼儿根据自己的意愿，上网发电子邮件、打电话、制作鲜花、写信等，以满足孩子们多元的表达需要。在多次的实践探讨活动中，我们认为，教师在提供可选择活动时可从以下四方面做准备：①活动材料的选择。教师围绕活动设置的材料应是丰富多样的，让幼儿能够根据自己的喜好选择成品、半成品的材料或自然物进行活动。②活动内容的选择。幼儿在选好材料后，同样可以选择自己喜欢的内容进行活动。如在以上活动中，幼儿拿到了不同材料，就可以根据自己的意愿发电子邮件、打电话、制作鲜花、写信等；同样的皱纸，幼儿既可拿它来制作玫瑰花，也可拿它来制作菊花、喇叭花……③活动难度的选择。幼儿可根据自己的活动能力选择难度不同的活动。如在以上活动中，同样是写信，幼儿既可以用"绘画和字词"来表达自己的问候，也可用图片排列（幼儿根据自己的需要选择匹配事先准备好的图片）来表达自己的意思。④活动方式的选择。实践中我们发现，大部分6~7岁的男孩爱好拆卸、拼装的操作活动或建构活动；而同年龄段的女孩则更喜欢角色模仿或艺术表演活动。因此，即使在同一活动中，教师也需考虑幼儿的性别差异等，为其提供多样化的操作形式。

（5）"探究性"策略

理论（源于斯坦豪斯"过程理论"的启示）和实践都表明，如果一项活动能让幼儿探究各种问题和现象，让幼儿有机会解除一个又一个的悬念，那么幼儿便会觉得此项活动"其乐无穷"。可见，设置悬念是使探究性活动得以进行的"催化剂"。①在提问中产生悬念。如在"小狗追太阳"的综合活动中，教师提出了一系列和活动相关的问题：如小狗为什么要追太阳？小狗听了老鹰伯伯的话爬上山头会追到太阳吗？小狗听了老牛伯伯的话走到草地尽头会追到太阳吗？小狗听了小鱼的话走到大海边会追到太阳吗？等等，一个个问题引发一个又一个的悬念，促使活动一步步深入下去。②在实验或操作中产生悬念。如在"小狗追太阳"的综合活动中，围绕"太阳究竟在什么地方"的问题，孩子们选择了通过电脑来解决问题。他们在操作电脑的过程中对信息技术产生了浓厚的兴趣。③创设问题情境。问题情境的创设是幼儿好奇、疑问产生的前提。如在"小狗追太阳"的综合活动中，"小狗追太阳"这个优美、奇特的故事背景便是教师创设的问题情境，也正是在这个背景的烘托下，所有的问题和悬念才具有可操作的实际意义。

（6）"智慧性"和"审美性"策略

实践表明，幼儿对智慧和审美的活动非常感兴趣。一个好的活动应能充分体现幼儿与幼儿之间、教师与幼儿之间思维与智慧、情感与意志力的交锋碰撞、交流与沟通，形成共振，从而使活动的双方都能获得审美的体验。在这样的活动中，教师应注意以下两点：①直觉感悟。智慧闪现的过程源于人们对某一事物现象的直觉感悟，之后才上升为逻辑的判断和理性的实践。因此，教师在设计幼儿必须运用智慧参与的活动时，一定要创设一个有利于幼儿发生"直觉感悟"的活跃而宽松的活动氛围。②创作与表达。幼儿对他们自认为"美"的事物有着极大的热情。如幼儿喜欢远古的荒蛮神秘（几乎所有的幼儿都对远古生物恐龙及远古神话感兴趣），认为那是"美"的，因为这正符合他们"无知"和奇特想象的特点；幼儿喜欢"突发奇想"的创造，把原本成人认为"很美"的画面，涂上"乱七八糟"的各种颜色认为才美，因为这正符合他们偶尔无序的思维状态……教师应理解并及时抓住幼儿的这种"审美"倾向，鼓励和引导幼儿的创造。因此，神秘的远古童话，惊险、奇特的现代科幻，"丑陋"的泥塑、雕刻，看似"杂乱无序"的废旧材料及自然物等都应是幼儿发挥想象、实行创造和审美的"天堂"……

出于阐述的方便，本文把"发现和满足幼儿的直接兴趣、培养和激发幼儿的间接兴趣"的策略分开阐述。而在实际活动当中，幼儿的直接兴趣和间接兴趣是可相互转换的，有时甚至是互为一体的。因此，不管是为发现和满足幼儿的直接兴趣"生成"的活动，还是为培养和激发幼儿的间接兴趣"预设"的活动，都应是受幼儿欢迎的、幼儿当前需要的、有益于幼儿积累经验的、适应于幼儿发展的活动。

## 幼儿生活经验如何建构 [①]

一个风和日丽的午后，我带着一群小班孩子在校园附近散步。在尽享大好春色的归途中，忽然传来了一个孩子的惊呼声："哇！一只虫子！"循着声音望去，果然，在一辆摩托车的坐垫上，正蠕动着一个小不点儿。"这是什么？"看着这个张着翅膀、缓慢爬行的小东西，周围的孩子竟然一脸茫然。面对孩子们的一片茫然，我不禁沉思了起来：孩子们在很小的时候就知道了许多关于蜜蜂的故事，会哼唱《小蜜蜂，采花蜜》的歌曲，图书、电视中的蜜蜂也比比皆是，为什么今天遇上了真实的蜜蜂却反而不认识了呢？回首教育历程，在我们现行的幼儿教育中，孩子们拥有的究竟是怎样的认识和体验？我们原先一味追求的孩子所谓的"知道"究竟能给他们的生活带来多大的意义？很多老师都知道，《幼儿园教育指导纲要（试行）》在总则部分就明确指出：幼儿园应为幼儿提供健康、丰富的生活和活动环境，使他们在快乐的童年生活中获得有益于身心发展的经验。然而，"知道"并不等于"做到"，观念落实到行为并不是简单的一步之遥。教育向幼儿的生活回归已是现代教育的一个重要趋势。如何帮助幼儿建构真正有益的生活化的经验已迫在眉睫。

### 1. 以往教育对生活化的认识渐显误区

在以往的教学中，教师虽然也能将一些生活资源纳入教学之中，但对生活化的认识却日渐显现出一个误区，即将儿童的生活作为添加在教学活动中的调料和点缀，没有从根本上使教学关注生活、亲近生活，教学日渐走向虚拟。如以往的教学活动中我们时常会借助图片、录像甚至是精心制作的课件来认识各种动植物，而对现实生活中的"实物"这一资源却很少利用。如此一来，孩子们对图片、电视等虚拟物像倒是熟悉了，而对于真实的事物倒是"少见多怪"了（就如本文开头所说的小蜜蜂一样）。在认识事物的过程中，我们往往对事物纯知识性的介绍偏多，相对而言，较缺乏与现实生活的关联和真实的体验。有些活动并不是真正来源于孩子的生活，也没有真正地回到孩子的生活中去。

### 2. 正确认识生活化，帮助幼儿建构生活化的经验

我们所指的生活化，是尽可能地利用幼儿园及周边的一切人和事去学习经验、策略，使幼儿愉快学习、有益学习，进而使幼儿的人格得到发展，使之充满热情、充满向往，为现在及今后打下良好基础。那么，如何帮助幼儿建构起真正有益的生活化经验呢？关键在于教育和生活的互动。

---

① 于晓娟. 幼儿生活经验如何建构 [J]. 山海经，2016(9):84.

（1）生活是幼儿经验建构的重要资源

《幼儿园教育指导纲要（试行）》在关于教育活动内容的选择原则中提出，要贴近幼儿的生活来选择幼儿感兴趣的事物和问题。因此，教育应立足生活，向生活靠拢。

①充分利用自然环境资源，捕捉教育素材

每个人都生活在一定的自然环境之中，大自然中的花草树木、虫鱼禽兽、山川河流都是孩子们观察、欣赏、表现的最直接的教育资源。春天，我们带孩子们一起郊游、放风筝，踩着青青的草儿，闻闻花儿的香味；夏天，我们和孩子们一起围着水池尽情地嬉戏，在不同的材料中探索着各自的沉浮；秋天，我们一起捡落叶，看看、分分、印印、玩玩，和落叶一起随风起舞；冬天，我们唱着关于冬爷爷的歌曲，围着光秃秃的树干做起了游戏。大自然蕴含着丰富的教育资源，孩子们在与大自然的亲密接触中，主动、自觉地去看、去听、去触摸、去感知，获得的是最亲近生活的丰富而感性的经验。

②有选择地开发和利用社区资源，扩展学习空间

人是不可能脱离社会、脱离生长的社会群体而独立成长的。幼儿园应与家庭、社区密切联系，综合利用各种教育资源，共同为幼儿的发展创造良好的条件。幼儿园周围的菜场、超市、医院、图书馆、体育场等丰富的社区资源都是幼儿学习的对象。菜场里，他们可以真切地观察到各种各样的蔬菜、水产品、禽肉品……获得真实而丰富的认知和体验；超市里，幼儿可以清晰地看到琳琅满目的商品有序地分类摆放，从标签上可以了解到商品的名称与价格，获得购货付钱时数与量的真实体验，享受成功交易的快乐。

③及时发现生活中有意义的事件，丰富已有经验

每个幼儿都生活在社会当中，每天都与周围环境发生着互动，来源于生活的直接经验是幼儿成长的最好教材。《幼儿园教育指导纲要（试行）》也指出：教师要"善于发现幼儿感兴趣的事物、游戏和偶发事件中所蕴含的教育价值，把握时机，积极引导"。像奥运会期间的热门话题、全民运动会期间的运动热潮、"国庆节""儿童节""三八"妇女节等一系列的节日文化以及幼儿生活中的一些突发事件都深深吸引着幼儿的注意力，都是幼儿关注的对象。教师要善于挖掘，把它们纳入幼儿的学习范畴中来，不断丰富幼儿的生活化经验。

（2）生活是幼儿经验建构的重要途径

①发挥实地实物的力量，力争教育零距离

任何理论都要经受实践的检验才能成为真理，任何经验也必须能为人的发展服务才具有意义。所以，从生活中来、到生活中去的教育才是最本色的教育，也是一个人建构最有益的经验的重要途径。孩子们对蜜蜂的茫然已显示了纸上谈兵

的弊端，所以，尽量发挥实地实物的力量，让幼儿面对面地去接触、去感知，是幼儿获取有益经验的重要途径。

②教育与生活、游戏相结合，丰富经验的外延与内涵

《幼儿园教育指导纲要（试行）》明确指出："教育活动内容的组织应充分考虑幼儿的学习特点和认识规律，各领域的内容要有机联系，相互渗透，注重综合性、趣味性、活动性，寓教育于生活、游戏之中。"幼儿园的教育是全面的、启蒙性的，游戏是幼儿园的基本活动，教育与生活、游戏相结合，既能使教育立足生活，又赋予了教育广阔而精彩的发展空间。

综上所述，幼儿经验的建构离不开生活。联系生活、激活经验、体验生活，从生活中来，又回到生活的检验中去，这样，才能获得真正有益于幼儿可持续发展的真实体验，才能实现《幼儿园教育指导纲要（试行）》所积极倡导的时代理念！

# MODULE

## 3

模块三

# 如何实施幼儿园教育活动

## ▶ 单元导言

    小文是一名大三学生，在幼儿园实习期间，她十分困惑：每次开展集体教学活动的时候，孩子们要么不感兴趣，参与度不高；要么过于兴奋，课堂秩序混乱，压根不知道该如何进行下去。

    思考：幼儿园教育活动组织是否也有方法可寻？如何组织才能最大限度激发幼儿的兴趣，促进幼儿的学习，保证教学活动的有效性?

    幼儿园教育活动的实施即教师将预先设计好的活动计划或方案付诸实践的过程。本模块将走进幼儿园教育活动的组织与实施，探讨如何组织实施幼儿园活动，并更有效地指导活动中的幼儿。

## ▶ 主要内容

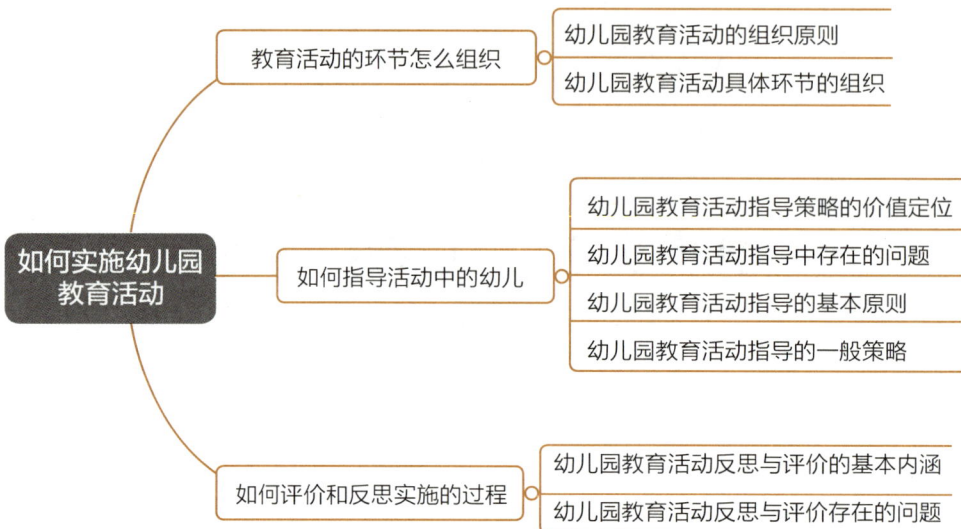

## ▶ 学习目标

1. 理解和掌握幼儿园教育活动组织与指导的基本理念与策略方法，并在具体的教育活动中有针对性的指导。
2. 能根据不同的教学情景，主动地反思与评价教学实施过程。

# 活动1 教育活动的环节怎么组织

## 我是组织者

王老师是一名刚进入幼儿园工作的小班教师。在开展语言教育活动时，王老师根据幼儿园语言教育的目标选择活动内容，制定活动目标并组织、实施语言教育活动。但在活动中，幼儿经常出现浮躁、不认真听讲等情况，需要教师的语言提醒，一个活动下来，教师和幼儿都感到很累。

请思考：为什么活动结束后，教师和幼儿都会感到很累呢？王老师在组织语言教育活动时可能存在什么问题？如果你是王老师，你会怎么调整？请把思考结果填写在表 3-1 中。

表 3-1　组织语言教育活动的思考与分析

| 现象 | 思考 |
| --- | --- |
| 为什么活动结束后，教师和幼儿都会感到很累 | |
| 王老师在组织语言教育活动时可能存在什么问题 | |
| 如果你是王老师，你会怎么调整 | |

教育既是一门艺术，又是一项充满创造性的工作。在教育活动实施时，教师可以融入自身的思考和智慧，针对不同的幼儿、不同的教育情境，进行灵活的、创造性的教育。无论是高结构的集体教学活动，还是低结构的区域活动，教师在实际组织和实施中都要遵循共同的基本原则。

### 一、幼儿园教育活动的组织原则

#### （一）主体性原则

幼儿园教育活动是教师和幼儿共同参与、相互配合的活动。遵循主体性原则，应从两个方面来理解：一方面教师要以幼儿为本、尊重幼儿的主体性。在组织活动过程中，教师从幼儿已有经验出发，始终关注幼儿的兴趣、需要和状态，充分调动幼儿的能动性、自主性和创造性，鼓励幼儿在活动中进行自主探究，从而让幼儿在自主学习中积极建构和提升经验。另一方面教师也要充分发挥自身的主体作用。在组织活动过程中，教师起主导作用，可以通过提问、积极回应等多种方式引导、鼓励幼儿思考、想象与表达，真正成为参与者、合作者和引导者。

### 案例 3-1

有两个班的幼儿都对桥很感兴趣，都在建构区搭建桥。两个班的教师都给予幼儿不同程度的支持。A 班的教师发现班上的幼儿不仅对桥感兴趣，还对桥的结构、桥上的灯感兴趣，于是教师在班上开展了相应的活动，引导幼儿去观察各种各样的桥灯，了解各种桥的结构。最后幼儿用积木、纸牌、黏土等材料搭建出形态各异、五彩缤纷的桥。B 班的教师也发现班上的幼儿对搭桥感兴趣，也开展了相应的集体教学活动，让幼儿了解国内外著名的桥，但是在指导幼儿的时候强调不仅要搭桥，还必须要搭建河岸的风景，最后班上的幼儿兴趣锐减，活动没能开展下去。

在案例 3-1 中，A、B 班的幼儿都对桥感兴趣，两个班的教师都支持幼儿对桥进行探索。但是两位教师遵循的理念不同，导致活动开展的效果也有很大的不同。最深层次的原因是，两个班的教师理念不同，遵循的原则也不一样。A 班的教师充分尊重幼儿的主体性，以幼儿的兴趣为导向。当发现幼儿对桥的结构和桥灯感兴趣时，教师积极引导幼儿去观察不同形态的桥，观察不同桥灯的色彩、位置等，丰富幼儿的知识经验，鼓励幼儿自主探索，体现了"幼儿在前，教师在后"的理念。幼儿自始至终对搭桥保持着较高的兴趣。B 班的教师最开始捕捉到幼儿的兴趣，但是活动开展的过程中仍是以教师为主体，忽略了幼儿真正的兴趣，最终导致活动无法继续开展下去。

### （二）灵活性原则

幼儿园教育活动的对象是幼儿，每个幼儿又具有个体差异性。教师难以事先预料到活动中所有幼儿的表现以及活动的实际情况，因而教师在组织活动时要秉承灵活性的原则，能够灵活应对活动过程中的突发情况、灵活调整教学内容、灵活回应幼儿、灵活把握课堂节奏。具体体现在以下三方面。

#### 1. 灵活应对活动过程中的突发状况

教师在组织活动过程中，往往会出现各种突发情况。这就需要教师充分运用教学经验进行灵活处理，从而保证活动的顺利开展。比如，在一次科学领域集体教学公开课上，教师引导幼儿进行实验操作，但是活动中幼儿因为非常感兴趣，过于兴奋，没听清楚要求就冲出去拿着工具做实验。这位教师及时制止，跟小朋友们说："游戏还没开始，请你们回到座位上去，屁股贴在凳子上，等一下，我会邀请小耳朵认真听要求，懂得遵守游戏规则的小朋友先去做实验。"

在实际活动开展中，幼儿会因为感兴趣、兴奋，而控制不住自己。如果教师此时对幼儿不加以引导，活动过程就很容易出现场面秩序混乱，从而导致活动无法顺利开展。教师面对这一突发情况，要能灵活调整活动开展的进程，并给幼儿提出清晰的规则和要求，及时制止幼儿的不适宜行为，让整个活动有序开展。

2. 灵活调整活动内容

教师在组织活动之前，会对整个活动进行周密的计划，制订详细的活动方案。在实际活动开展中，教师通常会根据教育计划逐步开展。但很多教师也会面临这样的困惑：我精心准备了内容、教具，但开展时发现对幼儿来说不适合，要么太简单、要么太难，要么幼儿不感兴趣；有时候在开展活动的过程中，发现幼儿的兴趣点会走偏，对某方面表现出极大的兴趣，但又跟原本的计划有冲突。

这样的情况，既考验教师的智慧，同时不同教师的处理方式也能体现出教师不同的教育观念。有的教师会按部就班，按照预设好的计划逐步开展；有的教师则会因势利导，顺应幼儿的兴趣，引发幼儿新的思考、新的探究，促进其新的经验的获得。

## 案例 3-2

**一位幼儿园老师记录了她开展的一次集体活动后的感想：**

### "结婚日记"（摘录）

我和孩子们一起阅读绘本《犟龟》，当我分享到"狮王二十八世要举行婚礼啦"，洋洋激动地站起来，一脸霸气地指着我说："我要跟小 D 老师结婚。"这下，引起了全班哄堂大笑，还有好几个小男孩也站起来说要跟我结婚。我也被逗乐了，反问道："你为什么要跟我结婚啊？"孩子们回答："因为你实在太漂亮了。"

就这样，对于结婚的话题，尤其是关于跟我结婚的话题，大家谈论得津津有味。他们热烈地猜测着、讨论着、笑着，我几次尝试转移话题都无果，索性就随他们去，说道："那好，今天的故事就留到以后再继续分享，那我们就聊一聊关于结婚的猜想吧！"孩子们非常开心，积极加入讨论，最后还画出了各种自己关于结婚的猜想，有的是关于结婚场景布置的，有的是关于结婚流程的，有的是关于结婚服装的，等等。

案例 3-2 中的小 D 老师，当发现班上的幼儿对结婚的话题，尤其是关于跟她结婚的话题特别感兴趣时，没有呆板地一定要按照计划继续开展，而是满足幼儿的兴趣，引导幼儿开展了一次关于结婚的猜想，灵活调整了活动中幼儿的新"兴趣点"。

因此，教师在组织活动时要根据幼儿的经验水平、学习状态、兴趣需要，灵活调整活动内容，处理好活动"预设"与"生成"的关系。

3. 灵活回应幼儿，进行积极的师幼互动

幼儿的学习主要是通过与周围的人、环境进行互动而发生的。师幼互动是指在幼儿园一日生活中教师与幼儿之间以师生接触为基础的双向人际交流。已有研究表明，师幼互动对幼儿智力发展、社会性发展等多方面都有着重要的影响。美国、新西兰、澳大利亚等国家已经将师幼互动质量作为学前教育质量评估中的重要内容。因而，在幼儿园教育活动中，教师要灵活回应幼儿，建立良好的、积极的师幼互动关系。

### （三）适宜性原则

幼儿园教育活动在组织实施过程中，要遵循适宜性原则。面对不同的教育对象，不同的教育活动类型、不同的教育环境，教师要采用适宜的教育形式和方法，因材施教，从而真正促进每个幼儿的全面发展。例如，在幼儿园实际的集体教学活动中，音乐教学活动、社会教学活动多采用集体活动的形式，而科学教学活动、美术教学活动较多采用集体与小组相结合的形式。结构化较低的区域游戏活动则多为小组活动或个别活动的形式。

### （四）整合性原则

整合性即综合性，在组织实施幼儿园教育活动过程中教师还要秉承着整合性原则。《3—6岁儿童学习与发展指南》倡导要"关注幼儿身心全面和谐发展"，为有效指导幼儿园和家庭实施科学的保育和教育，还将幼儿的发展划分为语言、科学、健康、社会、艺术五大领域。然而这并不意味着这五大领域是完全独立和割裂的，教师在实施教育活动过程中一定要注重各领域之间相互渗透和整合，从不同角度综合促进幼儿的发展，而不仅仅局限于某一领域或某一方面。

## 二、幼儿园教育活动具体环节的组织

幼儿园集体教学活动主要分为三大环节，即导入环节、主体环节、结束环节。不同的活动设计呈现的形式有所不同，有的是明显的三段体形式（导入环节—主体环节—结束环节），有的为了便于实施操作，将各大环节进一步拆分成一个个小环节、小步骤，但三大环节仍然隐藏其中。因而，我们从这三大环节展开说明每一具体环节的具体组织方法。

微视频：集体教学活动导入环节的组织

### （一）导入环节的组织

一个好的故事往往都有一个好的开头，能瞬间吸引人的眼球，激发人们继续深入阅读的兴趣。幼儿园教育活动的导入环节亦有同样的作用。导入环节是幼儿园活动设计的开始部分，也是组织实施幼儿园教育活动设计的第一步。教师通过多种形式引出主题，充分激发幼儿的学习兴趣，调动幼儿已有的生活经验，为接下来活动的顺利开展做铺垫。

**1. 导入环节的方法**

幼儿园教育活动中常用的导入形式主要有以下七种。

（1）直观导入

直观导入，即以实物、照片、视频、声音、实验等生动直观的形式进行导入。直观导入符合学前阶段幼儿直观性思维的年龄特点，能够迅速吸引幼儿的注意力，便于幼儿的理解，激发幼儿的学习兴趣。

🔗 **案例 3-3**

### 小班科学活动"可爱的小蜗牛"导入环节的实施[①]

教师将小蜗牛呈现在幼儿面前，让幼儿看一看、摸一摸。每个孩子眼里都发出怜爱的光。他们用手轻轻触摸一下蜗牛，感到惊喜万分。

教师："小朋友们，你们知道这是什么小动物吗？"

幼儿："蜗牛。"

教师："你们看到的蜗牛长什么样子啊？"

幼儿1："它的身体一圈一圈的，好像我们幼儿园的旋转滑梯。"

幼儿2："好像一辆小火车，转圈圈。"

幼儿3："很像公园里面我们坐的小火车轨道呢！"

幼儿4："我觉得蜗牛像个小喇叭！"

幼儿5："蜗牛像石头，硬硬的！"

幼儿6："蜗牛好像海螺啊！"

在案例3-3中，教师在导入环节呈现蜗牛实物，运用的正是直观导入方法。如果没有蜗牛这一实物，也可以用与蜗牛相关的图片或视频替代，以此吸引幼儿的注意力，引出蜗牛的主题，激发幼儿探索蜗牛身体的兴趣。

运用直观导入方法的时候需要注意，应尽量选择教师容易获得并且对幼儿来说安全无害的实物。实物虽能调动幼儿的兴趣，但是也容易让幼儿兴奋，进而可能导致场面混乱。这需要教师机智灵活的处理，及时控制住场面，保证活动有序开展。例如，小班的幼儿规则意识较弱，看到蜗牛很兴奋，很容易冲出来抢着看。教师在开展活动之前，用生动的语言适当引导幼儿，提出规则。例如教师说："小蜗牛看到小朋友们很开心，很想跟你们做游戏。但是，它呀，胆子小很害羞，太吵太闹的话它会吓得躲起来，所以请你们观察的时候，要小声一点，轻轻地摸它。"

---

① 本案例根据广东省育才幼儿院一院丁艳红、肖紫俏的小班主题活动"小蜗牛大探秘"编写。

（2）故事导入

故事导入，即以故事来导入，引出主题。听故事是幼儿喜闻乐见的学习形式之一。运用故事导入方法能够快速激发幼儿的学习兴趣，将幼儿带入故事情境。但需要注意的是，选择的故事要与主题相关，不宜过长。故事可以通过教师直接讲述、视频、音频、绘本等方式呈现。故事图片、视频的选择要富有童趣。如果是教师直接讲述，那么要对故事中不同的角色进行相应处理，做到声情并茂。

（3）游戏导入

爱玩游戏是幼儿的天性。游戏导入可以是教师根据主题精心设计的小游戏，也可以是猜谜语游戏等。利用幼儿喜爱的游戏进行导入，让幼儿在游戏中学习，在游戏中体验，能够充分调动幼儿参与活动的积极性，激发幼儿的学习兴趣。例如，小班社会活动"我会排队"，教师事先将多个棒棒糖系在一根绳子上，并放进瓶中。活动开始，教师并未直接告知幼儿排队的重要性或者教幼儿学习排队的方法，而是引导幼儿玩"瓶中取糖"的游戏。第一次尝试，幼儿争先恐后用力拉，发现糖果总是卡在瓶口出不来。教师启发幼儿思考取不出糖的原因，鼓励幼儿想办法再次尝试，最终幼儿将糖从瓶中顺利取出。通过"瓶中取糖"游戏的导入，瞬间吸引了幼儿的注意力，调动了幼儿参与活动的兴趣，并且幼儿也能在玩游戏的过程中初步感知排队的重要性，从而为学习排队的方法这一主要环节做好铺垫。

运用游戏导入方法，教师需做好充分的材料、场地准备。在玩游戏之前，教师还要先讲清楚游戏的玩法和规则，这样才能确保活动有序开展，也能保证活动效果的达成。

（4）经验导入

幼儿的学习是以生活经验为基础的。经验导入方法，即通过提问的方式，从幼儿已有的生活经验出发进行活动的导入。

## 案例 3-4

### 小班科学活动"可恶的病毒，我不怕"[①]

活动开始，教师提问："小朋友们，这个长长的假期你们都是怎么度过的，有没有经常出去玩耍呢？还是待在家里的时间多一点？"

幼儿1："我和爷爷奶奶待在家里。"

幼儿2："我爸爸妈妈都在家，他们都不用上班，陪我画画、玩乐高。"

教师提问："当你出去逛街或者去公园玩的时候，有没有发现大家有什么变化呢？"

---

① 本案例根据广东省育才幼儿院一院肖紫俏、丁艳红的小班主题活动"'疫'战高下"编写。

　　幼儿3："大家都戴上口罩了。"

　　幼儿4："我和妈妈去公园都戴上口罩，公园门口需要测一下体温，没发烧就放行。"

　　幼儿5："妈妈买完菜后会用洗手液洗洗手。"

　　幼儿6："爸爸妈妈下班回家后，会用消毒湿巾擦擦手机。"

　　在案例3-4中，教师采用的正是经验导入方法。通过日常生活观察，幼儿积累了有关病毒给周围世界带来变化的生活经验。教师在导入环节，通过提问的方式，引导幼儿回忆思考，调动幼儿已有的生活经验，从而引出病毒的话题。

　　（5）情境导入

　　情境导入，即教师创设生动有趣或者接近真实的情境，让幼儿置身情境中，从而进行感受和思考。通过情境，幼儿更容易具有代入感，体验情境中的角色或氛围。例如，中班美术活动"小丑鱼"，教师创设这样的情境：海洋王国准备举行一场盛大的舞会，鱼儿们都很开心，它们精心准备了美丽的晚礼服去参加这个舞会。可是，有一条小丑鱼却躲在珊瑚丛里哭，到底发生了什么事呢？为什么小丑鱼会哭呢？你们有什么好办法帮助小丑鱼变美？今天，我想请小朋友们当一回设计师，帮助小丑鱼设计出美丽的晚礼服。

　　教师创设海洋王国要举办舞会的情境，为美术活动增加了童话般的色彩，增强了趣味性。情境中小丑鱼因为没有美丽的晚礼服而独自伤心，幼儿可以从中感受到小丑鱼的不快乐情绪。教师再顺水推舟邀请幼儿帮助小丑鱼设计晚礼服，整个过程让幼儿置身于童话般的情境中，能够充分调动幼儿参与活动的积极性。

　　（6）直接导入

　　直接导入，即开门见山，教师在活动开始时直接说明活动的主题、内容、相关要求等。直接导入的方式，简洁明了，但是往往会缺乏生动性和趣味性。

　　例如，中班语言活动"999个青蛙兄弟大搬家"开始时，教师说："小朋友们，今天老师给你们带来了一个好听的故事，故事的名字叫作《999个青蛙兄弟大搬家》。"该活动案例，教师运用的是直接导入法。在活动开始时，教师直接说明了活动的主题及内容。

　　（7）悬念导入

　　悬念导入是教师通过制造悬念，激发幼儿兴趣，促进幼儿思考，从而引出活动主题的方法。悬念导入可以通过提问制造悬念，引发幼儿的好奇心，从而开始活动。例如，中班语言活动"打瞌睡的房子"导入环节："小朋友们，你们见过房子吗？那你们见过会打瞌睡的房子吗？"

**2. 导入环节组织的注意事项**

（1）导入前做好充分的准备

往往在开展集体教学活动之前，幼儿刚集中坐在一起，很容易出现兴奋、相互聊天或无所事事的情况。新手教师因为经验的缺乏，在开展集体教学活动时很容易直奔主题，直接开展教学活动，甚至当幼儿还没进入学习状态时，就已经开始了教学活动。然而，当幼儿的注意力未集中到教师的身上，在这样的情况下，教师实施教学活动就很难达到预期的效果。因而，有经验的教师一般会利用多种形式（如儿歌、趣味口令、音乐律动、小游戏等）吸引幼儿的注意力，让他们安静下来，再开展教学活动。此外，有经验的教师还会事先说清楚活动中的要求，这样也可以减少活动过程中突发状况的发生。

（2）导入内容要精简，时间不宜过长

导入环节是整个教学活动的引子，主要起到吸引幼儿注意力、调动幼儿学习兴趣、引出活动主题的作用，并非整个教学活动的主体部分，因而在具体开展活动时要把握好时间分配，不宜占用过长时间，否则会显得本末倒置。

（3）导入方法要巧妙，与主题相契合

同一个活动可以使用不同的导入方法，活动的效果也会不同。导入的内容要跟主题契合，不能仅为吸引幼儿的注意力，而使导入的内容与后面的主题不一致。

（4）导入语要高质高效

导入语应高质高效，有明确的要求和指向性。例如，中班科学活动"柔软的身体"中，幼儿欣赏完教师表演舞蹈后就直接导入提问："我身体的什么地方在动？为什么我们的身体会动？"用两个简单的问题直接引出活动的主题，没有必要让幼儿观看视频和进行动作模仿。高质有效的导入，既能引起幼儿的兴趣，有效地调动幼儿的积极性，又能引导幼儿进一步的探索。

（5）导入方法可以整合使用

导入的方法在具体实施时，可以单个使用，也可以多个导入方法一并使用。

**（二）主体环节的组织**

集体教学活动的主体环节是整个活动的核心，也叫作展开环节或基本环节，是实现本次活动目标的重点环节。在组织实施之前，教师已经对整个活动分环节、分步骤进行设计，并且将每一环节的重点指导语，环节与环节之间的过渡语，关键性提问等都呈现出来。在具体组织实施时，教师主要按照活动设计展开。在组织实施主体环节时，教师要积极与幼儿进行互动，互动过程中实时观察幼儿的表现，调整活动的节奏和进程。在组织与实施活动的主体环节时，教师要把握以下要点。

### 1.时间控制要合理

由于学前阶段幼儿的心理发展尚不成熟，注意力集中时间较短，因而一次集体教学活动时间一般宜在15~30分钟。主体环节是整个活动的主要部分，因而该环节应占据整个活动的大部分时间。但教师也需要严格把握时间，不能过短，也不能过长。如果主体环节的每一步骤都较为拖沓，拉长了整体的活动时间，后续幼儿就会出现注意力分散的情况，影响整个活动的效果以及幼儿学习的质量。

### 2.活动过程层层递进，重难点要突出

在活动组织实施过程中，活动内容要由浅入深，难度要由易到难，层层递进，只有这样，才能更便于幼儿理解和掌握。各环节之间过渡要自然，不能太生硬和突兀。此外，教师要把握活动目标的重点和难点。活动重点是要达成的目标，是活动最基本、最关键的内容。教师应花费较多的时间，通过重点的分析和讲解等步骤，逐步实现目标。难点是对幼儿来说较难理解和掌握的内容，组织实施中也要有相应的步骤体现对于难点环节的突破。例如，大班社会活动"团结合作有办法"[①]中，活动目标为：知道生活中处处有合作，明白分工合作能把事情做得更快、更好；在游戏中尝试探索与同伴分工合作的方法；体验团结合作带来的乐趣。首先，教师将"知道生活中处处有合作，明白分工合作能把事情做得更快、更好"设定为活动的重点，将"在游戏中尝试探索与同伴分工合作的方法"设为活动的难点。其次，教师在主体环节中开展两次数气球的游戏，第一次是幼儿独自进行数气球，第二次是引导幼儿合作进行数气球。最后，教师引导幼儿总结两次游戏中的失败和成功的经验，让幼儿深刻感受到分工合作的重要性。在游戏的过程中，幼儿自主探索分工合作的方法是比较困难的。

### 3.语言要简洁明了，富有童趣

教师在组织活动时，语言要简洁，指令要清晰明了。一些对幼儿来说较难的词汇或知识，教师要尽可能转化成幼儿能理解的语言进行说明。如果主体环节时间较长，那么教师的语言更要生动有趣，只有这样才能吸引幼儿的注意力，使其注意力始终集中在活动上，从而保证教学活动的效果。

### 4.活动材料的呈现要有目的性

主体环节常常会有较多的操作过程。操作过程通常也会利用多种操作材料进行辅助。而在活动具体实施时，材料的呈现也有一定的技巧。材料呈现的数量、先后顺序等不恰当，都会导致活动秩序的混乱。例如，教师一次性呈现的材料过多，会导致幼儿操作起来毫无目的；呈现材料过少，又会导致幼儿之间互相争抢，进而导致秩序混乱。有些操作环节，教师在让幼儿操作材料之前，如果未说清楚

---

① 本案例根据广东省育才幼儿院一院黄慧贤的教学活动编写。

操作要求或规则，也可能会导致幼儿过于兴奋。因而，教师在组织活动时，要充分考虑材料的类型、数量、出现的先后顺序、材料操作的要求等。教师只有有目的性地呈现材料，才能尽可能保证活动过程的有序、有效。

### 5. 面向全体幼儿

无论是活动材料的呈现、提供，还是教师的站位、提问和回应等都应面向全体幼儿。例如，教师在播放多媒体课件或者进行示范展示时，如果不注意自身的站位，很可能会挡住部分幼儿的视线，不利于活动效果的达成。

### （三）结束环节的组织

结束环节是整个活动的最后一个环节。它可以是对本次活动重点知识经验进行归纳总结，也可以是对幼儿的表现或作品进行评价，还可以是对幼儿初步获得的经验的迁移和扩展。

一个完美的结束环节，不仅能对前期活动环节进行总结、巩固、提升，起到首尾呼应、画龙点睛的作用，还能与后续的活动建立良好的连接，引发幼儿新的经验生长点，起到承前启后、举一反三的作用。

幼儿园集体教学活动的结束环节在实施时有以下几种常见的结束形式。

### 1. 自然结束

自然结束是教师直接告诉幼儿活动结束了。相比其他几种结束形式，自然结束的方式更加简单明了，但趣味性较低。例如，教师说："小朋友们，今天我们玩了切西瓜的游戏，请你们把小椅子搬回座位，然后去上厕所、喝水，等一下我们要一起出去玩。"

### 2. 以游戏结束

在活动结束环节，教师也可以利用游戏的方式结束，不仅能让幼儿在游戏中不断练习、巩固所学的技能或知识经验，同时也能让整个活动的趣味性、操作性增强，让幼儿获得满足感和愉悦感，保持参与活动的兴趣。例如，大班科学活动"认识左右"[①]的结束环节是玩"大风吹"的游戏。在玩游戏的过程中，幼儿可以多次练习辨别左右，巩固空间方位概念。需要注意的是，结束环节选择的游戏也要与主题有关。此外，结束环节是整个活动的结尾部分，时间占比较少。因而，以游戏结束，教师需要控制好时间，否则会导致活动时间整体延长。

### 3. 以表演结束

在集体教学活动的结束部分，教师还可以组织幼儿进行歌唱、朗读、角色扮演等，以表演的形式结束。此类结束方式在语言和艺术领域的活动中运用较多。幼儿通过表演，能够加深对内容的记忆和理解，同时还能提高幼儿参与活动的兴

---

① 曾用强.小学 幼儿园教育研究与实践 [M].广州：华南理工大学出版社，2019:94.

趣。例如，中班语言活动"猜猜我有多爱你"中，教师在前期环节中引导幼儿理解故事的内容，在结束环节邀请幼儿进行角色扮演，模仿故事中大兔子与小兔子的动作和对话等。通过角色扮演，幼儿能够加深对故事的理解，感受大兔子与小兔子之间的母子亲情。

教师在组织表演时可以提供富有童趣的头饰、公仔等材料进行辅助，这样更能激发幼儿参与活动的兴趣。表演人员安排上应尽量让更多的幼儿参与其中。如果因为时间或条件限制，一次活动中只能够邀请个别幼儿进行表演，那么教师需采取其他方法对想要参与却没有机会的幼儿以及未参加的幼儿进行安抚。否则，这不仅会打击部分幼儿的积极性，其他未参加的幼儿还可能出现无所事事、扰乱活动秩序的情况。

### 4. 以分享作品或交流经验结束

活动结束环节也可以通过分享作品或交流经验的方式结束。幼儿在众人面前介绍自己的作品，同伴之间进行相互点评，或者同伴之间分享各自的经验等。例如，大班美术活动"有趣的汉字"①，教师引导幼儿自主创作自己喜欢的象形文字，在活动结束环节进行布展，幼儿互相分享创作的经验，讲述画面里的故事。

以交流或分享方式结束，教师可以在活动开展过程中留心有代表性的幼儿的作品或经验。在结束的分享交流环节，教师可请个别具有代表性的幼儿出来分享；教师针对幼儿的分享，指出共同存在的问题并提出改进意见。对于优秀的分享作品，教师也可以进一步总结提升，以供其他幼儿借鉴参考。

### 5. 以经验迁移结束

在活动结束环节中，教师在帮助幼儿总结活动重点内容的同时，还可以引发幼儿思考，引导幼儿把所学经验迁移到生活中。例如，在大班社会活动"合作力量大"中，幼儿在"数气球"的游戏中已经感受到分工合作的重要性。在活动的结束环节，教师引导幼儿思考生活中哪些地方需要合作，其实就是将游戏中"合作"的经验迁移到生活中。与此同时，教师也可以引导幼儿举一反三，延伸至下一次活动或其他类型的教育活动。

总体来说，结束环节是整个活动的结尾部分，对于整个活动的效果也起着重要的作用。教师在组织实施时，不能忽视结束环节的价值而选择草草结束。在结束环节中，教师要用精练的语言总结本次活动的重点内容，还要注意渲染氛围，让幼儿保持下一次参与活动的积极性，同时，在时间分配上，也要合适，不宜过长。

---

① 本案例根据广东省中山市南朗镇中心幼儿园王维的教学活动编写。

## 活动 2　如何指导活动中的幼儿

**我是指导者**

微视频：手影
变变变

　　请认真观看大班美术活动"手影变变变"视频，重点分析幼儿的行为以及教师的指导方式，把你观察到的内容以及你的思考填写在表 3-2 中。

表 3-2　活动中的幼儿行为观察及指导

| 幼儿的行为 | 教师的指导方式 |
| --- | --- |
|  |  |

我的思考：

### 一、幼儿园教育活动指导策略的价值定位

　　《幼儿园教育指导纲要（试行）》指出："幼儿园的教育活动，是教师以多种形式有目的、有计划地引导幼儿生动、活泼、主动活动的教育过程。"开展幼儿教育活动的过程就是教师与幼儿、家长、社区不断互动的过程，是幼儿教师不断开发教育资源、赋予教育资源以新的意义的过程。在教育实践中，教师面对的每个幼儿是富有独特性的，信息与环境是不断变化的，会不断出现矛盾和冲突。这些使得任何抽象的理论都显得苍白无力。因此，教师必须能敏锐感受、准确判断处于生成和变动的教育过程中可能出现的新趋势及新问题，能把握教育时机，转化教

育过程中不断出现的矛盾与冲突，并能根据实际环境选择和决策，调节自己的教育行为，形成属于自己的指导策略。由此看来，幼儿园教育活动指导策略的价值定位是基于教师对幼儿身心发展规律的深刻把握，最大限度满足幼儿的终身可持续发展；基于教师对幼儿通过互动—建构的学习方式的认同，实现幼儿学习的主体性地位；基于教师对师幼关系的良性建构，创设和谐、温暖、安全的活动环境。

**（一）基于教师对幼儿发展独特性的深刻认知，最大限度满足幼儿的终身可持续发展**

人的一生中，幼儿时期是一个非常重要的时期，也是一个人主体形成的时期。这就需要教师具有良好的素养，具备多种素质，能积极主动地研究分析幼儿的兴趣、能力、品质等特点，不断丰富自己的教育技能和教育经验，让自己的教育理念不断进步。在新课程标准大潮下，教师已经由一个主导者转变为引导者。教师的主要作用是组织幼儿学会自主有效地学习和生活。

所以，教师本身的生活体验以及教育经验都是非常重要的教育资源，应将这种教育资源融入日常教育的教学中。教师把自身积极的生活体验以一种新的方式融入教育工作中，这样既能让幼儿感觉易懂，也能拉近彼此的距离。优秀的教育策略能让幼儿的潜能得到最大的发挥和提升，让幼儿变成学习的主导者。教育也为教师点燃了一盏明灯，让教师以自身影响着幼儿，让他们受到感染和鼓舞，给幼儿和教师创造出一种平等的关系，实现教育的以人为本，以生命为本，以幼儿为本。幼儿教育作为基础教育，只有充分尊重幼儿，激发幼儿的学习本能，才能为幼儿的一生打下坚实的基础，促进幼儿终身可持续发展。

**（二）基于教师对幼儿通过互动—建构的学习方式的认同，实现幼儿学习的主体性地位**

目前，对幼儿学习方式的研究影响最广泛的是皮亚杰的幼儿认知结构及发展理论，即知识的获得是在亲身活动中，在获得大量的感性经验的基础上，对丰富具体的实际经验的归纳、抽象概括。幼儿对事物及其关系的认识不是靠记忆，而是在与物体不断的相互作用过程中，幼儿通过动作作用于客体，并在内心不断反省、加工自己的行为，主动建构自己的知识和经验。当然，幼儿在走进幼儿园时也不是一张白纸，在生活、学习与交往中，他们逐步形成了自己对各种现象的理解和看法，形成了自己丰富的经验。幼儿往往从自身的经验背景出发，推论出合乎逻辑的解释，所以他们在学习中是主动的、积极的。作为学习活动的主体，幼儿本身的特点不同、经验背景不同，其建构的知识及所获得的意义理解也不同。

当然，强调幼儿的主体性并不意味着就不需要教师的指导。"建构主义的教师不是放弃自己作为指导者的角色——他要鼓励和引导幼儿努力去建构知识，而不是仅通过呈现预备的结果导致扼杀儿童的自主性。"① 教师应该重视幼儿自身对各种现象的理解，并以此为依据，引导幼儿丰富和调整自己的理解。幼儿园很多教育活动是多层面的工作，往往涉及理解、提出问题、查阅资料、分析与交流等。这些活动常常不是幼儿完全能够独立完成的，而是需要教师在关键时刻给予必要的提示与帮助。

《建构儿童的科学：探究过程导向的科学教育》一书指出："能培养儿童更高程度自主性的回应应该是那些能深入激发幼儿思考的回应。如：你为什么这样说？你是怎么知道的？举例说明你刚才所说的，告诉我们你是怎么想到的？你能够对你所想的做出解释吗？"② 这都是来自教师的支持与引导。因此，幼儿园教育活动，在强调幼儿主动建构的同时，也应强调教师作为必不可少的支持者与促进者的角色。教师既要尊重并给予幼儿探究的空间，又要不失时机地提供适宜的指导策略，将幼儿的学习活动提高到更高的水平并建立更强的、更富于支持性的关系，这反过来又可以帮助幼儿成长为独立的思考者，使幼儿在学习中真正处于主体地位。

**（三）基于教师对幼儿关系的良性建构，创设和谐、温暖、安全的活动环境**

教育过程在本质上表现为教师和幼儿之间的互动，没有互动的教育是难以想象的，更谈不上是有效的。越来越多的研究表明，师生间的情感交流以及由此产生的心理氛围是促进师生积极互动的必要条件。在积极的情感氛围中，无论是教师还是幼儿都更容易产生被支持感，互动的动机更强，效果也更好。而不良的情感氛围，则会使互动双方产生压力、相互疏远，互动性质和效果也不会理想。特别是对幼儿而言，由于其行为的自制力和有意性较差，受情绪情感影响更为明显，因此在师幼互动中强调情感支持和交流的作用尤为重要。

同时，师幼互动是一个双向建构的过程。不仅幼儿在其中得到积极的影响和发展，教师也同样可以从师幼互动中获取经验和成长，并在反思中逐步提高自己，达到自身主体的不断发展和提高，通过有效的指导策略向幼儿传递温暖、支持和教育等信息，创设和谐、温暖、安全的活动环境，使幼儿获得心理安全和自由，亦使幼儿的发展和学习取得最佳效果。

**二、幼儿园教育活动指导中存在的问题**

教学活动指导的方式、策略很多，教师需要根据不同的教学活动类型、教学活动需要合理选用。恰当的教学活动策略能为幼儿营造一个温暖的、彼此接纳的、相互欣赏的学习氛围，使幼儿有心理上的安全感，从而积极地投入活动。不然，

---

① 张俊. 学前儿童科学与数学教育 [M]. 苏州：苏州大学出版社，2001:191.
② 马丁. 建构儿童的科学：探究过程导向的科学教育 [M]. 杨彩霞，于开莲，洪秀敏，译. 北京：北京师范大学出版社，2006:29.

幼儿在学习的过程中就会体验到消极、无趣。因此，我们要从问题的现象出发，剖析其中的根源，从而找到解决问题的方法。

**（一）注重认知技能目标的实现，忽视情感态度经历体验目标的达成**

教师在指导幼儿教育活动时，要基于幼儿的兴趣与动机、直接经验和个人经验等。教师指导的"聚焦点"应放在能为幼儿的经历、感悟、感受、体验提供相应的材料准备、创造适宜的活动条件、营造幼儿心理轻松、自由的活动氛围之上；指导的"立足点"应放在幼儿的"最近发展区"，"好的鹰架者在与孩子合作时将他们保持在其最近发展区的一个方法，就是很小心地调整帮助和教导的量，使之等同于孩子目前的能力。"[①] 但在对实际的教育活动进行指导的过程中，幼儿的情感体验却往往流于形式。

🔗 **案例 3-5**

### 中班科学活动"水的沉浮"

教师：今天我带来了气球、海绵、磁铁、纸巾、玻璃球、5杯水，我们要一起感受水的魔力，你们猜猜，把这些东西分别放入水中，会发生什么？是沉下去还是会浮上来呢？

幼儿：沉下去 / 浮上来。

教师：把你猜到的结果，用贴纸贴到表格中。（幼儿开始猜测并贴纸）

教师：请开始尝试，把桌上的东西依次放在水里，看它们是浮上来还是沉下去。

幼儿都开始兴奋尝试，突然，一个小朋友放玻璃球时，出现了"叮咚"一声，还溅起了水花，这极大地引起了其他幼儿的注意力和兴趣，都开始纷纷尝试，并不怎么关注沉浮。

教师：小朋友，请看老师操作，老师开始放置材料。

气球放进去后，教师问："怎么了？"

幼儿：浮起来了。

教师依次问，同样的问题……

教师：请小朋友再去看看你开始的猜测，是对还是错呢？去贴上你刚才看到的结果，进行对比。

在案例3-5中，"知识中心"的价值取向是比较明显的。幼儿的观察技能没有得到引导、探究不是自主的、验证实验没有发挥应有的价值，幼儿按照客观事实真实反映的态度也没有得到培养。在科学教育活动中，教师关注较多的还是知识

---

① Berk，Winsler. 鹰架儿童的学习：维果斯基与幼儿教育 [M]. 谷瑞勉，译. 台北：心理出版社，1999:51-52.

点：哪些东西在水里是沉的，哪些东西在水里是浮的。幼儿科学探究的方法、技能及科学的态度、精神在教育活动中没有真正的地位。

**（二）教师不自觉地处于"指导高位"，对自己的指导角色不清晰**

在日常的幼儿园教育活动中，由于过多地把知识的学习与掌握作为首要目标，为了完成既定目标，教师没有时间和条件尊重幼儿的兴趣需要及学习发展的特点，也不知道幼儿喜欢什么、能做什么、怎么做，教师虽然给幼儿创设了探索发现的学习环境，但活动基本是在教师的领导、控制下进行的。教师通过幼儿的操作，告诉他们物品的沉浮，总结出一个结论。"教师鼓励幼儿将自己的答案（可能是正确的，也可能是错误的）与教师的答案（总是正确的）相比较，这样就给幼儿一个明确的暗示，即他们的任务就是提供教师想要的答案。教师拥有知识的自主权，教师起指导作用，受到重视的是教师的思考。在那种答案已知的动手实验活动中，情况也一样：幼儿的任务就是得出教师所期望的结果。教师的指导常常是我认为这不太正确、再试一试，看看能得到什么，它的含义就是你还没有得到我希望你得出的结论。"[①] 在科学探究活动中，幼儿起着配合老师得出标准答案的作用，没有真正的学习主体的地位。同时，教师以主宰者、控制者的角色展现在孩子的面前。这种威严的角色只能让孩子们感到心理畏惧，"敬而远之"，逐渐拉大师幼之间的心理距离，严重影响师幼之间的交往，教师应成为幼儿学习的支持者、平等的交流者，支持、鼓励幼儿与教师、同伴进行交谈，从而营造一个非竞争的学习共同体。

**（三）教师无法及时给幼儿搭建发现、理解或认知的支点**

幼儿的思维具有具体形象的特点，要理解一些简单的概念、原理、常识等，必须通过教师的引导。但在实践中，我们发现不少教师在教学中只关注活动的形式，热衷于在丰富多彩的形式上下功夫以吸引幼儿，而很少关注教学语言的使用和教学情境的创设，致使幼儿在科学活动中往往出现"启而不发""不感不悟"的现象。[②] 教师的说教，并没有关注幼儿已有的经验，更没有给孩子提供感悟、思考、探究的情境，致使幼儿原有的认知经验无法过渡到理解当前的问题上，幼儿只能被动地去接受教师强加于他们的抽象的知识和概念。

---

① 马丁. 建构儿童的科学：探究过程导向的科学教育 [M]. 杨彩霞，于开莲，洪秀敏，等译. 北京：北京师范大学出版社，2006:28.
② 王春燕，秦元东，黎安林. 探究·体验·发现 幼儿园科学教育理论与实践 [M]. 南京：南京师范大学出版社，2010:10.

## 案例 3-6

### 大班诗歌欣赏：《雨点》①

雨点

雨点落在池塘里，在池塘里睡觉。

雨点落进小溪里，在小溪里散步。

雨点落进江河里，在江河里奔跑。

雨点落进海洋里，在海洋里跳跃。

在组织大班幼儿开展理解欣赏活动时，师幼间有下面这样一组互动对话。

师：诗歌写的是谁？

幼（集体）：小雨点。

师：小雨点在干什么？

幼1：在睡觉。

幼2：在散步。

幼3：在奔跑。

幼4：在跳跃。

师：谁能说说小雨点为什么会在池塘里睡觉、在小溪里散步、在江河里奔跑、在海洋里跳跃呢？

幼1：因为小雨点累了。

幼2：因为它跳得高。

幼3：因为它想回家了。

教师满脸疑惑：幼儿为什么会启而不发呢？

教师的一个"为什么"把幼儿的思考引向了更加直观的认识，幼儿做出的反应自然是由小雨点累了联想到睡觉，由小雨点跳得高联想到在海洋里跳跃。因此，教师能否提出激发幼儿思维、为其学习提供支架的问题，成为这次对话互动和幼儿理解诗歌内容的关键。幼儿的思维总是与其日常积累的生活经验有直接的关系。由于幼儿的思维活动具有单向、线性的特征，所以原有的经验水平往往会直接影响其新的认知。教师要为幼儿新的认知理解提供支架，使幼儿在原有生活经验的基础上形成新的认知经验。在这个过程中，教师支架的支撑、问题的引导就显得尤为重要。

在案例 3-6 中，教师可以这样引导："池塘与海洋有什么不一样？小溪有什么特点？江河又有怎样的特征？"对于这样的问题，幼儿是有经验基础的，他们可

① 沈国香. 为幼儿搭建感悟的支点 [J]. 学前教育，2004(12):22.

以由池塘的小而静、小溪的潺潺、江河的宽广、海洋的汹涌，联想到小雨点的一系列动作。有了理解的支点，幼儿就可以把自下而上的知识，即已有的经验与新的知识相互联系，他们就能依靠这些原有的经验不断感悟、想象与思考，通过新、旧知识经验之间反复的、双向的相互作用，来形成和调整自己的经验结构，从而为新知识的学习打下基础。[①]

### 三、幼儿园教育活动指导的基本原则

任何事物的存在都有它的规律，幼儿园教育活动也不例外，教师只有遵循这些经过实证的规律和原则，才能使教育活动真正为幼儿的发展带来实质性的成效。

#### （一）整体性原则

整体性原则是指教师在对儿童指导时必须以促进儿童整体发展为基本准则，培养全面发展的人，或者说"完整的人"。儿童发展是其生理、心理各方面机能整体、协调、有机，而非局部、单一、割裂的发展。因此，教师对儿童的指导也应是整体推动与促进的。教师只有充分关注与考虑儿童各方面的整体发展，才能真正培养出"完整的儿童"。同时，教师还应认识到，儿童在某一领域发展上存在的问题，往往是与其他领域发展中的问题密切相关的。例如，攻击性强的儿童不只是行为方面出现了问题，可能还与其社会认知偏差、情绪情感易激惹、急躁、元认知监控能力较差等有紧密的关系。这也说明了教师在指导儿童时必须有整体观的意识与遵循整体性培养的原则。同时，在对儿童进行指导时，教师还应综合运用各种有效的指导原则与方法，并将各种方法与各种具体的教育情境有机结合起来，更有效地促进儿童各领域全面、整体、和谐的发展。

#### （二）接受性原则

接受性原则是科学、有效的儿童指导的前提与基础。接受意味着教师对儿童的接纳，即无论儿童出现什么样的行为问题、情感发展问题、社会能力问题或是学习问题，教师都应以开放的心态、宽容的胸怀和理解的态度去接受。教师应认识到每个儿童在其发展过程中必然会遇到各种不利因素的影响，也必然会出现这样或那样的发展问题。在这种情况下，教师不应简单地指责与批评，或是惩罚与教训儿童，而是应抱着真诚、关切之心接纳儿童的发展状况，应认识到这是儿童在发展过程中必然会出现的正常现象。只有这样才能使儿童感受到教师对他的理解与尊重，因而更积极、主动地调整、改变自己发展中的问题。但是，教师对儿童的接纳并不意味着教师不用指导与促进儿童发展，而是指教师对儿童积极、有

① 王春燕，等.幼儿园教学诊断技巧与对策58例[M].北京：中国轻工业出版社，2013:189.

效的指导必以对儿童的接纳为前提与基础。

### （三）适宜性原则

适宜性原则是教师在指导儿童时所须遵循的一个重要原则。适宜性原则，一是指教师对儿童的指导必须适宜于其生理、心理发展水平与特点，符合儿童发展的客观规律，以及教育教学的基本规律。同时，教师还应为儿童创设"最近发展区"，以科学、有效、适宜的指导方法促进其不断成长。二是指教师在指导时应考虑儿童的个体差异、年龄差异以及性别差异，对某个儿童有效的指导方法未必适用于其他儿童。因此，教师必须考虑到每个儿童都是发展中的特殊个体，都有着特殊的心理需要与人格、个性特征，要以适宜的指导方法促进每个儿童在原有的水平上得到发展。这也是与当代儿童教育所主张的"发展适宜性教学"的思想相一致的。三是指教师对儿童指导的方法与不同领域的适宜性。有些指导方法具有普遍性，如强化、鼓励、支持等方法适用于指导儿童的多个方面；而有的指导方法则可能只适用于某一两个领域，如行为调控法相对而言最适合于对儿童的行为指导。因此，教师在对儿童进行指导时，必须考虑到指导方法与领域的适宜性。此外，教师还应考虑到指导方法与情景的适宜性，在不同情景中的指导方法其效果可能会有所不同。教师必须选择适宜的方法对儿童进行指导，以便更有效地促进儿童发展。

### （四）主体性原则

在指导儿童中，虽然教师是重要的支持者、引导者、促进者，但指导儿童的终极目标是促进儿童主体的发展，且积极、主动的发展。因此，主体性原则是儿童指导中必须遵循的一个重要原则。以往在儿童指导中的一个最大问题即教师包办、代替过多，而儿童自主思考、自主活动、自主操作、自主学习太少，教师常将现成的知识与答案直接告诉儿童，这很不利于儿童积极自主的学习。教师目前的指导是为了少指导，甚至在将来不用指导，以真正促进儿童自主的发展。教师的作用是为儿童的发展提供支持与帮助，正如现在有的研究者称"教师的支持"为"脚手架"或是"平台"。当儿童能够依靠自己的力量踏上"平台"时，教师就应及时撤出"脚手架"，为儿童下一步的发展搭建新的平台。因此，教师在对儿童进行指导之前首先要分析、思考和判断：如果不进行指导，那么儿童能否自己解决问题，是现在给予指导还是再观察其一段时间；如果要对其进行指导，那么应给予多大程度的指导。这样，教师不仅能有效地对儿童进行指导，而且更有利于儿童的自主发展。此外，值得提出的是，教师应为儿童提供主动发展的机会，大力支持与鼓励儿童主动参与活动，以有效地促进其行为能力、社会能力、学习能力与情感调控和表达能力等多种能力的形成与发展。总之，教师应有效地运用主体性原则，推动儿童主动的发展。

### （五）一致性原则

一致性原则是教师对儿童的指导能够成功的基础与保证。一致性既指教师与家长、其他教职员工之间在对儿童的指导上保持一致，避免相互之间要求的不统一、不协调而造成儿童发展的问题，也指教师自身的言语、行为在不同时间、场合上保持一致。具体来说，教师应注意在以下四个方面保持对儿童指导的一致性。一是教师与家长在儿童指导上的一致性，即家园同步指导，实现家园共育。二是教师与其他保教人员在儿童指导上的一致性。如果说前一种一致性是在家庭与幼儿园、学校之间的一致，那么第二种一致性则是指在幼儿园、学校内部工作人员间的一致。三是教师在不同时间、不同场合对儿童指导的一致性，即无论是集体教育活动、分组区域活动，还是个别指导活动，教师的指导与要求都应一致。四是教师言语和行为的一致。教师在指导儿童行为时，要求儿童做到的同样也是自己应该做到的，这样才能为儿童树立良好的学习榜样。①

### 四、幼儿园教育活动指导的一般策略

在幼儿园中，教师对教育活动的指导方式、方法有很多，幼儿处于学龄前阶段，生活经验不足且对周围事物的认识具有一定的局限性，在探究事物和价值判断等方面都需要教师依据具体的活动情境以及幼儿的发展状态选择适宜的指导方式。因此，教师在教育活动指导中选择的策略尤为重要。目前，常用的策略有观察策略、导入策略、提问策略、回应策略等。

### （一）观察策略

观察策略是指教师借助于感官或一定的手段工具，运用一定的方法捕捉发生在教育活动情境中的各种信息的过程。②

**1. 活动前的观察计划**

计划是观察过程重要的组成部分。制订计划时，一种好的思维方法就是设计与回答问题：涉及哪些人（观察谁、谁观察等）、涉及哪些事（要观察的行为、态度、情绪等）、涉及哪些环境条件、涉及哪些时间问题（何时观察、观察多久、间隔观察还是持续观察等）以及涉及哪些观察手段（怎样观察与记录等）。③ 教师只有对自己的观察任务做到心中有数，才能在宏观上提供科学有效的指导。

**2. 活动中的观察策略**

（1）建立良好的师幼互动氛围

在教育活动实施的过程中，师幼互动以及幼儿之间互动是教育活动得以发生

---

① 庞丽娟. 教师与儿童发展 [M]. 北京：北京师范大学出版社，2001:303.
② 陈婷. 幼儿园教育活动中教师观察行为的研究 [D]. 长春：东北师范大学，2014:11.
③ 袁爱玲，何秀英. 幼儿园教育活动指导策略 [M]. 北京：北京师范大学出版社，2007:115.

和发展并最终得以实现的载体，因此，营造和谐、愉悦、民主的互动氛围非常重要。只有在良好安全的环境中，幼儿才会更大限度地去参与各种活动，更积极地与同伴、与活动材料等互动。教师在此过程中能够充分地观察孩子在活动中的情绪、语言、动作等，进而促发更多良性的师幼以及幼儿之间的多维互动。

（2）有效记录幼儿的各种表现

观察是先行手段，根据观察结果对幼儿进行分析、指导，从而促进幼儿全面发展才是观察的根本目的。为此，教师必须做到观察记录的完整、及时。在组织日常活动时，教师可随身携带一个便笺本，力求随时随地记录观察到的亮点，而且为了记录迅速及时，可用符号进行记录或运用数码相机、录像机等，随时把有价值的幼儿行为拍摄、录制下来。《幼儿园教育指导纲要（试行）》指出："教师要关注幼儿在活动中的表现和反应，敏感地察觉他们的需要，及时以适当的方式应答，形成合作探究式的师幼互动。"这就需要教师善于观察，敏于观察，做幼儿的朋友，可以使教师更好地了解幼儿的需要；通过观察幼儿的需要，教师可以更快地掌握正确的教育方法，以不断提高分析问题、解决问题的能力。

## 🔗 案例 3-7

唐老师通过观察并记录中班幼儿在阅读区阅读绘本的情况，一周后，将其绘制在一张图上进行汇总，他发现班里有四名幼儿阅读绘本的数量远远高于其他幼儿。唐老师了解情况后发现，这四名幼儿的家庭都较早开始阅读，并每天坚持亲子阅读。那么在集体教育活动中，老师可以有心地观察这四名幼儿的表现以及与老师、同伴的互动，将日常观察的结果与幼儿表现之间建立关联，改变教师凭经验的主观看法，对幼儿的评价趋向科学。

在案例 3-7 中，教师通过观察记录，科学地分析幼儿的发展情况，而不仅仅凭借自己的主观意愿和经验得出结论，从而取得了非常好的效果，对促进幼儿的发展、调整教育策略提供了有力的依据。

### 3. 活动后的观察

幼儿的具体表现往往是其内心的外显行为，教师观察幼儿在整个活动中的状态，如参与活动的积极性、情绪状态、与老师以及同伴的互动情况等，这些信息的综合为教师对这个活动的整体评判提供重要的信息基础，也为下次活动的预设与延伸提供有效信息。

另外，有效的观察还可以参考美国学者莫里森（Gerorge S. Morrison）提出的有效观察的四个步骤，如图 3-1 所示。[①]

---

① Morrison. 当今美国儿童早期教育 [M]. 王全志，孟祥芝，等译. 北京：北京大学出版社，2004:319.

步骤 1：制订观察计划
你为什么想去观察？
实例：确定处境不利幼儿明明如何被班级同伴所接受。

↓

步骤 2：实施观察
实例：记录幼儿如何做出反应。
为了帮助明明使用活动室中的材料和学习中心，孩子们会说些什么，做些什么？

↓

步骤 3：解释观察资料
实例：思考你的观察。
写出结论，并且为将要采取的行动提供建议。

↓

步骤 4：应用观察结果
实例：重新安排活动，为明明与其他幼儿的交往提供条件。
开始开展活动，帮助幼儿对其他人的需要做出更积极的反应。

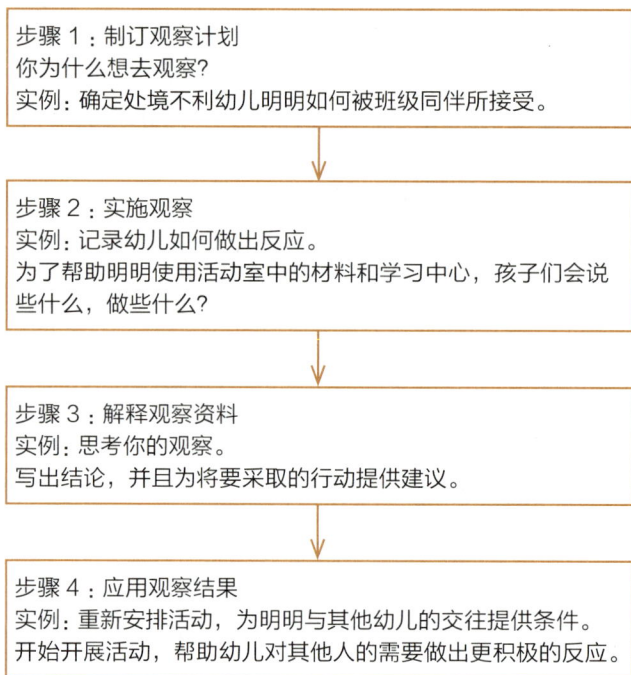

图 3-1　有效观察的四个步骤

## （二）导入策略

导入策略是指教师在组织幼儿活动之初，或在活动与活动之间，运用多种手段吸引幼儿注意，激发幼儿兴趣，调动幼儿活动积极性，建立活动间联系的一种行为方式方法。[①]

俗话说："良好的开端是成功的一半。"幼儿园教育活动也是如此，要让教育活动成功开展，优秀的导入必定起着举足轻重的作用。导入环节设计得好，可以激发幼儿的学习兴趣、激起幼儿的学习动机、开启幼儿的思维、吸引幼儿的注意力、营造良好的教学氛围，使幼儿对新旧知识进行融会贯通，有利于教师顺利地开展教学活动并深入教学内容，为整个教学活动奠定良好的基础。

常见的导入策略有如下六种。

### 1. 日常话题导入

日常话题是指围绕幼儿生活中的人、事、物，如朋友、家人、新闻、玩具、动物、节日等话题。日常话题是幼儿所熟知的，在教学活动开始前，教师可以通过这种方法与幼儿交流。师幼在轻松的交谈过程中，消除了幼儿的紧张感，同时教师也可以通过交谈了解幼儿的生活经验储备情况，根据幼儿原有的知识储备，适当增加新的内容，使幼儿在原有认知的基础上，进一步提升自己的认知经验。

---

① 刘懿 . 幼儿园教育活动设计与指导 [M]. 北京：人民邮电出版社，2014:29.

例如，小班社会活动"认识交通工具"。活动目标：认识常见的交通工具（如自行车、小汽车、三轮车、火车、飞机等）。

教师：今天你们是怎么来幼儿园的？

幼儿：电动车、自行车、小汽车、步行等。

教师：除了刚刚说的，你们还知道哪些常用的交通工具呢？

又如，中班语言活动"快乐的春游"。活动目标：引导幼儿结合自己的生活经验，让幼儿了解春游前要准备的物品与经验。

教师：小朋友们，你们之前春游都去过哪些地方？

幼儿：公园、度假村、小森林等。

教师：和你同行的人都有谁？

幼儿：爸爸、妈妈、老师、同学、爷爷等。

教师：去春游的时候你都带了什么？

幼儿：水、衣服、零食、卫生纸、湿巾等。

### 2. 开门见山导入

开门见山导入是指在开始教学时，教师直接阐明主题、学习的目的及教学程序，使幼儿迅速进入学习情境的一种导入方法。[①] 它直奔主题，帮助幼儿了解活动的内容，不拐弯抹角，导入方法的特点是"短、平、快"，即省时，接触新主题迅速，能起到组织幼儿即时进入学习角色的作用。

这种导入方法具有针对性、目的性、直接性等特点，能够节省大量的时间。

例如，中班科学活动"制作冰花"。

拿出一个冰花，教师：小朋友，你们知道这是什么吗？

幼儿：用冰做成的小东西。

教师把它放在阳光下，呈现出五颜六色。

幼儿：好漂亮啊。

教师：你们想不想把这么漂亮的冰花做出来啊？

幼儿：想。

教师：那我们今天就一起来制作漂亮的冰花。

在此案例中，教师开宗明义，直奔主题，提出具体要求和任务，能直接引起幼儿的注意，使幼儿快速进入角色。

### 3. 故事导入

这种导入方法是最受幼儿欢迎的导入方法之一，教师采用故事导入可以激起幼儿浓厚的学习兴趣，使教学有效性最大化。一般情况下，教师在讲故事的时候，

---

① 郭芬云．课的导入与结束策略 [M]．北京：北京师范大学出版社，2010:47．

要注意面部表情，恰当地使用肢体动作，语速要适中、语音要准确、语言要简洁，通过声情并茂、动静结合的方式可以很好地帮助幼儿理解新知识。教师还可以根据教学情境，恰到好处地将内容改编或者创编，这样更能增加教学的趣味性，吸引幼儿的注意。

### 4. 游戏导入

游戏遵循着愉快的原则，是快乐的源泉。在教育活动中，教师用游戏导入教学内容不仅符合幼儿好奇、好动、好玩的天性，还可以使幼儿的学习注意力保持得更加持久且稳定，同时伴随着愉悦的情绪。因此，对于游戏的选择，必须契合主题且富有趣味性。如学习儿歌《手指歌》，教师提议，"今天我们来比比谁的手指本领大，会变出各种各样好玩的东西"。教师用儿歌中的语言暗示幼儿，"变变变，变成一把小手枪"，自然引出儿歌的主要内容。

### 5. 情境导入

这种方法是指教师根据教材和幼儿的特点，利用语言、设备、环境、活动、音乐、绘画等手段（包括演讲、小品、歌曲、音像等）渲染气氛，制造出一种符合教学需要的情境，以激发幼儿兴趣、思维，使幼儿置身于特定的情境之中，引起共鸣，从而进入学习新内容的一种导入方式。如大班科学活动"想办法"，教师在活动开始之前，播放了一段视频：小主人公豆豆半夜起来上厕所，来到客厅发现"妈妈晾的衣服散落在了地上""发生了什么事情""怎样来整理这些衣服"，这种"未知其文，先动其情"的导入方式，创设情境要巧妙精当，使幼儿产生想深入了解体验的动力。

### 6. 问题导入

这种方法是结合教育活动内容设计的，既符合幼儿心理及认知特点，又富有启发性的问题，引发幼儿的学习与活动愿望。此法包括两点含义：其一，设问，自问自答；其二，提问，由幼儿回答。所问内容，可从不同方面、不同角度提出，只要有利于引入正文讲授即可。例如，大班语言活动"没有牙齿的大老虎"，教师在导入时说："有一只老虎以前可厉害了，几乎所有的动物见到它都非常害怕，可是它现在一点儿都不厉害了。到底发生了什么事情？今天让我们一起去故事中寻找答案吧。"短短几句话就激发了幼儿强烈的好奇心，促使幼儿集中注意力听教师讲故事。

值得注意的是，教育活动的导入方式多种多样，且导入环节不是活动的主体，更不是整个活动的重点，它所占的时间一般较短，但它所起的作用却是不可忽视的。不同的活动内容和活动目标决定了导入方式不可能有固定的模式，但是只要教师时刻站在幼儿的角度，立足于幼儿的身心发展特点，就一定能设计出富有吸引力的导入方法，从而更好地开展各类教育教学活动。

### （三）提问策略

美国课程与教学论研究学者罗伯特·马扎诺提出："如何使教学吸引学生是教师应考虑的最重要的问题，而最行之有效的策略就是围绕问题开展的教学设计。学生会为课堂提问随时做好准备并能积极参与教学活动。"[①] 由此可见，提问是一种极其常用且必要的教学策略，在幼儿园中，教师根据教学内容和幼儿的实际情况，常用的提问策略有以下三种。

#### 1. 启发式提问

要以激发学生学习兴趣为基点，且应注重问题的思维性与启发性。当幼儿在对某个活动材料有兴趣但一直在低水平上重复时，教师可以通过启发式提问将幼儿引入更深的探究。常用的词有"什么、哪里、怎样、如何"，避免用"为什么""为什么不"等词。问题越具体越能引导幼儿思考，尽量让幼儿自己得出结论。教师应给予幼儿更多的耐心，允许幼儿不知道和犯错。

#### 2. 层叠式提问

在层层深入的问题链中，教师以探寻方式进行追问，借助追问梳理，尽可能地调动幼儿的情绪。这是一个动态的师幼共同学习、共同建构的过程。在一个活动中，如果问题通过引导、探寻、调整的方式提出，幼儿就能获得更多的信息，获得最大程度的进步。

例如，大班游戏活动"找一找"，[②] 让幼儿根据提示板要求寻找幼儿园里有关的人与景，并做记录，从中学习观察、询问、求助、交流等技能。活动后，幼儿就如何才能找到人、景展开了讨论。教师问："今天要找的人和地点，小朋友们都找到了吗？"很多幼儿都表示找到了。教师又问："你们是用什么办法找到的？"这个问题立刻引发了幼儿间的互动，幼儿你一言我一语地阐述自己的经验，讨论异常激烈。此时，教师却敏锐地发现，幼儿的讨论仅仅停留在粗浅的表象上，还没触及游戏内涵，于是推波助澜，"你们都找到了提示板中的人和地点，那么，你们觉得是找人难还是找地点难？为什么？"一石激起千层浪，好一个切中要点的问题，幼儿立即分成两个阵营，一方叙述找人难的理由，另一方强调找地点难的理由，在双方各执已见的争辩中，幼儿的讨论渐渐聚焦到事物之间的联系上，他们渐渐发现了物静与人动的特点，初步发现了事物之间的关系。

在本案例中，当幼儿已初步具备"找一找"的经验时，教师并没有停在这里，而是抛出幼儿意料之外的问题并推波助澜，引导幼儿由浅入深思考问题，由表及里提升经验。

---

① 马扎诺．教学的艺术与科学：有效教学的综合框架 [M]．盛群力，唐玉霞，曾如刚，译．福州：福建教育出版社，2014:86．
② 李建君．以适当的方式应答 [J]．幼儿教育，2006(21):22-24．

### 3. 开放式提问

开放式提问是指教师提出的问题通常没有明确固定的标准答案或有多种正确的答案，为幼儿提供思考问题的方向。当幼儿的思维或想象比较单一刻板时，教师可以通过开放式提问，引导幼儿转变思考问题的方向，使幼儿尝试不同的表达。

例如，在中班美术活动"我喜欢的房子"中，很多小朋友画的都是一座孤零零的房子，教师提出，"哎呀，小鸟也想来和这座漂亮的房子做邻居，你能帮帮它吗""在房子的周围开发一个小小花园，你最想种什么花"等，在教师问题的引导下，小朋友的画呈现出了更多的场景，房子的旁边有小河经过，有大树依傍，有花园围绕等。

又如，大班艺术活动"冬天的感觉"，目标是让幼儿用各种方式来表达冬天的感觉。"感觉"是一个抽象的词语，在幼儿还不能很好地理解和表达抽象的感觉时，我们需要帮助他们去梳理感觉，逐渐丰富他们的感受和表达，把感觉具体化。

这位教师在导入时就用一个个问题帮助幼儿理清"冬天的感觉"。

教师：在冬天你能看到哪些颜色？不同地方的冬天颜色一样吗？

教师：冬天闻起来是什么感觉？

教师：冬天如果是一种食物，它尝起来会是什么味道呢？

教师：冬天的雪是什么形状呢？

教师：冬天的白天和黑夜与其他季节的白天、黑夜一样吗？

教师：你最喜欢和最不喜欢冬天的什么？

如果让你从夏天的东西中取一样带到冬天，你会选择什么？

这些具体的问题让幼儿对"冬天的感觉"的表达有了具体的参照。

### （四）回应策略

从某种意义上来说，教育的过程就是一种对话的过程，但在实践中，师幼间的对话不仅仅是指教师和幼儿之间狭隘语言的谈话，更应该包含双方的"敞开"和"接纳"，有彼此的交流和耐心的倾听等。当幼儿提出问题时，教师能否有效回应便成为这种平等对话关系建立的关键。常用的回应策略有以下三种。

### 1. 重复

教师通过重复回答幼儿提出的问题或向幼儿反馈有价值的信息，帮助幼儿在短时间内获得认知提升；教师通过重复幼儿的话语，间接表达对幼儿的提醒与暗示，启发幼儿对自己的思路做出进一步的调整。

在一次户外活动中，一辆车出现在孩子们的视野中，一个孩子说那是一辆观光车，另一个孩子则说那是游览车。教师回应："×××小朋友说是观光车，×××小朋友认为是游览车，他俩说的都对，观光就是游览的意思！"教师的回答简单明了地帮助幼儿梳理出共识。

### 2. 追问

追问就是教师在回应中把问题由浅入深层层抛向幼儿，有利于教师及时了解幼儿的学习过程和学习方法，以便教师调整教学策略，帮助幼儿提升经验，激发幼儿的积极性。

例如，中班健康活动"多变的情绪"。教师在导入环节问："什么事可以让自己很开心？"一位小朋友说："妈妈带我到动物园玩，我就特别开心。"教师紧接着问："你开心的表情是怎么样的？可以做给我们看看吗？"小朋友马上做了个张嘴大笑的动作，教师马上又追问："哦！面部动作已经做出来了，你想想在你开心的时候，除了嘴的动作外，还有没有其他身体部位的动作呢？"经过教师的连续追问、启发，小朋友尝试做出了多种开心的表情与动作。

### 3. 提炼

规范而生动的小结性语言，可以帮助幼儿将原有的零碎经验进行归纳、提升与拓展。幼儿的经验往往比较零散，语言表达也很随意，不能反映问题的主旨，这就需要教师在短时间内分辨出哪些是有益的经验，使幼儿在感性体验的基础上将零碎的感受和体验上升为系统的知识和概念，引导幼儿在同化和顺应的基础上使其原有的认知结构得到重组。

### 🔗 知识拓展

第一，有助于确定有效指导的几个问题：

活动的结果开放吗？对此没有唯一正确答案的结果你习惯吗？感到舒服吗？

幼儿从活动中获得的知识可能是片面、零散的，你习惯吗？感到舒服吗？

幼儿在探究时，活动（教）室看起来乱、闹，你习惯吗？感到舒服吗？

教学的内容不能按照预期有序、紧凑、连贯的进行，你习惯吗？感到舒服吗？

在教学过程中，幼儿和你平等地分享活动进程的控制权，你习惯吗？感到舒服吗？

第二，有助于确立干预（参与）是否必要的几个问题：

幼儿在干什么？有必要干预吗？

我的干预会影响或打断幼儿的活动吗？会不会抑制他们的思考？会丰富幼儿的活动经验，有利于他们的学习吗？

如果我不干预，又会怎样？

干预和不干预是"利大于弊"还是"弊大于利"？

第三，有助于确立干预（参与）速度和互动节奏的几个问题：

我对幼儿提供了多少帮助？应当一次性给予帮助还是分几步进行？

我所提供的支持和帮助适宜吗？是否抑制了幼儿的独立探索？

　　我干预以后，幼儿有没有变化？有哪些变化？哪些变化是由我的干预引起的？哪些方式更容易被幼儿接受？哪些方式对他们的帮助更大？哪些方式没有满足他们的需要？

　　我的帮助是造成幼儿对我的依赖还是促进他们更加积极的思考与探究？

　　他们还需要我帮助吗？我什么时候可以不用帮助？

## 活动3　如何评价和反思实施的过程

### 我是反思者

在分组阅读环节，教师让幼儿两人一组合读一本书，丽丽和彤彤一起看得津津有味。莫莫却离开组员胖胖，把头凑了过来，似乎也想发表意见。两个小女孩很不耐烦地皱起了眉头，等莫莫再次过来碰她们书的时候，她们终于不耐烦地说："你干什么？走开！"可说时迟那时快，书被莫莫撕破了一页。丽丽"哇"的一声哭了。莫莫这时才意识到自己好像做错了，他慌忙对丽丽说："对不起，丽丽！"老师问莫莫："你为什么要撕她的书？这样做对吗？"莫莫有点胆怯，随后又理直气壮地说："老师，我已经说过对不起了……"

"对不起"作为一种礼貌用语，是幼儿园教育中一直被重视的内容。在教育活动中，莫莫说"我已经说过对不起了"能引起你的思考吗？请完成表3-3的填写。

表3-3　"我已经说过对不起了"的反思

| 事实描述 | 原因分析 | 我的思考 |
| --- | --- | --- |
|  |  |  |

### 一、幼儿园教育活动反思与评价的基本内涵

#### （一）幼儿园教育活动反思的基本内涵

**1. 幼儿园教育活动反思的含义**

反思是人对自身活动的注意和知觉，以获得关于自身的思维、怀疑、信仰等。人们通常把反思视为自己的思想、心理感受等。

反思作为一种思维方式，在教育领域，正逐渐被用来提高教师的教学能力，以促进教师的专业发展。这种方式改变了过去单一的培训模式，使教育者在实践

中反思，成为实践的研究者。目前，反思被公认为是教师专业成长与发展的一种手段和工具，是教师教学走向成熟的标志。

教师专业化是幼儿教育领域的一个重要研究课题。在幼教改革中，先进的理念、方法和教育方案都需要通过教育者来实现，因此，教师的素质越来越引发人们的关注，教师专业化已成为幼教发展的制约因素。过去教师专业化发展只停留在职前以及职后培训阶段，但这种模式已无法满足教师的成长，而反思是促进教师成长的阶梯，为教师专业化发展提供了新的路径。

**2. 幼儿园教育活动反思的作用**

在幼儿园教育活动中，反思对教学活动的发展以及教师自身的专业化发展都起着重要的作用，具体表现在以下四个方面。

（1）规范和调整教育活动目标

幼儿园教育目标可分为总目标、中期目标、近期目标以及活动目标，促进幼儿在认知、技能、情绪情感等方面发展的总目标则需要依托具体的活动目标去实现。因此，合理、规范的设计目标显得非常重要。现今幼儿课程更多关注的是目标的生成性，需使目标园本化、班本化，因此，教师能在教育活动中，根据实施情况而制定目标，是教师不断规范和调整教育活动目标的过程。

教师通过反思发现教学活动中存在的问题以及取得的进步，并通过分析反观预设的目标是否合理，从而进一步调整目标，使教学活动目标符合本班幼儿的发展。例如，大部分老师会反思目标："本次活动较好地达成了目标。"如果没有达成教育目标，那么教师会反思目标的制定是否符合本班幼儿的年龄特点和发展水平，在哪个活动环节出现了问题导致无法达成教育目标等。又如，大班语言活动"月亮船"，教师在活动后反思道："由于故事较长，目标中的'能完整讲述故事'过难，可调整为'能简单讲述故事'。"

可见，教师通过反思可以不断调整教育活动目标，使已制定的目标不断趋于合理化。

（2）优化和协调教育活动

在一个教育活动结束后，教师需要对活动做出反馈，而反馈的过程就是教师的反思。通过反思幼儿活动有效性的表现，教师可以从中获得肯定，强化其在教育活动中的正面行为，这对成功开展教育活动有着重要意义。例如，在中班科学活动"好玩的报纸"中，教师反思道：我从孩子的原有经验着手，在第一环节中就让孩子们自由探索纸的玩法，良好的开端使他们在接下来的探索活动中都变得非常积极，尤其是浩浩小朋友，他把报纸折了几折，报纸站了起来，浩浩很高兴，拉着我们一起看。我鼓励了浩浩，肯定了他的想法，这下，其他小朋友都思考着报纸还能怎么变。正是因为鼓励和肯定，才使班里的孩子们都非常有兴趣，并积极地投入探索中去……

上述活动片段中，教师对活动的成功之处进行了反思，对活动有了一个总体的把握，这对教育活动的开展非常重要。当然，活动过程中也会和预期的目标有一定的差距，要随时进行调整。任何教育活动在开展的过程中，都会存在着不足之处，因此，教师要不断反思，只有通过反思发现问题，总结经验，才能促进教育活动的顺利开展。例如，在大班科学活动"有趣的声音"中，教师对于活动中的不足进行了反思。本次活动中存在的不足之处主要有：一是在活动过程中，应该放手让幼儿用自己的方法和材料去制造声音，而不是一直看着教师操作；二是一次性提问过多，导致幼儿记不住，提问应有目的，层层递进；三是教师自身对"声音"知识点的了解还不够，知识局限于把课备完，因此在幼儿提问时，教师无法给予他们更多有效的回应。这些不足，应该不断改进和完善，以便下一次活动的有效开展。

可见，教师通过反思，能意识到有些经验可以运用到下一次活动中，并在下一次活动中不断改进和完善。

（3）生成新的教育活动主题

把握教育活动内容的生成性，教师需及时捕捉到幼儿的兴趣点，根据幼儿的兴趣生成主题活动，并通过观察与反思，关注生成内容对幼儿的学习价值，以此来确定最适合幼儿发展的主题和内容。例如，在大班语言活动"馒头的故事"中，教师反思道："故事中有老奶奶蒸馒头的情节，玲玲就说'冒烟啦。'我当时回应道'哇，你看到老奶奶的饭锅里冒着的蒸汽啦。'由于是语言活动，烟和蒸汽是两个概念，因此我并没有纠缠冒出来的究竟是什么，但新的内容就这样生成了。究竟什么是烟，什么是蒸汽，我们可以一起谈谈和探探。"

可见，教师通过观察幼儿在活动中的表现和反思，及时捕捉到了生成新活动的契机，使之产生新的主题。这种反思，对于教师来说是极其需要的。

（4）促进教师专业发展

教师反思的作用最直接的体现是促进教学活动发展，但同时又促进了教师自身的专业发展。越来越多的研究表明，反思是促进教师专业可持续发展的动力，它可以增加教师的实践性知识，增强教师的自我效能感。因此，反思对教师发展的作用十分突出。

**3. 幼儿园集体教育活动反思的内容**

开展集体教学反思时，可以在收集信息及自我评价的基础上，进行以下几方面的反思，具体内容如表3-4所示。

表3-4 幼儿园集体教学活动反思内容

| 反思项目 | 反思内容 | 具体内容 |
|---|---|---|
| 集体教学活动设计的反思 | 教学活动目标的反思 | 活动目标是否符合幼儿年龄特点、是否基于幼儿的生活经验 |
| | | 活动目标是否具有操作性、可行性、全面性等特点 |
| | 教学内容的反思 | 活动内容是否贴近幼儿的生活，并反映幼儿的兴趣和需要 |
| | | 活动内容是否具有基础性、启蒙性、科学性等特点，是否能为实现活动目标而服务 |
| | 教学活动组织与实施的反思 | 活动环节是否结构清晰、环节层层递进 |
| | | 活动环节是否突出重点，并为实现活动目标而服务 |
| | | 活动环节时间分配是否合理 |
| | | 教学手段是否多样、适宜、有效，教学方法是否有利于幼儿学习 |
| | | 教学环境创设和材料提供是否有效 |
| 教学活动实施的反思 | 教学活动实施过程的反思 | 对教师教学的反思（组织与指导的有效性，提问的启发性，能否兼顾到个体差异？） |
| | | 对幼儿学习的反思（参与活动的兴趣和积极性，在活动中能否主动操作材料和探索？能否表现出一定的创造性？） |
| | 教学活动效果实施的反思 | 目标达成程度如何 |
| | | 互动有哪些成功之处，又有哪些不足之处？如何调整并改进教学活动 |
| 教学活动评价的反思 | 评价方式与标准 | 评价方式与标准是否客观科学、是否能了解活动目标的实现程度和活动实施的有效性 |

### （二）幼儿园教育活动评价的基本内涵

#### 1. 幼儿园教育活动评价的含义

幼儿园教育活动评价是指在一定教育价值观的指导下，基于适宜的教育目标，运用可操作的科学手段，使用一定的工具、技术和方法，系统收集信息和资料并进行分析整理，对各种教育活动的设计、实施过程及结果进行科学判定，从而实现自我完善并有效提高教育活动质量的过程。[1] 该定义表明，教育活动评价具有系统性、过程性，最终目的在于不断完善和提高被评价对象的教育活动质量。

#### 2. 幼儿园教学活动评价的作用

（1）诊断作用

通过对教学活动收集到的信息与资料的整理分析，即发现幼儿园教育活动过程中存在的问题，并根据分析与诊断进行调整与改进。例如，在进行大班主题活动"各种各样的瓜"时，预设的活动目标是认识几种常见的瓜，知道瓜是由柄、蒂、皮、肉、瓤、籽组成。在活动过程中，为了了解幼儿的生活经验，教师与幼

---

[1] 胡惠闵，郭良菁. 幼儿园教育评价 [M]. 上海：华东师范大学出版社，2009:18.

儿进行了"瓜的一家"谈话，结果发现，幼儿虽然知道很多瓜，但对瓜的了解却五花八门，同时，教师还发现幼儿对瓜的态度也不一致，有的很喜欢吃瓜，有的不喜欢吃瓜。于是，教师将"各种各样的瓜"的目标调整为谈论各种各样的瓜，包括：你知道哪些瓜？它们是什么样子的？你喜欢吃什么瓜……在后续的活动中，教师逐步引入了瓜的特征。这样的活动，不仅结合了幼儿的生活经验，更调动了幼儿学习的主动性和积极性。

（2）区分和鉴定作用

依托评价，可以鉴定幼儿园教育活动是否"达标"，如教师教学质量如何、幼儿的发展状况如何等。通过评价，我们也可以知道教育活动取得了哪些成功，存在哪些不足，进而提高教师工作和学习的积极性。

（3）调整和改进作用

根据美国教育学家、评价理论专家拉尔夫·W. 泰勒（Ralph W. Tyler）的观点，目标、教育过程、评价三者形成了"闭环结构"，如图 3-2 所示，即预定的教育目标决定了教育活动，而评价就是根据教育目标，对照实际结果，找出教育活动偏离目标的轨迹，通过一定的调整和改进更好地达成目标。

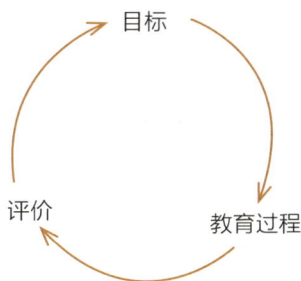

图 3-2　闭环结构

图 3-2 表明，幼儿园教育活动是一个不断循环和持续的过程，同时也是一个螺旋上升的过程。目标是评价的依据，评价是达到目标的重要手段。评价的最终目的是提高教育质量。

## 二、幼儿园教育活动反思与评价存在的问题

### （一）幼儿园教育活动反思存在的问题

反思作为提升专业发展的有效模式已逐步得到认可，越来越多的幼儿园教师开始尝试反思。但通过问卷、访谈、观察等方法对现实进行调查发现，教师在反思中存在如下问题。

#### 1. 反思理解不够深刻

尽管多数教师已开始尝试反思，但对反思的理解仅停留于表面，不够深刻。

多数教师认为，反思是反省自己教育活动开展过程中存在的问题，只有少部分教师认为反思还具有提升、解决问题、改进工作等含义。另外，通过查阅教师的反思记录，有的只记录了一两句话，有的甚至不能称为记录。可见，尽管教师认为反思有必要，但还没有意识到反思的重要性。

通过调查可以发现，反思可以作为教师专业化提升的一个有效尝试，多数教师并没有意识到反思的必要性和重要性，教师的反思意识淡薄，在反思行为上表现得比较迷茫。因此，提高教师的反思意识迫在眉睫。

### 2. 反思内容不够多元

在问卷和调查中我们发现，教师反思多倾向于对教育活动过程的反思，如教师的提问、环节的设置、给予幼儿的回应、材料的准备等，很少对教育目标、过程中本质现象、幼儿的生活经验等进行反思。例如：

在小班体育活动"小山羊爬坡"中，教师反思道：本次活动，孩子们的兴趣非常浓厚，培养了孩子们的平衡能力。但我提供的拱桥、轮胎不适合小班第一学期的孩子，因此孩子们的兴趣虽然浓厚，但是没有真正被调动起来。

在小班音乐活动"山羊踩痛小公鸡"中，教师反思道：由于活动环节只安排了一次教唱环节，部分幼儿对歌词不够熟悉，只能唱其中几句，因此，后面的歌曲表演环节没法正常开展。

在中班美术活动"快乐的小青蛙"中，教师反思道：步骤图的讲述，明确了制作方法，能有条不紊地进行制作，最后延伸活动的内容让幼儿更加喜爱青蛙。

以上教师对教育活动的反思仍停留在感性层面，反思内容零散、片面、浅表，较少关注影响教育活动成败的根本因素。因此，如何让教师的反思更有效、深入、系统，是我们所要重视和努力的方向。

### 3. 反思记录存在问题

反思记录、教学笔记等文字材料凸显了教师的观察、指导、记忆、写作等能力，对于教师的自我评价、自我分析、自我鞭策有极大作用。但通过资料分析我们发现，教师在进行反思记录时主要存在以下问题。

（1）不知道写什么。很多教师觉得没事可写，从侧面也反映出这些教师在教育活动中缺乏反思意识。经分析，形成这些问题的根本原因有：有的教师工作模式已经稳定，不认为这些"问题"是"问题"；有的教师观察能力有待加强；有的教师自身的教育观念有偏差或缺乏理论支撑；有的教师工作繁忙、琐碎、无暇思考等，因而不能捕捉到更多的信息。

（2）找不到问题的根本原因。有的教师在反思时，分析的问题并不是该教育活动的真正问题所在。如中班数学活动"项链"，教师在反思中这样写道：我把豆子放在了每桌中间，导致孩子们在操作时有争抢行为，下次应该每个人面前放一筐，避免争抢。

事实上，导致孩子们争抢豆子的根本原因是，教师在操作前没有讲清楚要求。当发生争抢行为时，教师也没有充分引导幼儿该如何解决问题，以至于幼儿的兴趣都放在了争抢豆子上而不是在制作项链上。

（3）为了完成任务而写。在访谈中，不少教师表示，反思是幼儿园创评等级时的一项指标；还有的教师表示因为评职称、评优需要科研成绩，因此写反思记录是为今后论文课题积累素材。尽管这部分教师也很重视反思，但目的并不是为了思考、分析教育活动中的问题，而是为了完成任务。

对以上现象进行分析后，我们对目前教师反思现状有了进一步的认识和了解，同时针对存在的问题可有以下四点建议供参考。

（1）加强对反思内涵的学习和理解。教师对反思有所了解，但仍停留在表面并未完全了解或掌握其内涵，导致反思不到位。因此，要加强教师的学习，使其了解反思并不仅仅是记录，而是需要思考、分析、探究教育活动中的各个方面；不单是反思不足之处，也可以是对教学理念、教学模式的质疑和批判，积极验证和调整。只有这样，教师才能获得认知，让反思达到应有的目的和效果。

（2）加强知识储备。教师除了要加深对反思的理解和认知外，还应不断加强自身的知识储备，包括了解幼儿的身心发展规律、教育教学方法、先进的教育理念等。反思需要建立在已有经验的基础上，结合理论和实际不断思考、探究自己的教育实践过程。只有这样才可以使自己的反思有据可依，反思才会更有针对性和有效性，得出的反思结果才能更为客观。

（3）把握反思的最佳时机。教师需要在教育活动后及时进行反思，这是教师反思的最佳时机，对教育活动的认识最为清晰，感受也最为深刻。如果错过了最佳时机，那么在教育活动时发生的情境就会逐渐淡化，教师反思的激情也会随之消失，最后反思很可能流于形式，失去价值。因此，在每个教育活动结束后，教师都应及时进行反思，这样才能做出全面、客观、深刻的反思。

（4）建立完善的反思制度。教师能主动进行反思，除了教师自身的认知水平外，很多时候影响因素来自外部客观环境。良好的外部环境可以促使教师更加积极主动地进行反思，反之则会阻碍教师的反思。良好的外部环境能起到支持和鼓励作用，可以从根本上保障反思的进行。完善的反思制度应具有持久性、鼓励性，可以从多层面来构建，如从物质层面为教师提供物质条件，从物质上给予教师支持和保障；也可以从精神层面支持，如表彰表现突出的教师等。教师反思制度的建立需要幼儿园、教师、社会的支持，也需要不断地进行调整和完善。

**（二）幼儿园教育活动评价存在的问题**

教育评价是评价主体根据一定的教育价值观或教育目标，运用科学手段系统地收集和分析信息，对教育过程和结果进行价值判断的过程。幼儿园教育活动评价在具体的实施过程中，在评价内在价值上会有错位现象。

**1. 为完成任务而评价**

和反思存在的问题一样，尽管教育活动评价已成为教师专业能力发展的基本要求，然而，在现实中，教师的评价往往是这样的："宝贝，你真棒！""宝贝，你真能干"等类似评语；教师急于组织下一次教育活动，常把孩子未完成的作品或自行修改或直接放入档案袋中；在幼儿成长手册评价栏里只写令家长高兴的话语……教师为了完成任务而评价，评价结果呈现随意性，缺乏客观性、严谨性，脱离幼儿在教育活动中真实的发展情况。

**2. 评价内容缺乏全面性**

教育活动评价具有全面性的特点，就是在对教育活动的开展、幼儿的发展水平、教育环境创设等全面了解的基础上进行评价，它引导着教育活动全面科学的开展。

然而，教师在进行教育活动评价时，却只从单一的活动内容出发，为了评价而评价，忽视整体性、连续性、过程性、动态性的评价。只侧重评价教育活动目标，对教育活动中采用的方式方法、材料、教师的指导和对幼儿的个体差异缺少关注。评价不仅是为了活动而评价，更应该顾及幼儿的身心发展。

**3. 评价指标缺乏科学性**

教育评价的指标体系是将评价所依据的有关教育目标逐步分解成各级指标而形成的一个系统化的具有联系的指标群。评价指标是否科学完善直接影响评价的结果和效果，其具有导向作用。

幼儿园在建立评价体系时存在简单化、不够科学的问题。评价指标可粗分为职业素养、教育教学能力、教育质量等方面，而如何衡量具体指标都比较笼统。甚至有的幼儿园只重视幼儿知识和技能的掌握，忽视幼儿在教育活动中其他领域的发展。

**4. 评价者之间缺乏互动性**

《幼儿园工作规程》中提到：幼儿园应当认真分析、吸收家长对幼儿园教育与管理工作的意见与建议。家长也是评价者之一，但在现实中，评价主体为幼儿园管理者和教师，很少邀请家长甚至幼儿参与其中。倾听多方声音，有利于评价体系的全面构建，让评价更为客观。

有的幼儿园尽管成立了园级家委会、班级家委会，但是家长参与幼儿园工作的时间不够、深入不够，导致互动较少，对幼儿园不够了解，评价流于形式。还有些幼儿园在进行教育活动评价时，只听教师的声音，忽略幼儿在评价中发挥的作用。

针对幼儿园教育活动评价过程中出现的问题，我们要切实从幼儿园具体开展的工作入手，找到切实可行的解决办法，让幼儿园教育评价发挥应有的价值。

1. **关注并重视幼儿园教育活动评价**

教育活动评价作为幼儿园教育工作之一，出现以上问题表明在一定程度上幼儿园对教育活动评价不够重视。幼儿园管理者把评价看作幼儿园创评等级时才会突击进行的工作，这样的态度，无形之中影响教师看待评价工作的态度。

首先，幼儿园管理者首先要关注和重视教育活动工作，把控好方向，把评价与其他教育工作联系起来，建立评价领导小组，明确评价任务，建立相应的评价档案。其次，要有计划、有目标地开展教育活动评价，教研活动中可安排评价互动交流。同时，幼儿园要营造相对宽松、温馨的评价氛围，鼓励教师人人参与到评价中来。最后，要形成完善科学的评价管理体系，让评价工作有据可依，使评价的具体内容有可操作性。

2. **加强评价者之间的互动性**

幼儿园不仅要成立家委会，更要定期组织家长参与幼儿园教育活动评价工作。当然，家长参与幼儿园教育活动评价工作需根据实际情况，可采用直接与间接两种方式。幼儿园可通过家园合作的直接形式，邀请家长参与教育活动评价中，在幼儿发展过程中提供来自家庭的评价，提出对教师工作的建议和意见等；另外，幼儿园可采用家长会、座谈会、家长沙龙、宣传窗、微信群等间接方式，把幼儿园的教育活动开展情况传递给家长，并介绍评价的具体内容。在学龄前阶段，幼儿已具备自我意识，尤其是大班幼儿，已初步形成自评和他评的能力，能对所处的环境和发展变化有自己的看法。教师可以通过绘画、谈话等方式让幼儿参与评价，了解幼儿内心的真实感受，进而调整教育策略。有条件的幼儿园还可以邀请专家加入幼儿园教育活动评价工作中来，使得评价工作能在专家的引领下进行，让结果更科学有效。

3. **积极开展幼儿园教育活动评价研究**

科学完善的教育活动评价体系不是凭空想象，而是需要理论结合实践形成的。《幼儿园教师专业标准（试行）》为教师评价提供了多元的角度；《3—6岁儿童学习与发展指南》传递了正确科学的教育理念、各年龄段幼儿发展的基本规律和主要特点，为教师评价指引了方向。以上文件中的教学理念对教师拓宽评价路径起到了重要作用。因此，幼儿园管理层应带动教师树立研究意识，定期开展教研活动，在先进的教育理念指引下更新评价理念，不断拓宽评价维度。教师需要改变自己是被动者的观念，主动成为研究者，积极参与教育活动评价有关的教研活动。幼儿园还需为教师提供专家指导平台，在专家的引领下，针对幼儿园的实际情况建立科学完善的评价体系，提高评价的有效性。

　　除此之外，幼儿园还可以对评价内容、评价方式进行定期的研究、讨论，对评价的结果进行分析、整理，把总结的问题反馈到下一阶段，再进行改进后的评价。这样才能使幼儿园教育活动评价在不断改进和调整过程中真正发挥评价的作用。

### 三、幼儿园教育活动反思与评价的基本要领

　　评价可分为 8 种类型：①正式评价和非正式评价；②形成性评价和总结性评价；③过程评价和结果评价；④标准参照评价和常模参照评价；⑤个人评价和群体评价；⑥连续评价和终结评价；⑦学习者判断评价和教师判断评价；⑧内部评价和外部评价。[①] 幼儿园教育活动常用的评价有外部评价和内部评价。

### （一）幼儿园教育活动中的外部评价

　　外部评价，即专家、幼儿园管理者或教师对教学活动设计和实施者的评价。评价内容包括被评价者在教育活动中的表现，包括知识与技能、能力与习惯、情感与态度等，以及评价者的表现，包括环境创设、材料投放、教学目标、教学内容、教学过程、教学策略等。

　　在集体教学活动评价时，先要明确评价标准和指标。集体教学活动是教师和幼儿共同参与和互动的过程，因此，在评价时主体要包括教师和幼儿。活动评价标准和指标如表 3-5 所示。

---

① 孙可平 . 现代教学设计纲要 [M]. 西安：陕西人民教育出版社，1998:327.

表 3-5  幼儿集体教学活动评价

活动名称：                           日期：        评价人：

| 评价指标 | | | 评价结果 | | | |
|---|---|---|---|---|---|---|
| 一级指标 | 二级指标 | | 好 | 较好 | 一般 | 有待提高 |
| 内容选择 | 1. 教材的选择应符合幼儿的年龄特点和身心发展规律 | | | | | |
| | 2. 教材具有时代性、先进性、科学性 | | | | | |
| 目标制定 | 1. 教学目标应依据幼儿的年龄特点来设定 | | | | | |
| | 2. 体现目标的整合（知识与能力、过程与方法、情感态度与价值观） | | | | | |
| | 3. 目标表述明确，重点突出 | | | | | |
| 环境创设 | 1. 创设情境与环境，提供必要的场地和活动材料支持幼儿的学习 | | | | | |
| | 2. 营造积极热情、民主平等、和谐温馨的教学氛围，师幼心理环境良好 | | | | | |
| | 3. 材料能满足幼儿探索、操作和交往等活动需要 | | | | | |
| 教师策略 | 1. 导入策略简洁、适宜、有效，推进活动开展 | | | | | |
| | 2. 提问清晰、明确、有价值，具有开放性 | | | | | |
| | 3. 过程应该让幼儿感受挑战 | | | | | |
| | 4. 在观察聆听的基础上，为幼儿提供师生互动、生生互动的空间 | | | | | |
| | 5. 随机筛选与判断幼儿自然生成的各种表现，并做出机智的回应 | | | | | |
| | 6. 教师善于兼顾群体需要和个体差异，善于分层指导和因势利导，能根据幼儿的实际进行随机教育 | | | | | |
| | 7. 活动过程合理，环节层层递进，转换自然、无拖延等现象 | | | | | |
| 教学效果 | 1. 活动内容的选择适宜，目标和内容有机融合，活动目标有效落实 | | | | | |
| | 2. 教学能面向全体幼儿，让每个幼儿在原有的水平上得到提高 | | | | | |
| | 3. 教学活动的开展能围绕重点、突破难点，达到优质高效 | | | | | |
| 情感态度 | 1. 对活动有兴趣，能积极参与 | | | | | |
| | 2. 活动能大胆表达、交流、讨论、提问 | | | | | |
| 知识技能 | 1. 初步理解、掌握和运用活动中的核心经验 | | | | | |
| | 2. 具有一定的创造性 | | | | | |
| 能力习惯 | 1. 主动操作、探究材料 | | | | | |
| | 2. 积极动手动脑，能发现和解决问题 | | | | | |
| | 3. 活动中的习惯培养 | | | | | |

（注：一级指标中"对教师的评价"涵盖内容选择、目标制定、环境创设、教师策略、教学效果；"对幼儿的评价"涵盖情感态度、知识技能、能力习惯）

### （二）幼儿园教育活动中内部评价

内部评价，即自我评价，如教师对自身开展教育活动的评价、幼儿对自身学习情况的评价等。在幼儿园教育活动过程中，教师作为评价者，根据一定的标准和指标对自己教学活动的组织与实施进行自我评价有相当重要的意义。对教师而言，自我评价是一种内在的行为，它能更自觉、主动地促进教师专业化发展。

内部评价的实质是教师对教育活动组织与实施的反思过程，美国著名学者波斯纳（G. J. Posner）提出明确的公式：教师成长＝经验＋反思。我国著名心理学家林崇德也指出，"优秀教师＝教学过程＋反思"。无论是前者还是后者，我们都可以得出结论：反思是教师专业化发展的重要基础，没有反思的经验是狭隘的经验。

当然，教师除了在自我评价中反思外，还可以在他人评价中反思。总而言之，反思是教育活动内部评价的一种重要方式，是现代幼儿教师成长的阶梯。教师积极主动的自我反思和自我评价不仅能促进自身的评价能力提升，也能提高自身的教育教学能力。

**拓展阅读**

#### 权力模式主导下的师幼关系：由一个集体教学活动引发的思考①

在学前教育领域，随着课程改革的不断深化、儿童地位的不断崛起，越来越多的教师开始认同"相信儿童的力量，做儿童背后的支持者"的理念。无论是集体教学活动还是游戏活动，"自主"成为教师常挂在嘴边的词语。幼儿园的师幼关系"看起来"很难寻觅到权力模式的影子。然而，在轰轰烈烈的自主游戏、热热闹闹的集体教学、忙忙碌碌的一日生活背后，展现的是平等和谐的师幼关系还是教师出于教育目的表现出来的对幼儿的"假信任"，这些都是值得我们深思的。

笔者在一个集体教学活动的观摩中发现，解开热热闹闹的"课程游戏化"的外衣，其背后展现的是权力模式主导下的师幼关系，在儿童观、活动组织等方面都隐藏着权力模式的身影。笔者将结合案例梳理权力模式主导下的师幼关系现状，从实然到应然进行分析，以寻求摆脱权力模式主导的师幼关系的出路。

**1. 儿童观的功利化**

（1）案例重现

绿泡泡不像太阳吗？

本次观摩的是小班语言活动"泡泡飘飘"，目标定位在让幼儿理解原创儿歌内容，参与语言游戏，并萌发喜欢上幼儿园的情感。该活动共分为"吹泡泡—想泡

---

① 何伊，王春燕. 权力模式主导下的师幼关系：由一个集体教学活动引发的思考 [J]. 早期教育（教科研版），2018(2):6-9. 引用时有改动。

泡—玩泡泡—幼儿园真好玩"四个环节。在"想泡泡"环节中，教师引导幼儿对红色泡泡、黄色泡泡与绿色泡泡展开联想，并记录下幼儿的答案。A幼儿说："绿泡泡像太阳。"教师重复了一遍幼儿的回答之后，反问该幼儿："有绿色的太阳吗？"该幼儿点点头。于是，教师起身询问其他幼儿："她说，绿泡泡像太阳。你们同不同意啊？"B幼儿很快领会了教师的意思说："不同意。"教师顺着B幼儿的话，继续询问："那你们能不能帮帮她呀？"这时C幼儿说："像青草。"教师满意地点点头，拿出准备好的青草教具，请C幼儿贴到黑板上。D幼儿走到老师面前说了一句："我想到了绿绿的太阳。"老师摆摆手说："绿绿的太阳？刚刚有小朋友已经说啦，我们好像没有看到过绿绿的太阳。"D幼儿与A幼儿没有再说话。

（2）问题分析与建议

儿童观的功利化主要是指教师作为成人社会的代表，把社会的主流价值观念和行为规范传递给幼儿，幼儿的主体性和情感体验被忽视。

教师和幼儿之间形成的人际关系，其影响根源在于教师所形成的儿童观。人类对儿童的发现过程是一个由无到有的过程。由最初把儿童当作小大人，发展到卢梭对儿童概念的关注，再到当今儿童中心的观点，儿童开始成为学者们关注的焦点。但反观现实教育实践，很多幼儿教师仍以权力模式下的统治者自居，无法做到真正信任儿童，而是"仅仅出于教育上的原因，试图采取一种假信任，即心里有保留看法，但嘴上说信任"。这种"假信任"便是功利化儿童观的产物。

在这个案例中，我们明显看到了权力模式下"统治者与被统治者"的关系。教师试图把社会的主流观点——"没有绿色的太阳"强加给幼儿，甚至还连同其他幼儿一起来否定该幼儿的想法。这一点尤其需要引起我们的警惕——借幼儿之口维护自己的意志，这是权力模式的异化。教师实际上是以不容置疑的绝对权威者的身份站立在幼儿面前。那么，该幼儿真的错了吗？如果能给这名幼儿一点时间，让她说说自己的理由，或许她会说是因为泡泡和太阳都是圆圆的，或许她会说戴着绿色的眼镜看太阳就是绿色的，抑或她会告诉我们更多意想不到的奇妙想法。但这一切都在教师的否定中消失了。

因此，推动师幼关系摆脱权力模式的根本在于，教师需要树立正确的儿童观。正如德国教育学家奥托·弗里特里希·博尔诺夫（Otto Friedrich Bollnow）所说："教育者控制儿童发展方向取决于教育者如何看待儿童。"若给予儿童信任，则儿童自身的能力便会被激发。正确的儿童观要求教师尊重儿童的人格，认识到儿童期的独有特性，让儿童成为他们自己。基于这个观念，教师即使处于认知上的某种权威，也需要时刻提醒自己：蹲下来，倾听孩子的声音；走过去，感受孩子的体验。只有这样，教育才不会沦为对权威的盲目崇拜，才不会沦为教育者统治被教育者的工具；也只有这样，孩子才能感受到教师发自内心并始终如一的信任，孩子内在的能力才会得到激发和增强，教育才会真正地由内而外地产生作用。

### 2. 活动组织高控化

（1）案例重现

老师，我们有点跟不上！

"想泡泡"的环节过后，教师带领幼儿一起看记录图，跟念儿歌，并将"红/黄/绿泡泡像……"留白给幼儿填空。但在这之前，幼儿并没有完整欣赏过一次儿歌。因此，只有个别幼儿能说出留白处的词语，而能跟着老师念儿歌的幼儿几乎没有，大部分幼儿呈现茫然的状态。但教师并未进行第二次重复，而是直接开始了下一个环节的活动"玩泡泡"，即把幼儿"变成"不同颜色的泡泡，老师用"魔法棒"来"抓泡泡"。"被抓到的泡泡"通过说"红/黄/绿泡泡像……"来继续游戏。三个泡泡抓完之后，教师又请幼儿每人拿一个圈圈去"抓"客人老师。此时活动时间已经持续了17分钟，很多幼儿的注意力已经不在儿歌或语句的学习上了，他们拿到圈圈兴奋地四处跑，只有少部分幼儿知道要用圈圈去"抓泡泡"并说出"红/黄/绿泡泡像……"。

（2）问题分析与建议

活动组织高控化主要是指教师在活动开展过程中，无视幼儿的接受能力，照搬教案或计划。此类情况更多地出现在幼儿园一日常规活动中，笔者仅以本次的集体教学活动做初步分析。

虚假是权力模式的本质特征之一。在权力模式主导的教学活动中，教师作为"导演"及"主要演员"借助"道具"（材料）及"剧本"（教学内容）为"观众"（听课的人）演出一场完美的"表演"，孩子们只需要作为"木偶"配合演出。

回到这个案例中，我们看到了一个忙碌的老师——帮孩子记录、带孩子念儿歌、给孩子讲解并示范游戏；我们也看到了一群或茫然或异常兴奋的孩子。在热热闹闹的"抓泡泡"游戏结束后，孩子究竟获得了什么？

笔者认为出现这种现象的原因主要有两个方面：一方面是，教师未能准确把握该活动的核心经验。此次的教学活动是儿歌学习，其核心经验是感受儿歌的韵律节奏与语词组合的效果，能够初步学念儿歌是儿歌学习活动的基本目标。但在此次活动中，教师却将重点放在了物体的联想上，耗费了大量的时间，让幼儿联想泡泡像什么，缺失了对儿歌的整体欣赏。活动最后的游戏仍将重点放在了句式的重复上，使儿歌的学习变为句式与词汇的重复，幼儿的主动学习变成了被动的灌输，这就是"高控"。另一方面是，教师未能尊重幼儿的主体地位，将活动看作一场苛求完美的"表演"。在幼儿尚未完整欣赏儿歌的情况下，引导幼儿跟念儿歌；在幼儿尚未掌握基本句式的情况下，组织幼儿进行语言游戏。教师盲目地跟随教案推进，而忽视了幼儿的现场反馈。幼儿也就只能茫然地跟着教师一个个环节地推进，却无所收获，此之谓"虚假"。

教师是影响师幼关系的关键因素，教师的角色定位决定了师幼关系的模式。推动师幼关系摆脱权力模式就是要破除教师的绝对权威，推动教师角色由权威者、控制者向合作者、参与者转型。此案例中，若教师以合作者的身份组织活动，可能会有如下做法：首先，了解该班幼儿语言发展的情况，把握教学核心内容与幼儿能力的匹配；其次，为教学中的不确定留下空白，关注活动中幼儿的反馈，灵活调整预设的教案，做到眼中有孩子，心中有教案。只有这样，教师才能与幼儿建立起真正的互动关系，才能具有教育价值。如果教师只顾教案上的环节，被"下一环节是什么"的想法束缚，而忽略幼儿的反馈，那么教学活动也就只能变成表面、被动的"灌输"，而无法调动幼儿主动学习的积极性。

## 《幼儿园教育指导纲要（试行）》中的各领域指导要点 [①]

### 1. 健康领域的指导要点

（1）幼儿园必须把保护幼儿的生命和促进幼儿的健康放在工作的首位。树立正确的健康观念，在重视幼儿身体健康的同时，要高度重视幼儿的心理健康。

（2）既要高度重视和满足幼儿受保护、受照顾的需要，又要尊重和满足他们不断增长的独立要求，避免过度保护和包办代替，鼓励并指导幼儿自理、自立的尝试。

（3）健康领域的活动要充分尊重幼儿生长发育的规律，严禁以任何名义进行有损幼儿健康的比赛、表演或训练等。

（4）培养幼儿对体育活动的兴趣是幼儿园体育的重要目标，要根据幼儿的特点组织生动有趣、形式多样的体育活动，吸引幼儿主动参与。

### 2. 语言领域的指导要点

（1）语言能力是在运用的过程中发展起来的，发展幼儿语言的关键是创设一个能使他们想说、敢说、喜欢说、有机会说并能得到积极应答的环境。

（2）幼儿语言的发展与其情感、经验、思维、社会交往能力等其它方面的发展密切相关，因此，发展幼儿语言的重要途径是通过互相渗透的各领域的教育，在丰富多彩的活动中去扩展幼儿的经验，提供促进语言发展的条件。

（3）幼儿的语言学习具有个别化的特点，教师与幼儿的个别交流、幼儿之间的自由交谈等，对幼儿语言发展具有特殊意义。

---

[①] 教育部关于印发《幼儿园教育指导纲要（试行）》的通知 [EB/OL]. （2001-07-02）[2022-03-01]. http://www.moe.gov.cn/srcsite/A06/s3327/200107/t20010702_81984.html.

（4）对有语言障碍的儿童要给予特别关注，要与家长和有关方面密切配合，积极地帮助他们提高语言能力。

### 3. 社会领域的指导要点

（1）社会领域的教育具有潜移默化的特点。幼儿社会态度和社会情感的培养尤应渗透在多种活动和一日生活的各个环节之中，要创设一个能使幼儿感受到接纳、关爱和支持的良好环境，避免单一呆板的言语说教。

（2）幼儿与成人、同伴之间的共同生活、交往、探索、游戏等，是其社会学习的重要途径。应为幼儿提供人际间相互交往和共同活动的机会和条件，并加以指导。

（3）社会学习是一个漫长的积累过程，需要幼儿园、家庭和社会密切合作，协调一致，共同促进幼儿良好社会性品质的形成。

### 4. 科学领域的指导要点

（1）幼儿的科学教育是科学启蒙教育，重在激发幼儿的认识兴趣和探究欲望。

（2）要尽量创造条件让幼儿实际参加探究活动，使他们感受科学探究的过程和方法，体验发现的乐趣。

（3）科学教育应密切联系幼儿的实际生活进行，利用身边的事物与现象作为科学探索的对象。

### 5. 艺术领域的指导要点

（1）艺术是实施美育的主要途径，应充分发挥艺术的情感教育功能，促进幼儿健全人格的形成。要避免仅仅重视表现技能或艺术活动的结果，而忽视幼儿在活动过程中的情感体验和态度倾向。

（2）幼儿的创作过程和作品是他们表达自己的认识和情感的重要方式，应支持幼儿富有个性和创造性的表达，克服过分强调技能技巧和标准化要求的偏向。

（3）幼儿艺术活动的能力是在大胆表现的过程中逐渐发展起来的，教师的作用应主要在于激发幼儿感受美、表现美的情趣，丰富他们的审美经验，使之体验自由表达和创造的快乐。在此基础上，根据幼儿的发展状况和需要，对表现方式和技能技巧给予适时、适当的指导。

# MODULE
## 4
### 模块四

# 幼儿园里如何听课、说课、评课

　　幼儿园大力开展以听课、说课、评课为核心内容的教研活动，在学生的实习任务中，也需要大家观摩幼儿园的教育活动，并要求做出分析和评价。那么，观摩活动中到底应该记录哪些内容？说课与上课（试讲）、说课稿与活动设计稿（教案）有哪些异同呢？某些学生听完幼儿园内老师上课、说课后，往往会说："每次园内公开课之后，每一位听课老师评课都很精彩，当然除了我。反思自己的发言，感觉思绪混乱，条理不清，深度更是不够。为此，我也曾试图请教有经验的教师，但由于自己未能清晰地把握教育教学的基本理论，所以需要大量的阅读和思考才能提升自己。"从学生的话中我们可以看出，掌握有关听课、说课、评课的知识，形成相关的技能太重要了。

## 主要内容

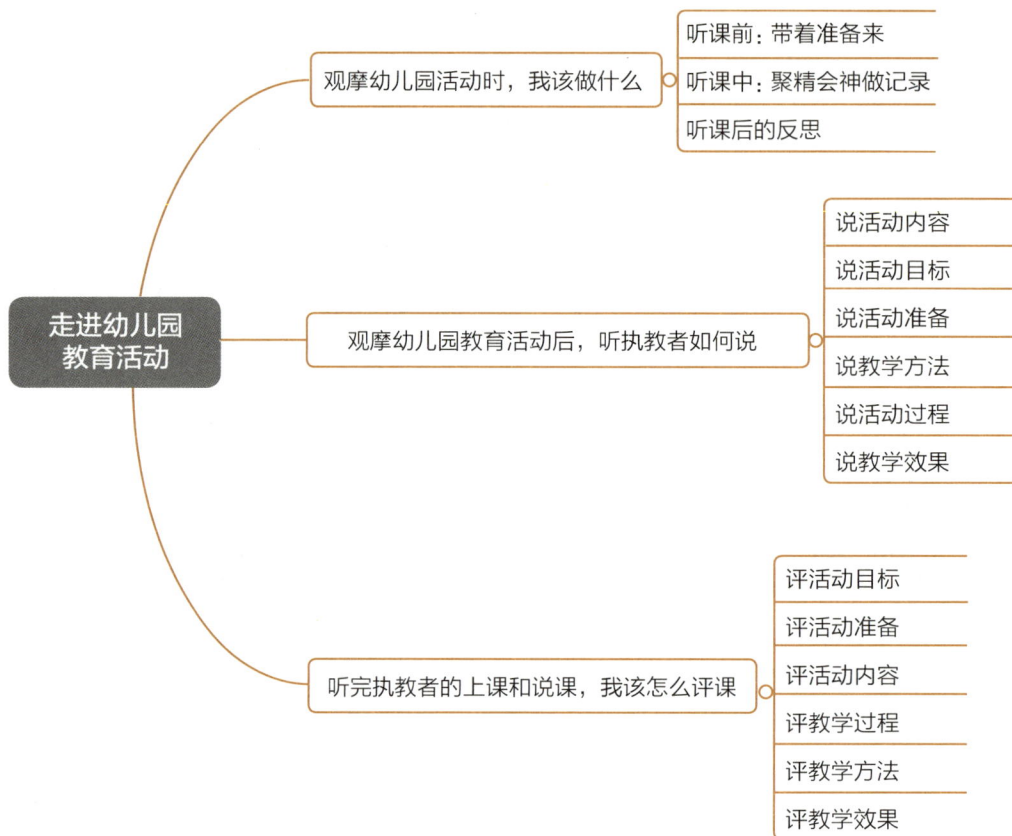

走进幼儿园教育活动

- 观摩幼儿园活动时，我该做什么
  - 听课前：带着准备来
  - 听课中：聚精会神做记录
  - 听课后的反思

- 观摩幼儿园教育活动后，听执教者如何说
  - 说活动内容
  - 说活动目标
  - 说活动准备
  - 说教学方法
  - 说活动过程
  - 说教学效果

- 听完执教者的上课和说课，我该怎么评课
  - 评活动目标
  - 评活动准备
  - 评活动内容
  - 评教学过程
  - 评教学方法
  - 评教学效果

## 学习目标

1. 掌握听课的基本要求，学会做好听课记录。
2. 了解说课的基本要素，并初步尝试对某个领域的活动进行说课。
3. 理解评课的重要意义，能初步根据评课的基本要素，对某个领域的活动进行评课。

## 活动1 观摩幼儿园教育活动时，我该做什么

### 我是记录者

请你观看教学活动视频《拍花萝》，认真做好听课记录，完成表4-1的填写。

微视频：拍花萝

表4-1 听课记录

| 班级 | | 领域 | | 执教者 | |
|---|---|---|---|---|---|
| 活动名称 | | | | 活动时间 | |
| 活动过程 | 教师活动 | | 幼儿活动 | 分析评价 | |
| 导入部分 | | | | | |
| 基本部分 | | | | | |
| 结束部分 | | | | | |
| 总评 | | | | | |

作为一项特殊的职业，教师必须具有终身学习的习惯和能力。听公开课理应成为教师工作生涯中名正言顺、相当有价值的学习通道。认知心理学研究表明，"对于最近项目而言，听觉刺激呈现相对于视觉呈现有更好的回忆成绩"。这意味着，听好一节公开课，其效果往往大于同等时间内自主阅读学习的效果。听课既是教师学习提高

微视频：我该做什么

的主要方式，又是教学工作的重要组成部分，是教学研究的有效手段。正如余文森在《有效备课·上课·听课·评课》一书中所言：教师听课的意义在于"观千剑而后识器，操千曲而后知音"。在对许许多多的课堂细节的批判和借鉴中，汲取教育的真元之气，吸纳异质与新机，塑造属于自己的育人风格和才智。

幼儿园听课总是有一定的目的和要求的。为什么要去听课？听什么样的课？该听哪些课？听课者都有明确的目的、意图和选择性。选择性往往意味着听课者带有一定的主观性。因为听课者的听课行为受他的教育思想、教育经验等制约，所以听课者需要掌握一定的方法、技能以及教育教学理论作支撑。如果听课者有一定的教育学、心理学的理论基础以及教育改革的新思想，那么在听课过程中就能进行客观思考和分析，并能用教育研究方法中的一些研究策略对执教者做一些定量或定性的评价。

**一、听课前：带着准备来**

如果听课前你没有关于这节课的思考，不清楚这节课的开课背景，不了解这类课程设计和实施的困难，那么这就是一场没有目标的活动。只有把自己身心居于其中，才能真正实现学习的目的。

**（一）要做好思想准备**

听课者在听课之前一定要做好思想准备，全身心地投入即将进行的听课活动中去。从态度上来说，听课者应以学习者的身份来听课，做到诚恳、平等，切忌抱着挑剔、检查的态度来听课，以免造成执教者的反感。确保听课中能保持正确的儿童观和教育观，能以儿童经验、发展水平为中心。

**（二）要熟悉所听课程的相关内容**

听课前，教师务必熟悉相关教育活动的内容，包括活动领域、活动名称、活动目标及具体内容。第一，可以通过网络搜索类似的资源，了解类似活动的开展形式，搜集一些优秀教师执教这一内容的成功案例，带上优秀同行对这一内容的理解和演绎前往听课现场。第二，要查阅执教者的文字教案。熟悉内容和目标的目的在于听课时能较好地了解教师教学是否突出重点，解决难点。第三，能对照《3—6岁儿童学习与发展指南》和《幼儿园教育指导纲要（试行）》，了解两个重要文件在这一内容上的本质要求。每位听课者，都应该在听课前反思、审视一下自己对教学的认识程度，以减少对教学行为的误解。只有这样，听课的时候才可能有一个俯瞰全局的视角。

**（三）要了解所听课程的活动形式**

听课者要进一步了解教育活动组织的类型，是集体教学、分组教学，还是游戏活动，是在室内进行还是在室外进行等。听课者要能在脑海中思考该内容用集体教学的形式来组织应该注意些什么，用分组教学容易出现什么问题，如果有游戏环节，重点需要观察什么等问题。这样既有利于听课者做好听课记录也为听课后的评课做好铺垫。

### （四）要了解执教者和班级幼儿情况

听课者在听课前要做一些有关教师和幼儿情况的调查工作：了解听课班级幼儿的基本情况，如幼儿的学习能力、班级文化、已有经验等；了解执教者的有关情况，如教龄、文化程度、业务水平、教学经历等。听课者也要尽可能地去了解执教者在课前的准备情况，以及对本次教学活动环节的设计和安排等。通过分析执教者的教学设计，听课者就能够解读出隐藏在其行为内的教育观点，也能在听课的过程中尽可能地挖掘出这方面的深层信息。

### （五）做好物质准备 [①]

进入现场之前，听课者需要做好物质资料方面的准备：要携带听课专用的本子和笔，并填好听课需要记录的基本信息，以便能专心听课。如果准备用一些定量方法来观察课堂实录，则要准备好量表、计时器等。假如需要一些辅助听课设备，如录音机、摄像机等，则要提前进行检查调试，以免出现故障影响听课效果。

此外，如果在前期"备课"和查阅资料的过程中，你已经产生了一些真实的问题，比如：幼儿对于这个活动应该拥有怎样的前期经验？为何内容要如此编排？这个活动的重点该如何落实？如何突破？情感的目标如何在活动过程中——达成？这些困扰有助于让你的听课过程成为一场探险与寻宝之旅。因为此时，你不仅关注执教者是如何按既定目标执行他的教学路径，更关注自己的困惑如何在他人的教学实践中——给出回应，以及他人的实践是否真正解决了自我的困惑。

基于这样的准备，你已经有了一定的前期研究和思考。在接下来的听课中，你将不再是一个被动等待信息输入的新手，而是一个带着自己理解和判断的"有心人"。听课的过程也变成一个他者视角与自我视角不断比照的过程，就会产生"原来可以这样""我怎么没想到""这里处理得真巧妙""我觉得这儿还可以用别的方式进行处理"等惊喜。

### 二、听课中：聚精会神做记录

### （一）听课中的"五带"

听课，也被称为观课，是指教师凭借眼、耳、手等感官，运用有关的辅助工具（如记录本、调查表、录音录像设备等），从课堂情境中获取相关的信息资料，

---

① 李艳丽，李玮. 幼儿园教研之说课、听课与评课 [M]. 北京：中国轻工业出版社，2016:98.

从感性到理性的一种学习方式，是评价及研究的教育教学方法。[1]

### 1. 带着眼睛来观课

看什么，怎么看：①看教师主导作用的发挥。如教态是否亲切自然，环境布置是否合理有效，教具运用是否巧妙，指导幼儿学习是否合适，处理课堂偶发问题是否灵活巧妙。②看幼儿主体的发挥。课堂气氛是否活跃，全体幼儿是否参与教学过程，积极性是否得到充分调动，幼儿良好的学习品质是否养成，能力是否得到提升等。

### 2. 带着耳朵来观课

听什么，怎么听：课程建设的新理念、方法和要求是否有所体现；重点是否提出，详略是否得当；语言是否流畅、表达是否清楚；逻辑上是否有错误；创新性是否具备；教师的思维是否清晰等。

### 3. 带着手来观课

记什么，怎么记：①记教学实录（含板书），记录教学过程中的教师、幼儿的每一个活动片段。例如，教师的重点提问、师幼互动情况、有效的教学方法和手段、教学中的失误等。教学记录要重点突出，简明扼要。②记录师幼互动情况。在记录活动过程中，教师面向的幼儿是否涵盖全体？除了提问之外，有无情感上的关注等。

### 4. 带着思考来观课

思考什么，怎么思考：①教师为什么要这样处理内容，换个角度处理行不行？②对教师的成功、不足或错误，要思考原因，并预测对幼儿所产生的相关性影响。③如果是自己来上这节课，会怎样上？④如果我是幼儿，是否掌握和理解了教学内容？⑤课程建设的新理念、方法和要求如何体现在日常教学中，并内化为教师自觉的教学行为。⑥这节课是否能反映教师的实际水平，如果没有听课者，教师是否也会这样上课等。

### 5. 带着宽容来观课

教学有法，教无定法。不同的教学方法背后都有其科学、合理的一面。观课中，对他人的教学要多一分理解与宽容。如果他人的教学中表现出某种令你惊喜的要素，那么，你需要思考：究竟是怎样的教学行为能带来这样的教学效果？从这样的教学行为中，我们能否提炼出更具一般性的教学原则或技巧，以便未来在自己的教学过程中也能借鉴或迁移。如果他人的教学表现令你困惑，那么我们应对他人怀有足够的敬畏和尊重中思考：这样的局限是如何产生的？执教者想传递怎样的价值观念？

---

[1]  李艳丽，李玮.幼儿园教研之说课、听课与评课 [M].北京：中国轻工业出版社，2016:88.

**（二）如何在听课中做好记录**

听课是幼儿园教研活动的主要形式之一，也是教师必须具备的一项基本功。听课记录是重要的教学研讨资料，是教学评价的依据，它应该反映集体教学的全貌。做好听课记录对于提高听课者听课、评课实效有促进作用，对于听课者积累课堂教学案例，开展教学科研活动有现实意义。好的听课记录是基于这样两个问题的解决：听课记录记什么、听课记录怎么记。

**1. 记录教师在活动中的表现**

在活动中，教师担任的是主导者的角色。听课者要积极关注教师在活动过程中的角色，要认真思考教师的教学策略和教学行为，要深入分析教师教学行为背后的教育理念是否科学、正确。具体来说，听课者要关注教师以下四个方面的表现。

**（1）教学方法的运用**

教学方法是实现教学目标的重要手段。教师选择了合适的教学内容后，通过多样化、个性化的教学方法，因材施教，才有可能使每个幼儿在原有基础上得到最大限度的发展。所以，听课者既要看教师是否能够选择恰当的教学方法，还要看教师如何通过适宜的教学方法来传递教学内容，实现教学目标。

**（2）提问的方式**

有效的提问能启迪幼儿的智慧，也是师幼之间良好交流的桥梁。提问是提高教育质量的有效手段，兼具科学性和艺术性的特点。高质量的提问能调动幼儿的学习积极性，可以更好地培养幼儿的思维品质（如推测、分析、验证和推理等）。幼儿的心理发展离不开语言的中介作用，提问作为一种语言活动，是幼儿与环境互动的有效工具。有效的提问具有如下六个特征：要把握所提问题的难易水平；要提出不同认知水平或类型的问题；要面向全体幼儿提出问题；要学会控制等待时间；要对幼儿的回答给予适当反馈；要鼓励幼儿自己提出问题。

**（3）肢体语言的运用**

教学活动中教师肢体语言的运用是否得当，对提高幼儿的学习兴趣，提升教学质量都有很大的影响。在活动中，如果教师面带笑容，教态亲切、充满关爱，幼儿就会感到轻松、愉悦，有愉快的情绪体验，并能积极地参与活动中去。因此，听课者要积极关注教师在活动中的言行举止，尤其是教师的表情、手势、眼神等肢体语言是否适宜。

**（4）对幼儿的回应方式**

教师要关注幼儿在活动中的表现和反应，敏感地观察他们的需要，及时以适当的方式应答，形成合作探究的师幼互动。因此，在听课过程中，听课者要积极关注教师的应答语言，一般有肯定式的应答（如"你真会动脑筋"等鼓励语）、提升式的应答（如教师根据幼儿的回答，用恰当的语言进行总结提炼，给予经验上的提升）以及拓展式的应答（如教师在幼儿回答的基础上，进行补充、完善，给予幼儿相关的拓展）。

**2. 记录活动中幼儿的态度和表现**

在教学活动中，幼儿的自主性、创造性是否有所体现，乐学、会学、创造性的学习精神如何体现，主动参与、全面发展如何得到支持等。

（1）幼儿的自主学习

听课者要积极关注幼儿在教学活动中的学习方法和学习策略。幼儿是否能自主探索空间和材料，是否能自主交流、分享和讨论，是否有反思性学习等。幼儿是否能在老师创设的宽松的学习氛围中，积极表达，有创造性地提出自己的想法等。

（2）幼儿的主动质疑与提问

听课者要积极关注幼儿主动提问的现象，例如，"我还有一个问题？""你说的这个我不同意，我的想法是……"等。在此过程中，幼儿学会了质疑，学会了思考。

（3）幼儿在活动中的体验和感受

幼儿在活动中应有充分的操作、实践、考察、调查，对活动材料有自我解读、自我理解，有自己独特的感受和见解。

**3. 记录听课过程中的困惑和闪现的灵感**

听课时带着宽容、批判和审视，无论准备得多么充分、精致的课堂，教学过程中都难免有让人感觉"困惑"和"犹豫"的地方，因此，听课者应记录下来，回顾、梳理和剖析这些"困惑"之处，以便与执教者交流和日后反思。

此外，听课中往往也会因为一些特殊情境或者一些偶发事件而产生瞬间灵感，及时记录也有利于跟执教者交流，或者在之后的同课异构中发挥更大的作用。

**三、听课后的反思**[①]

听课的目的是借其长为我所用，见其短以之为鉴。因此，听课后要重视课后反思，每次听课之后都要对听课内容进行及时的反思。课后反思就是教师在听课后自觉地对自己的听课内容进行全面而深入的思考和总结。它是一种用来提高自身教学水平，改进教学实践的学习方式。

**（一）从教学目标、内容、重点、方法等的协同程度方面反思**

反思教学的目标是否明确，主要看教师和幼儿是否都明确各自的教与学的目标；反思教学重点是否突出，难点是否有所突破，主要看是否把握了教与学的规律，是否遵循了同化、顺应的规律，是否理清了活动的关键点；反思教学方法是

---

① 李艳丽，李玮. 幼儿园教研之说课、听课与评课 [M]. 北京：中国轻工业出版社，2016:106.

否恰当；教学方法的使用是否突破了重点等。

### （二）从教学结构的适宜程度方面反思

教学过程会有若干个教学环节，教学环节安排的适宜程度直接影响教学目标的达成程度。反思教学环节的适宜程度，主要看教学环节的展开是否具有逻辑性，是否符合幼儿认知的特点等。

### （三）从师幼互动质量方面反思

主要看教师对教学活动内容的组织、对学习任务的布置等是否适合幼儿；幼儿参与教学过程中的状态是否主动；教师与幼儿的互动是如何展开的，互动的类型有哪些；幼儿是否有充分表达、交流、提问的机会等。

### （四）从时间分配、教学效果方面反思

时间分配主要看重点、难点的教学与教学高潮的呈现是否一致；各教学环节的时间与教学任务是否匹配；是否安排了充分的幼儿活动时间。教学效果主要看幼儿的学习积极性是否高涨；幼儿的学习效果是否显著；师生的情感体验是否愉悦、欢畅。

### （五）从教师的基本功方面反思

教师的基本功包括教态、语言、板书、教具和多媒体的使用情况等。从上课教师的言行举止入手，教师的教态是否热情、自然、亲和；语言是否清晰有效；演示是否条理清楚、言简意赅、重点突出；能否根据教学的需要适时、适当地运用教具和多媒体等教学手段；能否灵活地调控教学；能否在幼儿提出不同的见解和发现后及时给予回应。因此，听课中需要重点看导入、讲解、提问、演示、回应、反馈等教学技能是否体现了教师的专业性。

## 活动2 观摩幼儿园教育活动后，听执教者如何说

**我是倾听者**

微视频：中班语言活动"伞"

观看浙江省第十三届师范生教学技能大赛获奖视频——中班语言活动"伞"，根据选手说课的视频，初步总结出说课稿的主要逻辑结构（至少到二级结构），完成表 4-2 的填写。根据选手的表现，你认为说课需要具备哪些素质。

表 4-2 说课稿的结构

| 年龄 | | 领域 | | 说课者 | |
|---|---|---|---|---|---|
| 活动名称 | | | | | |
| 活动内容 | | | | | |
| 活动目标 | | | | | |
| 活动准备 | | | | | |
| 教学方法 | | | | | |
| 活动过程 | | | | | |

微视频：听听执教者是怎么说课的

关于说课的定义，众说纷纭，但一般都包含面对同行和其他听众，针对具体活动，采用讲述的方式，深入分析活动内容和学情，介绍教学设计及其依据的教学研究形式等要素。我们认为，说课就是教师以教学理论为指导，在已设计教学活动方案的基础上，针对具体的教学活动，面向同行和其他听众，口头表述教学设想及其理论依据的活动。

根据说课的定义，我们认为幼儿园说课是指说课教师运用口头语言向教育同行述说自己在教学中如何以教育教学理论为指导，如何组织课程内容，如何根据幼儿实际水平，进行教学设计的一种教研活动形式。它是教师在制定教学方案后向听课者讲述"教什么""怎么教""为什么这么教"等方面内容的过程，其目的是提高教学质量、理清教学思路、把握教学目标、用好教学手段。

教学活动要求教师以科学理论为指导，用科学的方法解决教学中的矛盾和问题。长期以来，教师备课、写教案，只要求写出教学目标、准备、过程等一些"做"的内容，而说课要求运用教育学、心理学等相关理论，阐明这样做的道理。因此，幼儿园说课是按照说课内容的内在逻辑来进行的，具体包括说活动内容、说活动目标、说活动准备、说教学方法、说活动过程、说教学效果六个环节。

**一、说活动内容**

活动内容是实施教学的基本依据。说活动内容就是通过分析所选活动内容的特点，指明它在主题活动中的地位。所以，教师首先要说清楚此次活动的内容是什么，以及为什么选择该活动内容，还要说明内容的选择是根据当时、当地幼儿群体的需要而准备的。活动内容和教材不是同一概念，活动内容应包含教材，但不局限于教材。幼儿园说课不单指说教材内容，还包括分析幼儿的现状及发展水平，即应简要分析幼儿的年龄特点、身心发展状况，幼儿原有的知识和经验基础、行为习惯、学习动机等状况。在这一环节中，教师要把平时对幼儿观察的零散印象，逐步条理化、明晰化，有针对性地表述出来，既能更清楚地了解幼儿，又能使教师将幼儿发展水平与教学设计的关系紧密联系起来去考虑活动目标、内容的确定与选择，从而达到教育活动能有效促进幼儿发展的水平。

🔗 **案例 4-1**

**中班语言活动"月亮"中的"说活动内容"**①

《幼儿园教育指导纲要（试行）》指出：引导幼儿接触优秀的儿童文学作品，使之感受语言的丰富和优美。而儿童散文诗就是介于诗歌和散文之间的儿童文学形式。它具有诗的意境和散文的形式，注重自然的节奏感和音乐美，不仅篇幅短小，还具有想象力丰富、感情真挚、语言天真、意境优美、音调和谐等特点。儿童散文诗的"诗情画意"和"短小精悍"，使它成为幼儿园语言教育的重要内容。幼儿到了中班后，他们的语言表达能力有了一定的进步，愿意欣赏形式优美的散文诗，知道作品艺术语言与生活语言的不同，能初步感受到散文诗语言所蕴含的美。散文诗《月亮》中许多生动优美的形象展现在孩子们的眼前，让他们在轻松愉快、生

---

① 林佩芬.新世纪幼儿说课稿精选[M].宁波：宁波出版社，2008:29.

动逼真的情境中，感受和体会作品的意境美。在理解作品的主题和情感的基础上，幼儿能学习用较恰当的动词、动作、绘画等形式体现诗歌美的方面，并尝试仿编散文诗，在优美的情境中促进幼儿语言表达能力的提升。为增加诗歌的意境感受，教师精心设计、制作了多媒体课件，利用多媒体烘托诗歌的意境美、语言美。

《月亮》是一首优美动听、充满童趣的散文诗，它以幼儿的眼睛来描绘月夜，以幼儿的心灵去体味月亮的欢乐，充满了美丽的想象。简洁明了、形象生动的语言将月亮与小鸟、青蛙、宝宝之间的关系淋漓尽致地刻画出来，不但增添了散文的韵律美，而且将彼此间的亲密关系描绘得有声有色，使作品画面感增强、韵律和谐、富有童趣，整首诗歌洋溢着快乐的情感。

散文诗不但意境美，而且拟人等表现手法的运用较为生动、形象、有趣，充满了动感。如其中蕴含的一棵、一湾、一个等量词，挂、漂、盛等动词以及句式"月亮和我好"，使诗歌结构整齐，句式统一，比较适合中班上学期的幼儿欣赏。

中班幼儿思维具有直觉行动和具体形象性的特点，他们的情绪易感染、易转移，艺术的存在非常符合幼儿的认知特点和情绪情感特点。因此，他们都喜爱与自己认识水平相适应的艺术作品，如倾听优美的有声作品，注视鲜艳的色彩和图像。他们会把周围的事物看成有生命的，并会把自己的情感转向客体。该阶段幼儿的想象情感特征在此会充分展现，同时也使语言表达更为生动形象，从而获得自由表现的愉快体验。通过散文诗的欣赏还可以让其生成一系列的活动，如有趣的倒影等。

散文诗《月亮》

每一棵树梢，挂一个月亮，小鸟说："月亮和我好。"

每一湾池塘，漂一个月亮，青蛙说："月亮和我好。"

每一个脸盆，盛一个月亮，宝宝说："月亮和我好。"

在案例4-1中，首先，教师从这首散文诗在教材中的地位说起，谈到了诗歌的意境美和语言美，从儿童文学的高度强调了这首诗对幼儿发展的重要性；其次，从幼儿发展的需要角度分析了这首散文诗对中班年龄段幼儿的适宜性；最后，教师从教材内容的重要性和幼儿发展水平的适宜性两方面阐述了这一教学内容的可行性和必要性。

## 二、说活动目标

活动目标的设计是活动设计中的重要部分，它是教育活动设计的出发点和最终归宿。有了活动目标，教育活动的设计与安排、教育活动的组织与开展才有一个基本的依据；有了活动目标，活动内容的选择、教法和学法的运用、效果的评价也就有了原则和范围。因此，说活动目标是说课的灵魂，它发挥着统摄与引领的作用。

说活动目标时，如果是主题活动中的某一活动，就要先说主题活动目标，再说本次活动目标。这主要从情感、态度、能力等方面综合地表达出来，并能体现主题的教育要求，同时在这一环节中还要谈自己对重点、难点确定的依据和实现的途径。把握活动目标是说课的重点，正确理解、分析、把握目标是教学活动成功的基础。

说活动目标往往容易出现的一个误区是只说活动目标是什么，而不说为什么确定这些目标。

### 案例 4-2

**小班数学活动"一一对应"中的"说活动目标"①**

活动目标：

（1）学习把相关物体进行一一匹配，感知一一对应的数量关系；

（2）有参与数学活动的兴趣，并尝试说出自己的想法。

活动重点：通过活动，初步学会相关物体的重叠或并置匹配，感知一一对应的现象。

活动难点：获得一些有关对应的经验。

一一对应是比较物体的集合是否相等的最简便、最直接的方式，不仅可以比较出两个集合之间量的大小，还可以发现相等关系，这是幼儿数概念产生的一个关键性步骤。幼儿通过尝试一一对应的操作，能较好地为"比较活动"做好准备。小班幼儿的注意力容易分散，经常不能持久地参与活动，而且他们对自己看到的东西缺少表达的习惯和方法，因此激发他们参与活动的兴趣，培养他们表达自己的想法很重要。

此活动中，幼儿通过一系列的操作来获得重叠和并置的对应方法来发现物体之间的数量关系。在活动中，教师不向幼儿传授一一对应的方法，而是让幼儿自己去发现，这既有利于幼儿认知结构的发展，也有利于他们以后对数概念的理解。

在案例 4-2 中，说课老师对活动目标中的重点和难点的确定分别进行了细致的分析，同时也阐述了在活动中是如何实现这几个目标并做到了言简意赅。

### 三、说活动准备

充分的活动准备是一个教学活动是否取得实效的前提和保障，把为完成活动

---

① 林佩芬. 新世纪幼儿说课稿精选 [M]. 宁波：宁波出版社，2008:16.

目标而进行的相关准备说清楚、说明白,这不仅能让听课者了解说课者对活动的准备是否充分、适宜,还能反映出说课者是否具备新课改所倡导的一些理念,如是否具有课程开发意识和能力,以及是否具有正确的儿童观、教育观等。一般来说,说活动准备包括为完成教学目标而进行的物质准备和经验准备。

物质准备主要包括环境创设、教具和学具的准备。在环境创设时要考虑与活动的适应性、与幼儿年龄特征的适宜性,可以引发幼儿参与活动的积极性和创造性。在准备教具、学具时,可以从以下方面进行考虑。

其一,注意材料的使用价值。即材料的使用是为了更好地实现目标,不能因为追求材料的特异性而影响教育目标的实现,或者为追求材料的精致只是起到展示的作用。有些教师过分追求材料的新颖、多样,一会儿出示这个材料,一会儿出示那个材料,不仅分散了幼儿的注意力,还使得教师把过多的时间花费在材料的准备上。例如,在中班科学活动"有趣的磁铁"中[①],可以为幼儿提供人手一份的磁性纽扣;铁制品若干,如回形针、小剪刀、铁夹子等;非铁制品若干,如木头夹或木头积木、纸质动物卡片、塑料雪花片等。这些材料在活动导入、区分哪些东西能被磁铁吸住、哪些不能被磁铁吸住以及如何让纸质的动物卡片也能跳起舞来等环节中,都能充分地发挥作用。而有些教师虽然在导入环节组织幼儿玩了钓鱼的游戏,但游戏结束,教师精心制作的钓鱼教具就被扔在一边,在后面的教学中再也没发挥过其应有的作用。

其二,注意材料的层次性。幼儿的发展具有个体差异性,因此提供的材料要满足不同发展水平幼儿的需要,体现层次性。教师应根据班级里幼儿不同的发展水平,提供多种具有不同挑战难度的材料,允许每个孩子根据自身特点进行选择,逐步实现发展目标。即使对于同一目标的内容,材料的难度也应有层次差异,以满足每一个幼儿的需要,促进每一个幼儿的发展。例如,大班数学活动"5的组成"[②],除了为幼儿准备人手一份1~5的数字卡片,以及3种小动物的图片各5张以外,还可以为幼儿准备6的数卡,数量为6或3、4的小动物卡片,并把它们放在另外一张桌子上,让数学能力发展好的幼儿可以自己操作学习6的组成,同时也可以让能力较弱的幼儿继续复习3和4的组成。

教师在说课中,大多只对材料提供较为关注,对环境创设也有一定的思考,但对幼儿经验的准备往往不够重视。因此,教师在说课时,要将自己对幼儿已有经验的分析作为重要内容,这既能反映教师教学设计的基本出发点,也能体现教师是否切实将以幼儿发展为本的教育理念真正落到实处。例如,在学习"6的组

---

① 唐海燕,林高明.说课实战训练教程[M].福州:福建教育出版社,2013:15.
② 唐海燕,林高明.说课实战训练教程[M].福州:福建教育出版社,2013:16.

成"时，幼儿其实已经拥有了2、3、4、5组成的经验；在创编儿歌或故事时，幼儿对儿歌的内容、故事的情节已经有了较为深刻的理解；在进行剪纸造型时，幼儿已经掌握了用剪刀剪东西的技能；在开展运西瓜游戏时，幼儿已经掌握了拍球的技能……因此，教师要从幼儿已有的生活经验出发，正确把握各领域教学活动的起点，以确保教学的针对性、适切性和实效性。此外，教师在活动前应尽可能估计幼儿在学习过程中可能会遇到的各种困难。这样就可以针对不同问题采取适宜的策略，使得预设与生成动态结合，从而有效达成活动目标。但必须指出的是，教师对幼儿原有经验的铺垫不可过度。实践证明，只有在幼儿对某一事物保有强烈的好奇心和求知欲时，教育的效果才是最佳的。

### 🔗 案例 4-3

**小班体育活动"我和爸爸一起玩"中的"说活动准备"**①

为了使活动呈现出趣味性、综合性和活动性，寓教育于实际练习和游戏中，需做以下准备。

经验准备：认识袋鼠，知道袋鼠蹦跳的行动方式。

材料准备：平衡木、彩带荷叶、果树道具、水果卡片若干、袋鼠头饰若干、《大头儿子小头爸爸》歌曲、家长与幼儿穿便于活动的衣服等。

场地准备：场地示意图见图 4-1。

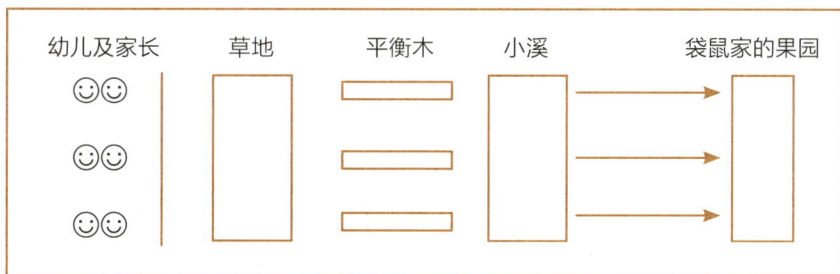

图 4-1　场地示意图

在案例 4-3 中，活动开展前让幼儿认识袋鼠，知道袋鼠蹦跳的方式能为本次活动的有效开展准备丰富的经验。材料准备中教师提供多样化的体育器械锻炼幼儿园的多种能力，此外，头饰和音乐的准备也能让幼儿在情境游戏中更投入。

### 四、说教学方法

"教学有法，教无定法，贵在得法。"在教学活动目标和内容确定之后，运用什么样的教学方法实现教学目标就显得极为重要。而教学方法是多种多样的，目

---

① 唐海燕，林高明. 说课实战训练教程 [M]. 福州：福建教育出版社，2013:73.

前的幼儿园教学活动中，主要运用的教学方法有情境法、实验操作法、讲解法、谈话法、讨论交流法、观察法、情感陶冶法等。说教学方法，就是要阐明一个活动中选择什么样的教学方法，为什么要用这种教学方法，其理论依据是什么，即要说清楚"怎么教，怎么学"和"为什么这样教，这样学"。教师不仅仅要说出在教育目标、教学内容确定之后，用什么方法、手段来实现，更要说清楚为什么要用这种方法和形式。教师如何指导、为什么要这么指导。在教育教学过程中，教师要尊重幼儿的学习方式和学习特点，要最大限度地满足和支持幼儿通过直接感知、实际操作和亲身体验获取经验的需要。因此，如何体现以学为中心，真正把学习的主动权还给孩子，促使幼儿主动学习、会学、乐学，教师需要对幼儿的学习方式和特点进行不断的观察与研究，从而更好地促进幼儿的发展。

### 案例 4-4

#### 中班体育活动"小小救护队员"

教师在说课展示中，对幼儿的教法、学法做了如下阐述。[1]

环节一：师生共同观看视频，讨论引出课题

教师导语：今天我们先来看视频，看完请小朋友告诉老师：

（1）视频中说了一件什么事？

（2）战争给人们带来了什么灾难？

（3）在战场上有许多人受伤了，那该怎么办呢？

教学方法分析：在导入部分，教师加上了观看视频的环节，视频的侧重点放在展示战争对人们的伤害以及当地人们的一些救助方法上，以激发幼儿帮助他们的愿望，将一种亲社会的情感转化为亲社会的积极行为。幼儿边看视频，边有感而发，注意力一下子集中起来。这一教学手段既符合了幼儿的年龄特点，又激发了其参与活动的热情，调动了幼儿的过去经验，使活动能够顺利开展，学习氛围浓烈。该部分教师通过视频调动了幼儿的多种感官参与，即多通道参与法，激发了幼儿参与活动的热情，从而使讨论热烈起来。

环节二：小组分工，共同制作担架

（1）小组讨论：担架可以干什么？

（2）制作担架的要求有哪些？

教师导语：现在要制作在战场上救助伤员的担架，我为每个小组提供了两根竹竿和一些布条，小朋友们把布条的两头对折，套在其中的一根竹竿上，然后把

---

① 但菲，赵小华，刘晓娟. 幼儿园说课、听课与评课 [M]. 北京：北京师范大学出版社，2012:39.

布条在另一根竹竿上缠绕一圈后打结，长度要相同，请各小组合作完成，大家先讨论如何分工，做好自己的事。

（3）幼儿尝试对折、缠绕、打结的方法。

（4）讨论：还可以用什么方法制作担架呢？

（5）幼儿以小组为单位制作担架，教师巡回指导。

① 帮助幼儿分工。

② 帮助幼儿调整绳子的间距。

教学方法分析：讨论中幼儿自然想到了担架，由于尝试后师幼发现用绳子打结有两个不足之处：一是绳子太细，间距大，送伤员时容易将伤员从间隙处掉下来；二是绳子在一头固定，而在另一头却会移动。所以这次师幼探讨了新的方法：先将打结的材料换成较宽的布条，不仅防滑又有一定的宽度。然后将打结的方法做了适当的调整，即将布条对折缠绕在一根竹竿上后，再在另一根竹竿上缠绕一圈后打结、固定，这样不到15分钟，四个小组都做好了担架。

在这一环节中，教师增加了模仿法和讨论法，对原先的内容做了扩充。教师先用讲解演示法介绍，然后用模仿法让幼儿学会对折、缠绕、打结的方法。幼儿在掌握这一技能后，再组织幼儿讨论，尝试一些新的方法。

### 环节三：师幼共同游戏

（1）介绍游戏，并提出游戏要求

教师导语：我们的小手真能干，担架已经做好了。今天，我们来做"小小救护员"的游戏。以小组为单位，大家先站在线后，听到爆炸的声音，两个小朋友抬担架，其他小朋友保护伤员，把伤员送到安全的地方。大家跑时要注意，不能让伤员从担架上掉下来，记住了吗？

（2）将幼儿分组，师幼共同游戏

教师导语：现在各小组自行商量，谁抬担架，谁保护伤员。

① 幼儿游戏。

② 总结游戏情况。

（3）幼儿第二次游戏

① 设置障碍物，增加难度，进一步激发幼儿参与活动的热情。

教师导语：战争越来越激烈，这次在护送伤员的路上可能会遇到一些障碍，你们会怎样做呢？

② 交换角色，平衡运动量，丰富游戏情节。

教师导语：现在可以交换角色。大家要记住遇到困难时要团结合作，勇敢地越过障碍物，把伤员送到安全的地方。

③ 总结游戏情况。

教师导语：你们刚才遇到了什么困难？是怎样克服的？

（4）幼儿第三次游戏

① 变换情境，增加难度，锻炼幼儿的意志力。

教师导语：战争很激烈，这次在护送伤员的路上可能会遇到炮弹袭击，你们会怎样做？

② 总结前一次游戏的情况。

教师导语：你们刚才遇到了什么困难？又是怎样克服的呢？

教学方法分析：此部分教师运用了情境法、分层讲解法。为更好地达成教学目标，教师运用分层讲解法，先让幼儿练习将伤员从一处送往另一处，然后设置障碍物，并讨论如何通过障碍物，最后增加炮弹，进行反击。情境法体现了游戏的真实性和趣味性，让幼儿能更好地投入游戏之中，体验合作和帮助他人的乐趣。

**环节四：放松游戏**

（1）总结游戏情况，表扬能将伤员安全送到爱心医院的幼儿。

（2）放松活动："只要我长大。"

教学方法分析：这一环节教师运用了情感陶冶法，即在场地的一角设立"爱心医院"这一场景，再放上几张小床，让幼儿将伤员送到医院，并抬上病床，再由配班教师扮演医生，对幼儿的行为表示肯定，让幼儿体验到救助受伤的人是件快乐的事。

在案例4-4中，教师把教法和学法很好地结合在了一起，既说出了活动中运用了哪些教法和学法，同时也阐述了运用这些教学方法所达到的效果是什么，层次清晰、论点明确、证据充分。在实际工作中，也有教师会把教法、学法分开进行说课展示。

## 五、说活动过程

说活动课程是说课的重点部分，它反映了教师的教学思想、教学个性与风格，只有通过对活动过程设计的阐述，才能看到其活动安排是否科学、合理，是否具有艺术性。说活动过程要说明整个活动的流程，即各个活动环节的实施过程。按照活动先后顺序说明每一环节所用的大体时间，重点说明主要环节的双边活动，要致力于活动难点和重点的突破。

说活动过程，可以从以下四方面进行阐述[1]：一是说教学环节。教学分几个环

---

[1] 李艳丽，李玮.幼儿园教研之说课、听课与评课[M].北京：中国轻工业出版社，2016:41.

节进行，每个环节解决什么问题，环节之间是什么关系、每个环节要达到什么目的。二是在教学中可能会遇到的问题，教师要针对问题准备解决的方案。三是如何面向全体，因材施教，调动幼儿学习的主动性和积极性。四是如何体现师幼的双边活动等。

## 案例 4-5

### 中班科学活动"好玩的磁铁"说活动过程 [①]

活动过程的设计，应始终以目标为出发点和归宿，活动的每一环节都为实现目标而服务。活动的设计应遵循科学活动的基本流程，通过设疑、猜想、探究、集中交流提升等环节支持幼儿有效建构磁铁吸铁的知识经验。

**1. 观看"变魔术"，产生探究欲望**

活动开始，教师以魔术师的身份出现，演示"魔法帽"，让幼儿惊讶扔进去的回形针怎么不见了；而后揭秘"魔法帽"，引导幼儿发现里面藏着磁铁；最后以问题"磁铁会不会吸住所有的东西"让幼儿猜想，激发幼儿的探究欲望。

（设计意图：好奇心是幼儿的天性，求知欲是幼儿的本能。教师巧妙地设置问题情境，幼儿也就自然而然地被带入情境中，产生想获得答案的强烈愿望。）

**2. 借助"磁铁魔棒"，探索发现磁铁能吸铁**

（1）出示"磁铁魔棒"，引发幼儿的探究兴趣。

教师给每个小朋友准备了一根磁铁魔棒，让幼儿拿着磁铁魔棒和小篮子到草地上试试，看看哪些东西能和磁铁魔棒吸在一起，哪些不能，把能和磁铁魔棒吸在一起的东西装在小篮子里。

（2）幼儿自由操作探索，教师边观察幼儿操作，边及时地提出问题进行引导。

（设计意图：《幼儿园教育指导纲要（试行）》指出，要为幼儿的探究活动创造宽松的环境；提供丰富的可操作的材料，为每个幼儿都能运用多种感官、多种方式进行探索提供条件。）

本环节教师将情境游戏和科学知识有机结合，做到活动游戏化，使幼儿在玩的过程中，学会探索和发现，兴趣浓厚，参与度高，能有效解决活动重难点。

**3. 分享交流，通过大记录表提升经验**

（1）幼儿相互交流。先让幼儿和同伴说说自己的发现，然后把手上的小篮子放在桌上，为教师集中交流时的提问做准备。

（2）师幼共同交流、记录。请个别幼儿向大家介绍自己的发现：哪些东西能

---

① 唐海燕，林高明.说课实战训练教程 [M].福州：福建教育出版社，2013:131-132.

被"磁铁魔棒"吸住。教师根据幼儿的介绍，将能被磁铁吸住和不能被磁铁吸住的材料分类展示在记录表上。特别是教师可发现小篮子中有问题的材料，利用小篮中的数字与幼儿身上数字的匹配情况，进行有针对性的提问。

（3）教师小结：磁铁能吸铁做的东西，不是铁做的东西不能被磁铁吸住。

（设计意图：在科学活动中要让幼儿学习用多种方式表现、交流、分享探索的过程和结果，让幼儿用语言表达出自己的探索过程和结果，增进幼儿的语言表达能力和交流能力。幼儿在自由探索中获得的知识是零碎的，需要教师帮助他们把获取的经验进行整理；同时，考虑到中班上学期幼儿的记录水平较差，而且兴趣点在用磁铁吸东西上，个人记录的意义不大的情况，教师应使用大记录表，直观地帮助幼儿归纳提升，更好地促进教学目标的达成。）

### 4. 活动延伸：引发幼儿继续感知、探索磁铁的特性

（1）继续用"魔棒"寻找生活中的铁制品。

（2）寻找磁铁在生活中的运用，继续感知磁铁能吸铁的特性。

（3）在后续的教学中，继续探索磁铁的其他特性，如磁铁同极相斥、异极相吸的特性等。

（设计意图：《幼儿园教育指导纲要（试行）》提出，要"引导幼儿对身边常见事物和现象的特点、变化规律产生兴趣和探索欲望"。本次活动的内容源于生活，满足了幼儿的需要；活动延伸让幼儿继续探索，将学到的知识、经验运用于生活。）

### 六、说教学效果（或说教学特色、教学亮点）

教学效果是教学目标的归宿和体现。教学效果的预测，既是教师实现教学目标的期望，又体现了教师对教学目标的自我把握程度。教师在说课时，要对幼儿的认知水平、能力发展状况、思想品德的养成等方面做出具体的、可能的预测，说出教学评价、反馈与调节的措施及构想。[1]

### 案例 4-6
#### 小班综合活动"一一对应"中的"说教学特色"部分

#### 1. 选材生活化

春游踏青是幼儿比较感兴趣的话题，因此，教师把教学活动也变为一次简短的春游，以"出游准备—吃点心—做游戏—乘车回家"为线索展开，使幼儿在真实、自然、快乐的氛围中感知一一对应现象。

---

① 但菲，赵小华，刘晓娟. 幼儿园说课、听课与评课 [M]. 北京：北京师范大学出版社，2012:146.

### 2. 过程游戏化

整个活动就是一次角色游戏，教师和幼儿在游戏的互动中，通过戴帽子、找食物、捉迷藏、找位子的形式来感知——对应，探索——对应的方法，比较物体的多少，完成重点和难点的掌握。活动中教师并不是直接告诉幼儿该如何做，而是引导幼儿在宽松、愉快的情境氛围中自己解决问题，努力建构积极、有效的师幼互动关系。

### 3. 内容整合化

在活动中以——对应的科学认知为主线，整合了语言领域（如引导幼儿说完整的句子：娃娃给小狗戴上一顶帽子；红房子后面躲着穿衣服的小动物），健康领域（如根据自己扮演的角色做小动物的动作走到相应的食物旁边），艺术领域（如引导幼儿躲在和自己衣服颜色一样的小房子后面，巩固红、黄、蓝、绿、紫的颜色认知），社会领域（如安全教育，回来的路上应该注意哪些问题）等方面的知识。教师从中挖掘出教育的点滴，使幼儿在活动中能积累更多有价值的经验。

在案例4-6中，教师以小班幼儿感兴趣的活动"春游"为主线。一是以为小动物准备春游物品引出主题，引导幼儿学习重叠对应。对于幼儿而言，通过重叠的方法更容易发现两个集合之间的——对应关系，所以在活动中先让幼儿进行重叠对应的操作。二是感知——对应的关系。教师提供给幼儿引发对应性的材料，如狗和骨头（两种材料之间的内在联系），容易使幼儿进行——对应操作活动，使幼儿初步形成——对应的意识。然后进行颜色的对应匹配，进一步扩展幼儿的思路。三是乘车引发座位问题，这主要是数与量的对应，将——对应又提升一个高度。经过上述三个环节的设置，整个活动显得井然有序，听课者自然能理解教师所阐述的三个"活动特色"。教师在教研活动中的说课，有时在说课的最后，会以"活动反思"的形式结束。

## 活动 3 听完执教者的说课，我该如何评课

微视频：五彩
手绘——动物
狂欢

### 我是评价者

观看大班美术活动"五彩手绘——动物狂欢"，根据要求完成评课记录表 4–3 的填写。

表 4–3 评课记录

| 年龄 | | 领域 | |
|---|---|---|---|
| 执教者 | | 评价者 | |
| 活动名称 | | | |
| 评教学目标 | | | |
| 评活动内容 | | | |
| 评教学过程 | | | |
| 评教学方法 | | | |
| 评师幼关系 | | | |
| 评教学基本功 | | | |
| 评教学效果 | | | |

评课是幼儿园教学、教研工作过程中经常开展的一项活动。一般认为，评课是指幼儿园所组织的对教学活动的全部内容做中肯的分析和评估，并且能够从教育理论的高度对活动中的教育行为做出正确解释的活动。

目前，幼儿园对评课活动越来越重视，开展的次数逐渐增多，正不断向常规化、规范化方向发展，但从总体的效果来看，评课活动还没有发挥出其应有的作用。例如，在常规的评课活动中，容易出现重听轻评、重教轻学、评价针对性差等问题。在听评课中，最主要的问题可以归结为"用业余的思维或方法处理专业

的事情"。① 具体表现为：听课者缺乏听评课的专门知识与技能，也缺乏专门的训练或专业引领。因此，需要重视对"听评课"的研究，把它放在与"上课"同样重要的地位来研究，以建构更丰富的、专门的知识基础；需要对教师进行专门的教育或培训，让教师不仅会上课，也会听评课；需要明确听评课的主体是教师，特别是同行教师。

幼儿园评课要围绕教学目标，追求科学、准确，并通过评课为听课者和执教者双方下一步的教学改进奠定良好的基础。评课中坚持"以幼儿发展为本"、坚持"教学正确诊断和导向"、坚持"评教与评学相结合"、坚持"求真务实"等原则。对于好课的标准可谓仁者见仁，智者见智，但是无论哪个领域、哪个年龄阶段的教育活动，始终都应体现学前教育的根本理念——以幼儿的终身发展为目的。

## 一、评活动目标②

从教学目标制定来看，要看是否全面、具体、适宜。全面指的是教学目标是否包含了认知、情感、能力三个维度；具体指的是目标是具体细化的，是可操作的；适宜指的是目标符合幼儿的年龄特点和认知规律，关注本年龄段幼儿的兴趣点，且难易适度。从目标的达成来看，要看教学目标是不是明确地体现在每一次活动中，教学手段是否紧密地围绕目标，为实现目标服务。

### 🖉 案例 4-7

**大班科学活动"乌鸦喝水"的目标评析**

**活动目标：**
（1）知道往有水的瓶子中加入石子和沙子可以使水位升高。
（2）通过积极探索发现乌鸦能否喝到水与水位高低的关系。
（3）引导幼儿通过小组的合作探索，体验与同伴合作学习、相互交流的乐趣。

**活动评析：**

活动目标的制定应该体现认知、能力、情感三个维度，从教师制定的这三个目标内容来看，主要是认知和情感方面的目标，缺乏能力目标，没有实现目标的全面性要求。另外，在目标表述上，目标的行为主体不统一。目标1和目标2是从幼儿发展的角度提出的，幼儿是行为的主体，而目标3是从教师教育的角度提出的，教师是行为的主体。教学目标的行为主体应该是幼儿，同时考虑能力目标不齐，所以目标3可以修改为"在合作探索的过程中，学习与同伴合作、交流"。

---

① 顾志跃，等 . 如何评课 [M]. 上海：华东师范大学出版社，2009:7.
② 李艳丽，李玮 . 幼儿园教研之说课、听课与评课 [M]. 北京：中国轻工业出版社，2016:132.

## 二、评活动准备

活动准备一般会从活动内容、幼儿、材料三个方面进行准备。其中，幼儿方面的准备中，教师要充分预知幼儿已有的经验，提出既与幼儿原有经验相适宜又有利于幼儿主动建构的活动内容范围和处在幼儿"最近发展区"的内容难易程度。评课时，要看教师是否真正了解幼儿的实际水平，教学是否引发幼儿的探究兴趣，符合幼儿的认知水平，唤起幼儿表达和表现的欲望。

物质环境的创设和活动材料的准备都会影响教育意图的传递，物质材料本身的特性及由这些特性所决定的活动方式往往决定幼儿可能获得哪些经验，获得哪些方面的发展。因此，教师应结合活动的要求和幼儿的年龄特点，为幼儿选择最佳的活动材料，使活动材料在教学活动中发挥最大的效用。因此，评课时，可重点关注材料的多样性、丰富性、层次性、操作性以及多功能性。

### 🔗 案例 4-8

#### 大班数学活动"找规律"[①]

**案例描述：**

"找规律"是大班幼儿的一节数学活动课，主要目的在于通过感知和操作体验，能够发现并找到规律，培养孩子的发散性思维、创造性思维和专注能力。教师通过创设情境、利用课件等形式引导幼儿发现规律之后，设计了幼儿自己动手、排列组合规律的环节，意在让幼儿通过操作材料来巩固和运用这些规律。教师准备了三个层次的材料：第一层次为实物类——可以根据水果或蔬菜的大小、多少、颜色、形状等进行排列，教师提供各种水果和蔬菜的模型，如可以排列成一根黄瓜—三根香蕉—两个苹果，单项排列，循环往复；第二层次为符号类——可以根据符号的排列顺序自己创造规律，教师提供各种符号，包括加号、减号、等于号、乘号、除号、破折号、逗号、句号等，如可以排列成加号—逗号—乘号……循环排列；第三层次为脸谱类——可以根据表情来排列，教师提供脸型、眉毛、眼睛、鼻子、嘴巴等图片，幼儿自由拼摆组合成各种脸谱，并多项循环排列。这三个层次的材料每套 10 个，分别摆放在三张桌子上，供幼儿分组操作时自由选择使用。

**活动评析：**

教师在这节活动课中为了让幼儿亲自体验和感受各种规律，准备了丰富多元的材料，既包括实物模型类，又包括符号类和脸谱类，颜色鲜艳，形态美观，容易吸引幼儿的兴趣，激发幼儿的操作欲望。每个小组准备了 10 套材料，充分考

---

[①]　案例作者：东北育才幼儿园刘红蕾。

虑到了材料数量对幼儿体验的影响，保障了每个幼儿手中都有材料可做，无须等待，没有浪费有限的活动时间。每个幼儿手中都有一个操作板供其摆放模型或者图片，非常清晰实用，具有可操作性。值得一提的是，教师准备的材料具有明显的层次性和递进性，考虑到了不同幼儿的发展水平，层层递进，从实物模型到符号排列再到循环组合，由具体到抽象，由易到难，难度适宜，并给予幼儿根据自己的发展水平和兴趣自由选择的机会，不断挑战自我，向更高层次发展，让每个幼儿都能在活动中充分与材料互动，体验到成功，享受到成长的快乐。

### 三、评活动内容

评价一个活动的质量如何，不仅要看教学目标的制定和落实，是否准确、科学，还要看教师对活动内容的选择是否恰当，对内容的理解是否透彻，更要注意分析教师在内容处理和选择上是否突出了重点，突破了难点，抓住了关键点。

✏ **案例 4-9**

#### 大班语言活动"想办法"的活动内容解读与评价 ①

大班语言活动"想办法"的活动现场中，教师引导幼儿观察图片："爸爸妈妈不在家，小明一个人在家玩气球，一不小心，气球飞到了柜子上，这可怎么办呢？"幼儿七嘴八舌，想出了各种办法。例如拿梯子爬上去、搬个凳子站上去、拿个棍子弄下来等。待幼儿的回答出现重复时，教师出示第二张图片："大家瞧，小明的家里有什么？"幼儿纷纷举手："有床、拐杖、凳子。"教师对幼儿的回答感到满意，提问："小明能不能用这些东西想办法把气球拿下来呢？怎样做既能拿到气球，又能保证安全？"一位幼儿马上站起来回答："只要把凳子搬到柜子旁边，小明站上去，用拐杖一钩，气球就可以拿到了。"教师请了三四位幼儿讲述"办法"，幼儿除了语言组织稍有差异，给出的都是重复答案。

"想办法"这个活动，教师的本意是想通过看图讲述，让幼儿学会在遇到问题时借助身边的物品想办法解决问题。大班幼儿解决问题的能力较中班幼儿有了很大的发展，他们的语言表达能力也较强，已经能够观察图片，连贯完整地讲述图片的内容，并且开始使用连词、形容词，语词比较丰富。案例中，教师选择的这一内容却恰恰未能考虑到大班幼儿的这些特点，内容简单，画面单一，问题集中，幼儿无须经过智力挑战就能凭经验解决问题，教学的价值不高，教学活动目标的达成度也被打了折扣。教师若能达到教学活动的目标，选择的内容应该具有思维挑战性，应在幼儿原有经验的基础上，通过新问题的设置来呈现矛盾，以启发幼儿新的思考。

---

① 王春燕，等 . 幼儿园教学诊断技巧与对策 58 例 [M]. 北京：中国轻工业出版社，2017:43-44. 引用时有改动。

### 四、评教学过程

教学过程在内容和幼儿之间发挥桥梁和纽带的作用，不同的教学设计会产生不同的教学效果。教师在教学活动中的教学思路是多种多样的，如环节的设计、提问的设计、操作实验的设计等。评教学过程，主要关注以下三个方面的内容：[①]

第一，看教学环节、步骤是否清晰合理。例如，导入—新知—运用—巩固—评价等环节是否清晰，每个环节是否根据目标有所侧重、有所突破。

第二，看教学环节时间分配和衔接是否恰当。需要关注有没有"前松后紧"或"前紧后松"的现象。教师讲授时间、幼儿个人活动时间、小组活动时间的分配是否合理，突破重难点所花的时间是否适宜，只有结构严谨、环环相扣、过渡自然、时间分配合理、密度适中，才是一节高效率的活动课。

第三，看教师能否根据教学实际及时调整教学环节。在教学过程中，教师的教和幼儿的学处于不断发展变化中。评课的教师要密切考察讲课教师能否密切关注各种反馈信息，一旦发现幼儿的认知结构与教学预设的流程不协调，教师能否及时调整自己的教学流程，以符合幼儿的实际认知情况。

#### 案例 4-10

#### 中班健康活动"钻洞洞"[②]

**活动目标：**

（1）喜欢并愿意参加游戏、体验游戏带来的快乐。

（2）鼓励孩子产生动作创意，用身体摆出各种洞，发展空间知觉。

（3）建立合作意识，尝试与同伴共用身体搭出各种洞，在游戏中有初步解决问题的能力。

**活动过程：**

（1）设计报纸可以钻过的洞。

教师设计大、小洞，幼儿想办法将一张报纸投入洞中。

幼儿可分成两组，一组幼儿设计不同的洞，另一组幼儿将报纸投入洞中。

（2）设计小朋友可以钻过的洞。

请小朋友设计伙伴可以钻过的洞，并分别请幼儿钻洞。

（3）设计老师可以钻过的洞。

请小朋友设计老师可以钻过的洞，引发幼儿共同合作。

（4）大家一起来钻精彩的洞。

---

① 但菲，赵小华，刘晓娟. 幼儿园说课、听课与评课 [M]. 北京：北京师范大学出版社，2012:252.
② 案例作者：沈阳市皇姑区实验幼儿园李蕊。

**活动点评**[①]：

此活动分为四个环节：设计报纸能钻过的洞—设计小朋友能钻过的洞—设计教师能钻过的洞—大家一起钻精彩的洞。活动设计层次清晰，环节安排合理，各个环节的衔接、过渡自然，由浅入深、由易到难，层层递进，一步一步增加难度，挑战幼儿的经验和创造性思维。在活动开始环节，教师通过设置疑问和障碍，以"谁能设计一个让报纸钻过的洞？"既有一定的难度又符合幼儿喜欢尝试、挑战的心理，瞬间激起幼儿极大的参与兴趣。然后，在解决重点、难点环节，教师把活动的主体地位留给幼儿，自己则以一个支持者、合作者、引导者的身份参与活动，通过简洁、有效的提问引导幼儿积极造洞。例如："谁能造一个小朋友可以钻过的洞吗？""谁能造一个老师可以钻过的洞呢？"幼儿造好洞后，教师又能积极支持、回应幼儿。例如，"我喜欢这个连环洞""我要挑战你的洞"，不断激发幼儿去想象、去创造。在教师的引导和鼓励下，幼儿不断解决问题，合作搭出各种教师能钻过的洞，顺利解决了教学难点。最后，通过"大家一起钻精彩的洞"，为幼儿提供了一个相互展示、学习的机会，达到巩固、应用的目的。整个活动展现了一个教师支持、引导下的幼儿自主学习的全过程。幼儿在轻松愉快的氛围中始终保持着高涨的学习兴趣，顺利完成了教学目标。

## 五、评教学方法

评析教学方法的选择和运用，是评课的又一项重要内容。所谓教学方法，是指教师在教学过程中，为完成教学目标、任务而采取的活动方式的总称。教学方法既包括教师"教"的方式，又包括幼儿在教师指导下"学"的方式，是"教"的方法与"学"的方法的统一。因此，评价教学方法主要包括以下三个方面的内容。

（1）看教学方法是否适宜、灵活。教学是一个复杂多变的系统工程，没有一种固定不变的万能方法或唯一方法。适宜的教学方法总是因活动内容、幼儿经验、教师自身特点而产生相应的变化。也就是说，教学方法的选用要量体裁衣，灵活运用。

（2）看教学方法的多样化。教学活动的复杂性决定了教学方法的多样性。教师在选择适宜的教学方法后，根据幼儿的年龄特点，还要在教学方法的多样性上进行系统的思考。通过变换、调整教学方法和手段，激发幼儿的学习兴趣，使幼儿处于想学、乐学的状态中。

（3）看教学方法的改革与创新。教学方法的改革与创新是为了让教学更有效，关注点是在幼儿的"学"上，如果只关注教学方法是否新颖，而不关注教学的效果，这样的"创新"也是没有意义的。教师基于自身的教学艺术采用独特的教学方法，在活动中关注幼儿的思维能力和学习品质，教育效果就会显而易见。

---

① 点评作者：沈阳市沈河区教师进修学校贾丽杰。

### 案例 4-11

#### 小班数学活动"帮助小熊修路"[①]

**活动目标：**

（1）复习巩固对长方形、正方形、三角形、圆形、半圆形的认识。

（2）感知并初步了解图形间的变化。

（3）对参与帮助小熊修路活动有积极性。

**活动过程：**

（1）观看情境表演。

① 由漂亮的房子引出小熊。

教师："这座漂亮的房子是小熊的家，看，小熊出来了。"

② 小熊表演。

"今天天气真好，我要到外面去玩一会儿……"（刚一出门就摔倒了）

（2）幼儿通过探究进行铺路。

教师提问：

① 刚才发生了什么？小熊为什么会摔倒？

② 用什么办法可以把小路修好？

③ 我们看看小路都有什么形状？（这里有许多图形材料）让我们一起帮小熊把路修好吧！

提出操作要求：根据小路上形状的大小找相应的图形，引导幼儿思考如果没有相应的图形，那么该怎样才能把路修平？

引导幼儿在操作中发现：圆形可以由两个相同的半圆形组成，长方形可以由两个相同的正方形组成，也可以由两个长方形组成……

活动延伸：帮助小熊装饰房间。

教师："小朋友真能干，把小路修好了，快请小熊出来吧！"（"小熊"和小朋友们共同游戏）

**活动点评[②]：**

本次教学活动有效运用了情境教学法，并将这种情境设计运用始终，让幼儿带着任务进行操作练习，调动了幼儿的已知经验，在幼儿的争议中出现了教师的预设内容。所有环节都为目标服务，都为完成目标而设计。整节活动课幼儿的兴致高涨，教师的表演更是真实可信，达到了教学目标，同时看到了幼儿"爱心"的

---

① 案例作者：沈阳军区联勤部第一幼儿园李俏。
② 点评作者：沈阳军区联勤部第一幼儿园朱连素。

真实表达。

"教育有法，而无定法"，这是教育方法的一个重要特点。教育方法的确定和选择，是依据教育过程本身所具有的规律性，需要教师发挥教育智慧，根据条件和需要，对教育方法进行艺术性的再创造、再加工，灵活地运用于教育实践中。在这节活动课中，我们所选择的情境教学法打破了以往该活动仅仅运用桌面操作材料完成目标的方法，改用了一种更真实而有效的实物操作，让幼儿带着爱心来完成任务。幼儿很投入、很专注，真正让教学目标得以落实，帮助小熊解决了生活中的实际问题。活动结束后，幼儿意犹未尽。同时，我们的活动是一课三研的活动，扮演小熊的教师在活动中是不断变化的，在情境教学法的运用中，要充分考虑到这种角色扮演的人员选择，因为不同人的表演达到的教育效果是不同的。

## 案例 4-12

### 小班健康活动"小鼻子流血了" [1]

**活动目标：**

（1）知道鼻子流血的常见原因。

（2）初步了解预防鼻子流血的简单方法，有保护鼻子的意识。

**活动过程：**

（1）观察。

请幼儿观看多媒体课件，提问：图中的小朋友怎么了？他的鼻子为什么会流血？

（2）讨论。

教师组织幼儿讨论：怎么做才能让鼻子不流血？鼻子流血了我们该怎么办？

（3）观看多媒体课件。

（4）配对游戏。

教师出示图片，讲解游戏的玩法。幼儿玩游戏，教师指导。

**活动点评：**

本次活动教师综合运用了多媒体演示法、观察法、讨论法、游戏法、讲解演示法，但没有很好地把握每一种教学方法的价值所在，致使活动流于形式。

第一个环节，教师请幼儿观看多媒体课件的定格画面，然后提问，虽为观察，教师却只给幼儿看了一个男孩因为流鼻血而哭的画面，在没有知识准备和相关经验的前提下，幼儿很难回答教师的提问。教师在没有任何教具的情况下告诉幼儿：摔跤了碰到鼻子会流血，挖鼻孔和多吃辣的食物鼻子也会流血。教师纯粹的

---

[1] 案例作者：沈阳市沈河区教师进修学校贾丽杰。

口头小结显然对提高小班幼儿的认识作用收效甚微。

第二个环节，教师组织幼儿讨论，由于幼儿缺乏相关经验，所以仅用"不要跑""不要挖鼻子"回答了第一个问题，后两个问题无人能答。教师没有从第一个环节中吸取教训，依然把课件放在讨论后出示，使幼儿的讨论成了无源之水，同时组织的讨论也太过简单。显然，教师忽视了过程情境的创设和过程组织的优化。

在第二个环节没有完成目标的前提下，教师在第三个环节仍没采取补救措施，而是按原计划进行配对游戏。教师先简单介绍了一些预防或造成鼻子流血的图片内容，并在黑板上出示了哭脸、笑脸卡片。然后要求幼儿将表示正确处理和预防鼻子流血的卡片放在笑脸旁，反之则放在哭脸旁。由于教师配对前的讲解演示过于简单，虽然幼儿很高兴也很积极地参与游戏，但并没有理解、掌握教师讲解的知识。因此，幼儿完不成任务就不足为奇了。

此活动教师虽然运用了多媒体演示、观察、讨论和游戏等方法，但没有做到优选活用。教师对幼儿的已有经验了解不够，课件的内容又不够充实，在幼儿的回答出现困难时，教师没有及时地调整教学计划，致使活动目标的达成度不理想。

**活动建议：**

（1）掌握本班幼儿对该知识的了解程度，并给予一定的知识准备。

（2）充实课件内容，调整播放时机，给幼儿足够的观察与讨论的时间。

（3）明确活动的主线和重点，通过创设情境让幼儿围绕"怎样才能让鼻子不流血"和"鼻子流血了怎么办"这两个问题展开讨论，使活动的过程能围绕主线环环相扣，层层递进。

🔗 **案例 4-13**

### 大班音乐活动"钟表店"[①]

**活动目标：**

（1）感受、表现 ABACA 回旋结构的乐曲。

（2）能大胆表现，体验快乐的情绪。

**活动过程：**

（1）欣赏音乐故事。

① 教师表演音乐故事，引导幼儿仔细观察故事中表现了哪些情节。

② 介绍音乐作者及名称。

（2）故事图片排序。

---

① 案例作者：沈阳军区政治部幼儿园王珏。

引导幼儿根据教师表演的音乐故事排出图片的顺序，并初步理解音乐所表现的情境。

（3）欣赏音乐。

①完整欣赏音乐，引导幼儿发现音乐中有不同的乐段，整体感受音乐的情绪。

②分段欣赏音乐，引导幼儿理解 A 段音乐的活泼、跳跃；B 段音乐的优美、柔和；C 段音乐的急促，并探索能表现每段音乐的线条或符号。

（4）记录音乐。

①引导幼儿听音乐用纸笔记录，发现音乐的结构。

②了解 ABACA 回旋结构的乐曲。

（5）创编与表现。

①启发幼儿模仿小钟表，用身体的部分表现时针与分针，大脑创编闹铃响起的动作和钟表的造型。

②选择自己喜欢的造型，穿上装饰服装，随意在身体的各部位戴上腕铃或腰铃，和幼儿一起随音乐完整地表演。表演时，引导幼儿用大胆的造型表现闹铃响起的动作。

**活动点评**[1]：

音乐欣赏活动，是幼儿园音乐教学中的难点，如何让幼儿理解优秀的，却又抽象的音乐作品，一直是值得我们探究的课题。本次活动是在幼儿对钟表有一定了解的基础上，大胆地将音乐故事化、拟人化，使幼儿轻松地理解音乐作品所表达的情感内容及回旋曲的音乐结构，让我们的音乐欣赏活动看得见、摸得着、体验得到，完全打破了以往教师说教式的音乐欣赏活动形式，真正提高了幼儿的艺术鉴赏能力。

在本次活动中，教师能够挑战以往音乐欣赏的传统教学方法，尝试改革和创新，用动作表现、故事图片排序、幼儿记录音乐等方法，帮助幼儿理解回旋曲的音乐结构。活动一开始教师就用动作来表现音乐，帮助幼儿理解音乐中每一段的内容；然后，教师引导幼儿根据表演的音乐故事排出图片的顺序，帮助幼儿加深对音乐所表现的情境的理解；最后，教师又引导幼儿学习用记录的方式进一步感知回旋曲 ABACA 的音乐结构。这三个环节的设计由浅入深，层层递进，幼儿可以深刻地感受到回旋曲段落中的重复（A 段）与新乐段（B、C 段）的出现，使幼儿理解音乐的结构，这也是这节活动课最大的亮点。

此次活动由于教师教学方法的创新，极大地调动了幼儿学习的积极性、主动性，使原本枯燥的音乐欣赏活动课变得鲜活、有趣，使幼儿感受到用绘画记录音

---

[1] 点评作者：沈阳市沈河区教师进修学校贾丽杰。

乐的学习方式，进一步加深对回旋曲结构的理解，顺利地完成了教学目标。

**活动建议：**

（1）幼儿用绘画的方式记录音乐时，可以隐去教师示范的环节，让幼儿用自己喜欢的方式去记录，充分发挥幼儿的想象力、创造力。

（2）幼儿在表演时穿的装饰服装，可以让其在区域活动时自行装饰完成。

案例4-13的点评者，较好地把握了要点，对教师运用的动作表现、故事图片排序、幼儿记录音乐等方法的有效性进行了认真的思考和分析，并将评课的重点放在教学方法的创新及对教学效果产生的影响上，使大家对方法创新的真正内涵有了进一步的理解，应该说这是对教学方法创新性的一次成功的点评。

### 六、评教学效果

教学效果的评价是评课的重要部分。从教师的角度评价，主要看是否实现了教学目标。但是对教学效果的评价，我们关注的重点是幼儿学的效果。从幼儿的角度评价，主要看幼儿是否实现了发展目标，各方面的能力有没有得到发展。教学效果的评析，主要包括以下两方面的内容：

第一，教学效率高，幼儿思维活跃，积极投入。主要关注有多少幼儿参与并投入活动，幼儿在教学过程中是否能主动思考。教师能及时关注幼儿的需求，有效利用时间，幼儿学得轻松愉快，积极性自然就高。

第二，因材施教，面向全体幼儿。幼儿受益面大，不同程度的幼儿在原有的基础上都有进步。

### 案例 4-14

#### 大班音乐活动"鼓上的小米粒"教学效果评析 [①]

从整个活动的效果来看，幼儿兴趣浓，参与的积极性高，较好地实现了本次活动的教学目标。在活动中，以幼儿喜爱的乐器——小鼓"唱歌"的形式导入活动，激发了幼儿的学习兴趣。教师将学唱歌曲与有趣的科学探究活动相结合，让幼儿在探究活动中感受、体验击鼓的不同力度和频率与鼓面上的小米粒的动态变化的关系这一物理现象，获得知识和经验，有效地帮助了幼儿理解、记忆歌词，避免了生硬的歌词解说。在"小鼓还能怎么唱"和"鼓敲击轻、重引起的米粒变化"的环节中，请幼儿大胆想象、操作和体验，为幼儿提供了探究和表现自己的舞台。在教学的组织方面，整个活动过程注重游戏教学的方法，动静交替，层层

---

① 李艳丽，李玮. 幼儿园教研之说课、听课与评课 [M]，北京：中国轻工业出版社，2016:140.

递进。比如，在扮演米粒跳舞和"我是鼓，你是小米粒"的游戏中，幼儿玩得特别高兴，在玩的同时体验了敲鼓的轻重与小米粒的动态变化关系。幼儿在玩中学、学中玩，充分调动幼儿参与活动的积极性，较好地达到了教学目标，充分体现了愉快教学给幼儿带来的乐趣。

**拓展阅读**

为了便于大家系统全面地对幼儿园的活动进行评价，在实际工作中，我们往往借助说课评价表进行评分，如表4-4所示。

表4-4 幼儿园说课评价

| 年龄 | | 活动名称 | | 领域 | | |
|---|---|---|---|---|---|---|
| 说课者 | | 评价者 | | 日期 | | |
| 要素 | 要求 | | | 权重 | 得分 | 备注 |
| 评活动目标（10） | 1. 教学目标设计全面、具体、科学，层次分明，有理论依据<br>2. 活动的重点、难点明确，能根据活动内容，联系幼儿实际，注重幼儿能力的培养及创新 | | | A.10<br>B.8<br>C.6<br>D.4 | | |
| 评活动准备（5） | 1. 能根据活动需要准备一定量的教具、学具，在使用上符合教学原理、要求，有创意，对教学起有效的辅助作用<br>2. 关注到了幼儿的已有经验 | | | A.5<br>B.4<br>C.3<br>D.2 | | |
| 评活动内容（10） | 熟悉五大领域要求，能准确分析活动内容的特点，对是否符合幼儿身心发展的需求有理论依据 | | | A.10<br>B.8<br>C.6<br>D.4 | | |
| 评活动过程（40） | 1. 教学程序合理、科学，有创意，阐述依据符合教育学、心理学的一般规律<br>2. 教学过程条理清楚，思路清晰，各环节的衔接和过渡自然，体现教学目标<br>3. 情境、问题设计富有启发性，能体现幼儿主体的发挥、个性的培养、智力和非智力因素的发展<br>4. 能适时恰当地突出重点，突破难点<br>5. 能根据内容简述课后的延伸活动 | | | A.40<br>B.35<br>C.30<br>D.25 | | |
| 评教学方法（20） | 1. 教法选择切合教学内容，符合教学原理和教学要求；教具和学具的选用灵活、恰当、科学，符合幼儿的实际，能说出其理论依据<br>2. 学法指导具体、明确，紧扣教法，适应内容；能运用教育学、心理学理论分析学情，根据幼儿的年龄特征教给幼儿相应的学习方法，培养学习能力 | | | A.20<br>B.16<br>C.12<br>D.8 | | |

续表

| 年龄 | | 活动名称 | | 领域 | | |
|---|---|---|---|---|---|---|
| 说课者 | | 评价者 | | 日期 | | |
| 要素 | | 要求 | | 权重 | 得分 | 备注 |
| 评教学效果（15） | 1. 教学语言表达规范、科学、清晰、简练，逻辑性强，富有启发性和感染力<br>2. 应变能力强，能调动幼儿学习的积极性和主动性 | | | A.15<br>B.12<br>C.9<br>D.6 | | |
| 权重：A（90~100），B（70~89），C（60~69），D（1~59）<br>等次：<br>总分： | | | | | | |

## 基于"六顶思考帽"的幼儿园教师评课研修之探究 [①]

### 1. 幼儿园评课现状与原因

一个教师的听评课水平，在很大程度上反映了他的教育理念和教学能力。评课中存在的问题有：①评课中听而不闻的多，评的少。②评课中泛泛而谈，无法突破重难点。③评析过于简洁。没有从专业角度去评，只是笼络地认为"不错"，"不好"。④评析观念有偏颇。每个人根据自己的喜好来评定这节课的好坏。⑤注重评课者的评，却忽视了授课者的用。

分析评课问题产生的原因主要有：①心理因素层面。不愿意讲缺点，很多教师评课时大部分都带着自己的一些个人因素，这是教师的心理层面，不愿意去讲别人的问题。新教师担心：她是骨干教师，我可要掂量掂量说话；老教师担心：多一事不如少一事，还是让年轻人去评吧，我可不愿意得罪人。感情较好的担心：我要给她面子的，不能讲缺点，要多讲优点。②思维层面。评的点子杂，不聚集，从自身、片面的角度进行考虑，这就是传统的思维模式。③专业能力层面。评得不深，是由于教师对幼儿的心理特点、年龄特点、教学活动特点等专业知识了解不深刻，专业知识有待提高。

### 2. "六顶思考帽"简介

"六顶思考帽"是英国学者爱德华·德·博诺提出的一种思维训练模式，或者说是一个全面思考问题的模型。白帽子是中性的事实与数据帽，具有处理信息的功能，主要记录活动中一些明显的数据；红帽子就是情感帽，形成观点和感觉功能，主要是活动中的优点；黄帽子代表着正面思考的乐观帽，识别事物的积极因素的功能；黑帽子代表着谨慎，发现危机、困难、故障、弱点和问题，也就是活动中

---

[①] 陈晓燕.基于"六顶思考帽"的幼儿园教师评课研修之探究[J].宁波教育学院学报，2018，20（2）：31-32.引用时有改动。

的缺点；绿帽子是创造力之帽，提出新的主意和开辟其他新途径，它让我们提出创意和想象，可以给活动带来一些创新点与突破点；蓝帽子代表着管理思考，它是有关思考的帽子，超脱地观察这些进行或正在进行的思考。

### 3. "六顶思考帽"在评课研修中的使用方式

六顶思考帽既可以单独使用，也可以将其中的几顶组合使用，还可以设计一定的使用顺序、依次使用。我们使用六顶思考帽的基本方法有两种：一是在需要某种类型的思考时单独使用；二是在探索主题或解决问题时，在一个序列中相继使用不同类型的思考帽。

（1）单独使用

评课后对新方案的形成遇到瓶颈，需要开启全新的备选方案时，可以戴上绿色思考帽进行思考，给原先的方案加入一些新的灵感。当活动中的某个环节或活动乍看之下可能没有什么优点，倒有很多不足之处，因而很容易立即被否定，可以及时利用黄帽来思考"这个环节看来没什么大作用，不过我们不妨对它来点黄帽思考"，最终可能会证明它有不少的优点。

（2）按序列使用

根据评课活动的不同需要，可以随意使用任何一顶思考帽，可以使用两顶、三顶、四顶或全部。当然，在这个程序中又可以分为自然发展和预先设定。如果按照自然发展，主持人可以先随机选择一顶帽子，利用这顶思考帽所做的思考结束后，再选择下一顶帽子，以此类推。但是在评课过程中，建议使用预先设定的模式，团队成员必须佩戴当前指定的思考帽。这样在评课中教师们会更有针对性，汇集起来的评课信息就会更大。

需要注意的是，在这个过程中，不是所有的思考帽都会被用到，也可以根据需要调整运用的顺序，它并不是一个机械的模式，在实际操作中，我们也完全不必拘泥于"索证""立标""循序"的固定程序。在研修中运用思考帽，它只代表一个方向，而非描述，它代表着一开始就要沿着那个特定的方向去思考。评课中主持人可以根据现场进行灵活的调整，在某一个时间段里及时调整帽子的颜色及每顶帽子的时间。六顶思考帽更重要的是带给我们一种思维方式，很多事情不要轻易下结论，一定要全面思考利与弊，结果可能会颠覆我们最初的想法。

### 4. "六顶思考帽"在评课研修中的运用

在评课中使用"六顶思考帽"的关键在于，我们要根据问题的特点，确定适宜的思考和讨论的顺序。评课教师戴上帽子（即带着任务）听评课，在听与评的过程中，教师始终将思考的问题聚集在一个点上，从而使思考的空间更有广度及深度。

在运用六顶思考帽后，评课模式已逐渐确立：可以让大家先戴上白色帽思考，提炼出课例的关键信息。例如：本次活动中教师组织了哪几个教学环节？这些环节是如何贯穿在一起的？使用了哪些教学方法？试图完成了什么目标？在目标落实中教师有效提问的次数是多少等。接着戴上红色帽思考：对于这个教学活动，你的直观感受是什么？哪方面是活动最大的亮点？和你预期是否一致？哪个环节的处理让你印象深刻？再是用黄色思考帽思考讨论，找出课堂教学的优点，可以从不同方面呈现优点。接着用黑色帽思考讨论，找出课堂教学中存在的问题，从目标到准备、到教学过程都可以进行有针对性的讲座。然后小组的所有成员都用绿色帽思考讨论，根据课堂教学中存在的问题，提出富有创造性的问题解决方案：对于整个活动的思路及存在的问题，你有哪些好的建议？根据以上内容的梳理，最后我们可以戴上蓝色帽来思考新方案的可行性，也就是下次活动整改的具体方案呈现。

# MODULE

## 5

### 模块五

# 实践案例我来学

## 👍 实践案例 1

### 小班社会活动"口罩后的笑脸"

杭州市西湖区百家园路幼儿园　周黛杰

微视频：口罩后的笑脸

## 一、活动目标

发生新冠肺炎疫情后，幼儿园生活发生了变化，幼儿能积极调试情绪，适应新环境。

了解教师为迎接幼儿返园做的筹备工作，体验口罩藏不住笑容，感受不变的爱。

尝试用特别的方式表达对他人的喜欢。

## 二、活动准备

生活经验准备：幼儿返园后看到保安叔叔、医生阿姨和老师们在晨检的时候都戴上了口罩。

物质材料准备：幼儿园里老师们戴口罩的照片、工作的视频、微笑图片等。

### 三、活动过程

**（一）发现变化，表达感受**

观察入园场景照片，发现变化。

——今天，你们早上来幼儿园，看到的幼儿园是什么样子的？

表达不同的感受。

——幼儿园门口有这么多戴着口罩的人，爸爸妈妈也不能送你们进来了，你们有什么感觉？

**（二）猜猜戴口罩的你**

观察医生阿姨戴口罩的照片，感受口罩背后藏不住的笑脸。

——猜猜这是谁？你能猜出医生阿姨口罩后是什么表情吗？

——医生阿姨有很多话想对你们说，我们一起来听一听。（播放视频）

观察保育老师戴口罩的照片，了解老师们为迎接小朋友返园做的清洁工作。

——猜猜这是谁呢？大周老师的心情怎么样？

——保育老师们做了好多事情，我们一起来看一看。（播放视频）

——你们想对大周老师说什么？

观察本班老师戴口罩的照片，感受老师不变的爱。

——戴上口罩的老师，你能认出来吗？

——听听老师的心里话。

**（三）我是抗疫小达人**

想出好办法。

——我们不能像以前那样抱一抱，还可用什么方式来表达对他人的喜欢呢？

微笑的力量。

——与同伴分享快乐、传递笑容。（播放音频）

**（四）活动延伸**

教师引导幼儿继续发现"有距离的幼儿园生活"所引发的新问题。

# 小班社会活动"口罩后的笑脸"说课稿

杭州市西湖区百家园路幼儿园　周黛杰

微视频：口罩后的笑脸说课

## 一、说活动背景与价值

新冠肺炎疫情给生活带来了很大的改变，幼儿在家经历了长期的居家生活，复学后的第一周，以"抗疫小达人"为主题，"口罩后的笑脸"是该主题的第一课，也是疫情后的开学第一课，直接切入当下生活，起着"导入·启下"的作用。

### （一）关于"抗疫"的核心价值

#### 1. 调节不安情绪，感受不变的爱

重新回到幼儿园，面对"戴口罩的老师、复杂的晨检流程、需要独自入园进班"以及"变远的师幼距离"，小班幼儿可能会出现不安的情绪与不适应的情况。积极调试情绪，感受身边人始终不变的爱，愉快地适应返园后的新生活，这就是小班幼儿当下的"抗疫重心"。

#### 2. 拥抱新挑战，解决新问题

疫情的影响是当下的，也是深远的。疫情后的幼儿园生活在"交往方式、活动规则、生活秩序"等方面都发生了变化，有待幼儿去适应。在此过程中，会遇到很多新的问题，即如何应对"有距离"的新挑战，如何用自己的方式解决问题、表达情感，这是小班幼儿极具挑战的"抗疫难点"。

### （二）关于"小达人"的关键内涵

对于小班幼儿来说，"小达人"有情绪、行动、思维三个层面，具体体现在：情绪上——接纳变化、情绪稳定；行动上——积极适应、乐于尝试；思维上——主动思考、创意表达。

## 二、说目标

从认知、能力、情感三个维度，我们对本活动的目标确定如下：

第一，发生新冠肺炎疫情后幼儿园生活的新变化，幼儿能积极调试情绪，适应新环境。

第二，了解教师为迎接幼儿返园做的准备工作，体验口罩藏不住笑容，感受不变的爱。

第三，尝试用特别的方式表达对他人的喜欢。

以上三条目标，从发现变化的现象—了解变化的原因—积极适应新变化，逐层递进地推进幼儿的学习走向深入、走向生活。

### 三、说环节与过程中的教师支持

疫情，隔离距离，但不隔离爱！支持幼儿不断的、反复的、主动的靠近这些陌生，感受这些距离，设想距离下有趣的生活，进而实现心理上对距离的"突破"，体会"距离产生美"。

因此，本次活动，总共包含三大环节——

环节一：发现变化，表达感受；

环节二：猜猜戴口罩的你；

环节三：我是"抗疫小达人"。

在环节一中，教师通过观察入园场景照片，引导幼儿发现变化；鼓励幼儿表达不同的感受；在聆听中，充分接纳幼儿的真实情绪。

在环节二中，首先，教师通过观察医生阿姨戴口罩的照片，感受口罩背后藏不住的笑脸，以"医生角色"传递"防疫要求"，帮助幼儿理解大家戴上口罩是为了保护自己；然后，借助保育老师的角色，用"清洁行动"传递"关怀与付出"，帮助幼儿表达感谢之情；最后，通过本班老师之"口"，用"诗意表达"传递老师"不变的爱"。

在环节三中，教师通过问题情境"我们不能像以前那样抱一抱，还可用什么方式来表达对他人的喜欢"，引发幼儿主动思考，鼓励幼儿用符号、动作、语言等不同的方式来解决问题，表达情感。教师还可以通过"传递微笑的力量"，以"音乐渲染、氛围营造"的方式，让幼儿在与同伴分享快乐、传递笑容的过程中，萌发积极的抗疫之情。

文本素材

## 实践案例 ❷

### 大班语言活动"团圆"

杭州市西湖区百家园路幼儿园　丁路璐

微视频：团圆

#### 一、活动目标

了解团团圆圆过新年的习俗，理解团圆的意义。

围绕"团圆"展开讨论，积极发言、自主表达。

感受人们对亲情和关爱的需要。

重点：围绕"团圆"展开讨论，积极发言、自主表达。

难点：感受浓浓的亲情，以及人们对亲情和关爱的需要。

#### 二、活动准备

经验准备：阅读绘本《团圆》。

物质准备：PPT 课件、视频、记录表。

#### 三、活动过程

**（一）回忆《团圆》**

绘本导入，唤起经验：

——你们还记得绘本《团圆》吗？

——你还记得绘本讲的什么内容吗？

小结：春节是我们中国人心中最重要的节日。过新年了，人人都从不同的地方回到家乡。一年之中，有很多人在远方工作，只有在过年的时候才能回到家乡和家人团圆。

**（二）我眼中的团圆**

团圆大讨论：

——（出示照片）他们在干什么？

——什么是团圆呢？

——原来这就是团圆呀！团圆的时候，他们的心情可能会是什么样子的呢？

幼儿分享介绍：

——团圆的时候我们可以做些什么呢？

小结：春节期间一家人团聚在一起，开开心心、热热闹闹地品尝美酒佳肴。家人一起包饺子、包汤圆等，其乐融融。

### （三）深入理解团圆

观看视频，发现过年时还有很多人是不能回到家乡和家人团圆的：

——有哪些人没有回家过年？为什么不能回家？

——没能回家过年的人，他们的心情是什么样的？

小结：有很多人，在过年的时候，也需要坚守在自己的工作岗位上，比如：警察叔叔，电视台的工作人员，火车、飞机的驾驶员等，他们为了服务大家，牺牲了自己和家人团圆的时间。

为那些不能回家团圆的人做件事：

——那我们可以为他们做些什么呢？

——把你想到的记录在这上面。

幼儿分享介绍：

——请说说你想为他们做的事情。

——还有补充吗？把你们不一样的想法告诉大家。

### （四）活动延伸

更深入链接幼儿的生活经验：

——老师知道还有很多的人是不能回家团圆的。回到教室我们继续说一说、谈一谈，把你们想为他们做的事记录下来，然后开始动手做起来，希望有一天他们能感受到。

针对"团圆"展开一系列延伸活动，如深入了解一些不能回家团圆的人，拓宽幼儿的视野；或者可以让幼儿为他们送去温暖。

## 大班语言活动"团圆"说课稿

杭州市西湖区百家园路幼儿园　丁路璐

微视频：团圆说课

我将从设计意图、活动目标、活动重难点、活动流程四个方面介绍大班语言活动"团圆"。

春节是我国最隆重、最热闹的传统节日，"回家过年"具有隆重的情感意味。

孩子们从回忆中、视频中、幼儿园的庆祝活动中，感受并积累了一些关于新年的已有经验。刚好，班里的幼儿分享了《团圆》的绘本，以此为契机，为幼儿提供"支架"，帮助幼儿了解团团圆圆过新年的传统习俗，以及感受浓浓的亲情，这也符合《3—6 岁儿童学习与发展指南》中对大班幼儿社会领域的发展要求。

基于此，我设计了围绕"团圆"的语言活动，以绘本、视频、多媒体课件等为支架，让幼儿通过讨论、个人表达等多种方式想说、敢说、会说，进而推动幼儿深入理解"团圆"背后的象征意义，感受人们对亲情和关爱的需要。

根据以上思考，我为本次活动确立了以下三个目标：①了解团团圆圆过新年的习俗，理解团圆的意义。②围绕"团圆"展开讨论，积极发言、自主表达。③感受人们对亲情和关爱的需要。

本活动的重难点分析如下：大班幼儿对"团圆"有了初步的认识，但是对于"团圆"的一些形式意义等的经验还比较欠缺，因此，围绕"团圆"展开讨论，积极发言、自主表达是本次活动的重点。根据幼儿的思维特点和理解能力，我将感受浓浓的亲情，以及人们对亲情和关爱的需要作为本次活动的难点。

为突破活动的重难点，我主要采用了以下教学策略：①多通道感受助表达。在整个活动中，我采用了视、听、讲结合的方式，多通道感受，来帮助幼儿理解团圆以及表达对团圆的理解，激发幼儿参与活动的积极性，从而很好地突破本次活动的重点。②媒体支架助有效学习。在活动中，我借助多媒体手段从"理解—感受—体验"三大块，由浅入深，从理解到感受。首先是关于团圆的已有经验的 PPT，欣赏照片，回顾总结经验；随后是播放视频"不能回家团圆的人"，助推幼儿经验的升华；最后是幼儿在已有经验与新经验之间建立有机联系，让幼儿在互动式、开放式、直观式的教育活动中，自主地、能动地、创造性地学习，让幼儿真正理解，突破活动的难点。

整个活动分为以下三个环节：①绘本导入，唤起幼儿已有经验，感受团圆。此环节通过回忆绘本的方式，与幼儿一起回顾关于绘本中的内容，唤起幼儿已有的经验，感受团圆。②初次感受，讨论团圆分享经验，理解团圆。在这个活动环节中，教师是引导者、支持者，通过照片，以情境化的方式回顾幼儿的生活，分享自己对于团圆的经验，理解团圆，如和家人一起吃团圆饭、一起拜年、一起游玩等。通过层层递进追问的方式，给幼儿提供表达的机会，让幼儿在积极对答的互动中，理解团圆，突破重点，顺利过渡到下一环节。③拓展延伸，深入感知团圆经验，升华团圆。此环节，教师抛出了拓展问题，深入幼儿的已有经验，播放课件分享不能回家过年团圆的人，了解我们生活中一些牺牲和家人团圆的时间，服务、保护大家的人，引发幼儿的共鸣。教师借助升华的经验，让幼儿利用自己的能力为这些人做一些事情，感受人们对亲情和关爱的需要。

👍 **实践案例 ❸**

## 大班美术活动"超级过山车"

宁波市鄞州区江东中心幼儿园　陈夏

微视频：超级过山车

### 一、活动目标

感受纸的特性，体验用纸条做"过山车"的造型美。

尝试用纸条大胆卷曲、绕转、重叠组合、添画等方式进行过山车的创作。

### 二、活动准备（以 20 名幼儿的数量做准备）

教师材料：PPT、操作音乐、20 张卡纸纸条。

幼儿材料：彩色纸条（长 4 条，短 4 条）人手一份、黑色 A3 KT 板人手一份、白色超轻黏土（4 大盒）、水彩笔一组一盒、方块白纸若干、彩色卡纸小座位若干、黑色安全带若干。

### 三、活动过程

**（一）谈话导入，引出过山车**

提问：去过游乐园吗？（去过）你最喜欢玩什么？（旋转木马、海盗船……）

出示图片：过山车。

师：橙子老师也很喜欢去游乐园，瞧！我最喜欢玩的是……

你们喜欢吗？那我们今天一起来试一试玩过山车怎么样？

视频体验：玩过山车。

提问：要开始了，你们坐稳了吗？出发之前还要系上什么才安全呢？（安全带）

教师和幼儿一起假装咔嚓系好安全带，玩模拟过山车，做尖叫、摇晃等夸张的动作。

提问：什么感觉？（刺激，惊险）为什么会有这样的感觉？（高、很陡峭）

小结：（你说的是很高的过山车轨道吧！）是啊，过山车变化的陡峭的轨道会给我们带来很刺激的感觉。

**（二）观察图片，感知造型之美**

PPT 出示过山车轨道图片 4 张。

提问：瞧！这就是你们说的过山车的轨道，谁来说说过山车的轨道长什么样子？你说的是哪个轨道呢？

图一：这是斜坡轨道，一头高一头低肯定很刺激。

图二：这个轨道像什么？只有一个圆圈吗？原来是三个圆圈组合在一起。

图三：（眼镜一样）我懂了，三号轨道是像眼镜一样连在一起的。

图四：这个轨道有什么不一样吗？哦，这是斜坡轨道和圆形轨道交织在一起。

小结：原来过山车的轨道是各种各样的形状组合在一起的，有些造型还是叠加在一起的，怪不得在上面玩会那么惊险刺激。

**（三）玩转纸条，变出过山车造型**

环节准备：人手一张短的纸条提前放置在椅子下面，教师纸条一张。

提问：你们想不想来变过山车玩呢？

教师出示纸条，请个别幼儿尝试玩纸条变出过山车造型。

提问：这里有一些纸条，等会请大家来玩一玩变变变的游戏，看谁能用纸条变出好玩的轨道造型。

幼儿共同玩纸条游戏：变变变，变变变，变出超级过山车。

提问：你变出的是什么形状的轨道？（弯一弯，变圆形；绕一绕，变螺旋形）

小结：大班的孩子，都很有想象力，能变出各种造型的轨道。

**（四）纸条组合，创意制作**

1. 介绍操作材料

准备：轻音乐、白色KT板、记号笔、纸条若干（用箩筐装起来）、白色超轻黏土一组一份、白纸及安全带纸若干。

师：接下来就要正式建造超级过山车啦。我们一起来看看今天要用到的材料，有很多的纸条、底板，这是什么（超轻黏土），想一想，怎么样可以用超轻黏土把轨道固定在底板上？

2. 幼儿尝试制作，教师个别指导

重点关注：将过山车折起来的幼儿；（想一想，你见过的过山车是折起来的，还是有弧度的？）将过山车连得很长的幼儿。（这么长会不会固定有点难，怎么样可以让它更牢固？）

3. 过程中评价，分享交流

提问1：已经有小朋友做出过山车组合了，你们看，造型都不一样，还都连在一起呢！

提问2：已经做好的小朋友你们想请谁来坐你的过山车呢？橙子老师这里有一些小座位和白纸，你想把谁画下来剪好贴上去，记得系上安全带再出发哦！

4. 作品连接，评价分享

师：小朋友们，我们把做好的过山车给后面的客人（听课者）看一看吧。

师：来吧，我们把过山车连在一起，变出更长、更大的过山车吧。大家赶快来哦！

师：请客人帮个忙，把我们连起来的超级过山车拍个照吧。

# 大班美术活动"超级过山车"说课稿

宁波市鄞州区江东中心幼儿园　陈夏

微视频：超级过山车说课

## 一、活动内容

游乐园是每个幼儿都喜欢的场所，幼儿对过山车也都有一定的经验，知道过山车是惊险刺激、充满乐趣的。过山车轨道陡峭、多变的造型更是大班幼儿艺术创作的绝佳素材。因此，本次活动围绕"超级过山车"这一活动内容，让幼儿通过纸条的卷曲、绕转、重叠组合、添画等方式进行创作，设计出独一无二的轨道造型，并通过情境化的方式让幼儿在玩中创意，在创作中体验艺术游戏的乐趣。"你想带谁坐过山车"的问题又进一步引发了幼儿创作的乐趣，幼儿通过动手折叠、想象绘画等多种形式进行深度创作，最终完成一幅能连起来的超级过山车轨道大作，达到活动的高潮。

## 二、活动目标

1. 感受纸的特性，体验用纸条造过山车的艺术美。（重点）

2. 尝试用纸条大胆卷曲、绕转、重叠组合、添画等方式进行过山车的创作。（难点）

说重难点解决策略：通过玩游戏"纸条变变变"，一方面可以让大班幼儿在玩的过程中进一步感知纸条的特性，另一方面通过游戏让幼儿初步体验用纸条做出过山车轨道造型的乐趣。这是本次活动的重点解决策略。而本次活动的难点在于用更多的纸条，如卷曲、绕转、重叠组合等策略进行过山车的艺术创作，并借助过山车的座位游戏增加艺术创作的趣味性和情境性。

## 三、活动准备

略。

### 四、活动过程

第一环节谈话导入，引出过山车。此环节主要是通过谈话、图片等方式引出话题，引起幼儿对过山车的兴趣，通过VR的现场体验，进一步激发幼儿的视觉和感官冲击，体验过山车轨道的刺激与陡峭。重点提问幼儿："去过游乐园吗？你最喜欢玩什么？那今天我们一起来试一试玩过山车怎么样？（体验后）什么感觉？为什么会有这样的感觉？"此环节以"过山车变化多样的轨道会给我们带来刺激的感觉"作为小结语。

第二环节感知图片，感知造型之美。此环节主要是通过图片讨论、感知各种过山车轨道的造型变化和造型之美。重点提问："这个轨道像什么？只有一个圆圈吗？这个轨道有什么不一样吗？"通过同伴经验的共享，进一步丰富过山车轨道是由多种图形组合连接而成的经验。本环节以"原来过山车的轨道是各种各样的形状组合连在一起的，有些造型还是叠加在一起的，怪不得在上面玩那么刺激惊险"为小结语。

第三环节玩转纸条，创作过山车的多种造型。此环节主要是通过提供玩纸条的游戏，引发幼儿对纸条变轨道造型的兴趣，通过游戏的方式为下一个环节的创意组合做铺垫。这一环节中，借助"变变变，变变变，变出超级过山车"的儿歌，重点提问"你变出的是什么形状的轨道？"，重点鼓励和表扬能变出各种造型轨道的孩子。

第四环节纸条组合，创意制作。这是本次活动的高潮环节，也是幼儿自主创意、百变造型的环节，是重难点突破的环节，该环节主要通过幼儿的自主创作、教师的个别化引导来激发幼儿的无限创意，最后通过一个游戏"坐过山车"的情景来查验幼儿的过山车轨道是否能"一气呵成"，最后通过幼儿设计添画人物形象，使创作更具有情景性和游戏性。

### 五、活动反思

这是一个大班美术活动"超级过山车"，幼儿通过深入玩纸感受纸的特性，体验用纸条制作过山车的艺术美。此外，幼儿尝试用纸条大胆卷曲、绕转、重叠组合、添画等多种方式去体验过山车的创作乐趣。活动从幼儿感兴趣的话题"游乐园"引入主题，通过简单的对话调动大班幼儿的相关经验和兴趣，再通过一段VR视频让幼儿身临其境般体验了一场坐过山车的刺激，让幼儿对于过山车的兴趣达到了顶点，随后，通过四幅典型的过山车轨道图片，让幼儿对轨道的不同造型有一个初步的概念，通过对不同造型的观察和讲述，引发幼儿对建造过山车轨道的兴趣，为了让幼儿能循序渐进地进行轨道制作，通过变变变的"纸条游戏"，进一步调动起幼儿的创作兴趣，也为后续的创意制作环节奠定基础。前面虽然有一系列的观察、交流和体验环节，但是由于环节设计的有序推进，大班的孩子始终兴致勃勃，积极投入活动。

此外，在创作的过程中，教师一方面通过个别观察互动交流了解幼儿的创作意图，另一方面也非常关注艺术与科学、生活的衔接，通过"轨道是否能一玩到底？"这样的提问引发幼儿感知过山车的轨道是一条到底的科学经验，同时，通过提供一些小座位和纸笔的方式，让幼儿可以进行人物的添画，也为整个艺术作品添加新的乐趣。

总之，艺术源于生活，与生活息息相关，让大班的幼儿结合生活经验进行创作表达是开展艺术活动所孜孜以求的目的，因此，我们一直在努力探索如何让艺术回归幼儿的生活，让幼儿学会用艺术真正地表达自己，表现生活。

## 实践案例 ❹

## 大班社会活动"勇气"

宁波市鄞州区江东中心幼儿园　李莹

微视频：勇气

### 一、活动目标

感悟生活中形形色色的勇气，能够正视自己，发现自己所拥有的勇气。

结合生活经验，积极表达对勇气的理解，能用身边的例子道出勇气的含义。

勇于接受挑战，体验付出勇气后的成功和快乐。

### 二、活动准备

活动材料：绘本《勇气》、课件、音乐、音频、记录纸、笔、小房子道具；

活动场地创设：软垫、桌子、椅子等。

### 三、活动过程

**（一）文字导入　认识勇气**

（出示汉字"勇气"）

提问：你们认识这两个字吗？请你大声读出来。

小结：如果你能大声读出这两个字，或者你能跟着同伴学习新的字，说明你们都是有勇气的孩子。

师：什么是勇气？在什么时候需要勇气？

（幼儿自由阐述）

师：在你们心中谁是最有勇气的人？为什么？

小结：勇气似乎就在我们身边，你有勇气，他也有勇气，但勇气似乎看不见也摸不着，勇气其实挺奇妙的。李老师的几位朋友，也想说说他们关于勇气的故事，我们一起来听一听，看一看。

**（二）阅读绘本　理解勇气**

（幼儿观察图片，教师利用问题引导，发现勇气的内涵。三张图片由幼儿任选进行分享。）

师：这里有三张照片，你们想先听听谁的故事？（点击 PPT）

（图 1 勇气是当你看到花儿很美却能控制住自己不去摘它。）

师：你来猜一猜，小姑娘在花园里可能做了什么有勇气的事情呢？（播放音频并给予反馈）

小结：有的时候，勇气是学会控制。

师：找一找，还有哪些事情也是需要我们有勇气才能解决的？

（图2 勇气是和新朋友主动打招呼。）

师：这件事哪里体现出他的勇气？（播放音频并给予反馈）

师：后面有许多客人（听课者），都是我们的新朋友，谁能主动去和他们打招呼呢？（邀请个别幼儿尝试）

小结：有的时候，勇气就是主动出击。

师：你有没有主动去做过什么事情，让你觉得自己很有勇气？

（图3 勇气是面对高山，我一次次停歇下来，还能坚持攀登。）

师：你们爬过山吗？你在爬山时有没有遇到什么困难？你是怎么做的？（播放音频并给予反馈）

师：失败了没关系，从头开始再次尝试，有时候勇气是坚持到底。

小结：勇气是勇敢向前，勇气是控制自我，勇气是主动出击，勇气是坚持到底，原来勇气一直都在我们身边。

**（三）迁移经验 分享勇气**

师：看了小伙伴的分享，我想问问你是一个有勇气的人吗？你做过什么有勇气的事情呢？

提出要求：请你用文字或图画将你的勇气记录在纸上，再想一想你拥有了哪种勇气，把它贴在对应的勇气小屋里。如果你拥有不一样的勇气，那是非常值得赞赏的，请你贴在最后一座房子上。

幼儿操作，教师观察。（播放音乐，准备三张桌子，每桌五人）

师：一起看看在我们班里哪种勇气最多？哪种勇气比较少？请你来分享一下你的勇气。

（幼儿讲述，教师回应，提高幼儿拥有勇气的自信。）

小结：其实，我们每个人身上都有不同的勇气，勇气越多，就让我们收获越多，能让我们成长为自己喜欢的样子。

师：你有没有什么关于"勇气"的问题想问老师？你的勇气从哪里来？

**（四）回归游戏 体验勇气**

师：说了这么多，让我们动一动，做个需要勇气的游戏吧，谁想来试一试？

教师介绍游戏规则：一个幼儿站在桌子上，背对大家，还有一些幼儿一起张开布站在桌子的边上，上面的孩子不能转身，直接向后倒，拿布的孩子要接住。

师：哪位小勇士想来试一试？

游戏前提问：你能第一个主动出来尝试，说明你很有勇气，你现在的感觉怎样？（引导其他幼儿为他加油）

师：听到大家对你说的鼓励的话，你现在感觉怎么样？

游戏的前提要求：拿布的孩子们，这个游戏只许成功，不许失败，我们怎样才能保证小朋友的安全？

（大家齐心协力，坚持不放手，这样的坚持与合作就是你们的勇气。）

师：准备好了吗？见证我们勇敢的时刻就要到了，现在开始倒数54321。

总结：孩子们，原来勇气还是朋友间的相互支持和鼓励。

**（五）结束离场（安静，音乐起）**

师：今天，我们和勇气交了朋友，勇气就在我们身边，勇气需要我们去发现，当你身上的小勇气慢慢变多变大时，你就会发现勇气真正的魔力，你就会成为一个勇敢的人。

## 大班社会活动"勇气"说课稿

宁波市鄞州区江东中心幼儿园　李莹

微视频：勇气说课

### 一、说活动内容

绘本《勇气》，全书就像一首散文诗，语言优美、朗朗上口，画面鲜活、风趣幽默，作者采撷生活中小小的片断，用优美的语言和活泼的画面，教幼儿用勇气面对未知的下一刻：勇气是骑自行车不装辅助轮，是留下一根棒棒糖明天享用，是向陌生人问好，是敢尝不喜欢的蔬菜……

《勇气》用看似散淡的叙述、简单的语言，甚至在幼儿眼里都是些不起眼的小事情，却深刻地揭示着生活的真谛：每天面对蜂拥而来的视听信息和多如牛毛的琐碎烦恼，活着真是一件不容易的事情，是一件需要勇气的事情。这样说来，生命好像过于沉重了些，其实不然，这本书真正要揭示的是生活的美好，如诗一样的生活，每天都有惊奇，都有出其不意的或意料之中的喜乐，是一种诗意面对生活的态度，雅致、绵长。

在日常的生活中，我们常常会发现大班的幼儿遇事缺乏勇气，缺少勇敢挑战的自信，缺少主动尝试解决问题的能力，缺少自我控制的能力，缺少坚持完成任务的决心。幼儿在发展过程中的问题也就成了我们教学的关键点。今天的活动，我们利用了《勇气》这本内涵丰富的绘本，通过画面的选择和润色，让幼儿感知"勇气"的多样性，正视自身存在的勇气，并能用行动展示对"勇气"的理解。

## 二、说活动目标

感悟生活中形形色色的勇气，能够正视自己，发现自己拥有的勇气。

结合生活经验，积极表达自己对勇气的理解，能用身边的例子道出勇气的含义。

勇于接受挑战，体验付出勇气后的成功和快乐。

## 三、说活动重难点解决策略

活动重点：感悟生活中形形色色的勇气，能够正视自己的不足，发现自己所拥有的勇气，积极表达自己对勇气的理解。

活动难点：在理解勇气的基础上，勇于付诸实践，体验付出勇气后的成功和快乐。

我们借助绘本《勇气》，对绘本中繁多的画面进行选择，并进行再加工，选择适宜于幼儿理解的不同类型的"勇气"，并利用"信"的形式帮助幼儿理解画面内容，由他及己，检视自己的内心，感悟不同的勇气，从而突破活动的重点。与此同时，我们利用大班幼儿最为喜欢的游戏的形式，来检验幼儿对于勇气的理解，达到知行合一、突破难点的教学目标。

## 四、说活动准备

教具准备：绘本《勇气》（内容选择，画面调整）、课件、音乐、音频（三封信）；

学具准备：记录纸、笔、小房子道具（布置展示版面）；

活动场地创设：软垫、桌子、厚毯子、椅子等。

## 五、说活动过程

本次活动通过"文字导入　认识勇气—阅读绘本　理解勇气—迁移经验　分享勇气—回归游戏　体验勇气"四个环节层层递进，让幼儿从社会认知—社会情感—社会行为逐步发生改变，达到本次活动的目标。

环节一：文字导入　认识勇气。在引入环节中，我们主要通过谈话的形式引发幼儿对于"勇气"的讨论。三个层次的问题提出，"什么是勇气？""在什么时候需要勇气？""在你心中谁是最有勇气的人？为什么？"让幼儿大胆地阐述表达，也让教师对于幼儿的已有经验有所了解。最后通过教师的有效小结，让幼儿理解"勇气"虽随处可见，但又与众不同，基本解决了"勇气"的第一种表现形态——

"勇敢向前"。

环节二：**阅读绘本　理解勇气**。本环节是活动的重点，在这个环节中，我们主要利用了绘本《勇气》，选择了其中三幅比较有代表性的画面：花儿好看我不摘、结交新朋友和坚持登山，并对画面进行了艺术加工，便于幼儿理解画面中的细节。幼儿观察图片，教师利用问题引导，讨论发现"勇气"三个层次的内涵：控制自我、主动出击、坚持到底，并初步联系到自己的生活，幼儿关于"勇气"的社会认知得到了提升。

环节三：**迁移经验　分享勇气**。在社会认知提升之后，本环节将幼儿的经验进行迁移，引入生活，说说在生活中做过什么有勇气的事情，并利用文字或图画将勇气记录在纸上，和同伴进行分享。这里，我们更多的是关注幼儿社会情感的激发，给予幼儿肯定和鼓励，提高幼儿的自信心。

环节四：**回归游戏　体验勇气**。本环节是本次活动的难点突破，我们利用幼儿最为喜欢的游戏形式，让幼儿对"勇气"进行挑战，实现认知—情感—行为的转变。一块毯子，一个背摔游戏，教师利用问题层层深入，挖掘游戏的内涵——勇气不仅来源于内心，也来源于同伴间的支持和鼓励，至此，让幼儿的整个经验形成一个闭环，再次从自我走向群体社会。

## 六、说活动反思

这是一节大班的社会活动课，通过简单的画面、问题的引发、幼儿的讨论、表征和游戏，来引发幼儿对于"勇气"内涵的思考和挖掘。

活动选择的主题内容适宜于大班幼儿的社会性发展需求，围绕着"自我意识"这一核心经验展开，将抽象的意识形态上的事物立足于具体的生活情境中。

活动巧妙地利用绘本中的几幅画面，引发幼儿对于"勇气"内涵的思考，从幼儿的经验入手，并对经验进行了一定的梳理和拓展。

活动中采用了多种学习方式，谈话、绘本导入、小组讨论、体验等，给幼儿的学习搭建了一定的支架，让幼儿有了去感知、去探索的机会。

教师在教学活动的最后环节，给予幼儿更多的表达机会，并能根据幼儿的表达以小结的方式加以提升，将预设与现场相融合。

当然，在社会活动中，需要有矛盾冲突点，在提供绘本中三幅画面的时候，可以引发幼儿在认知上的矛盾冲突，让有不同意见的幼儿相互辩驳，从而更深刻地让幼儿理解"勇气"的内涵。

👍 **实践案例 ❺**

## 大班社会活动"我爱夏天"

宁波市鄞州区江东中心幼儿园 王巧萍

微视频：我爱夏天

### 一、活动目标

知道夏天的主要特征，并能在集体面前大胆说出自己喜欢（或不喜欢）夏天的理由。

能用悦纳的心态对待周边喜欢（或不喜欢）的事物，知道办法总比困难多。

活动重点：能够在集体面前大胆说出自己对夏天的喜欢（或不喜欢），有自己的想法。

活动难点：尝试用悦纳的心态看待周围事物，愿意解决困难。

### 二、活动准备

经验准备：幼儿对夏天的印象。

材料准备：卡纸、图片、书籍、视频等。

### 三、活动过程

**（一）发现夏天，知道夏天已经来到**

师：今天，我们来聊聊关于季节的话题，你们知道现在是什么季节吗？

你是怎么知道夏天来了？（如穿短袖、吃冰激凌、开空调等）

小结：你们真厉害，能够通过眼睛、耳朵、嘴巴，这么多方式发现夏天来了。

**（二）聊聊夏天，能大胆表达喜欢（或不喜欢）夏天的理由**

说说夏天可以做什么。

师：夏天来了，你最想吃些什么，玩些什么呢？

夏天真好玩，那么你们喜欢夏天吗？真的都喜欢吗？

选择喜欢（或不喜欢），并说说理由。

师：有人喜欢夏天，也有人不喜欢夏天，请你们把自己对夏天的看法贴到上面。

你为什么喜欢夏天？你又为什么不喜欢夏天呢？

那么不喜欢夏天的小朋友，我想听听你们的想法。

小结：每一样事物，肯定有人喜欢，也有人不喜欢，谢谢你们做出的选择。

## （三）解决问题，知道办法总比困难多

播放视频：夏天的太阳太厉害，会把我晒黑的。夏天的蚊子嗡嗡嗡，把我身上咬得都是包。夏天天气炎热，满身是汗，我的人都臭烘烘了。夏天的天气变化快，早上还是大晴天，放学的时候雷雨阵阵，把我淋成了落汤鸡……洋洋说：要是夏天不来，该多好呀。

师：洋洋为什么不喜欢夏天？

有那么多孩子不喜欢夏天，它可以不来吗？

你有什么办法，能够帮助洋洋解决那些烦恼呢？

我们分成四组，四个人一组，音乐停了，我们回到位置上：

第一组：怎样做不会被晒黑？（采访）

第二组：防蚊小妙招。（经验）

第三组：凉爽过夏天。（看书）

第四组：防雷防雨。（电脑）

选择性地请两组小朋友上来介绍。

你们是从哪里得到了这么多防雷本领的？

小结：我说过办法总比困难多，谢谢你们想出这么多的办法。

## （四）说说转变，尝试用悦纳的态度适应不喜欢的事物

我们来听听洋洋是怎么说的？他现在喜欢夏天了吗？

那么，刚才跟洋洋一样也不喜欢夏天的小朋友，你有没有一点点喜欢上夏天呢？

小结：其实不单单是夏天，以后还会有很多东西是我们不喜欢的，但是它又不可避免，我们也要像今天一样，多想办法解决它。

# 我爱夏天
## ——以大班"夏天来了"主题审议为例

宁波市鄞州区江东中心幼儿园　王巧萍

微视频：我爱夏天说课

著名教育家陈鹤琴说过：大自然、大社会都是活教材。"夏天来了"主题活动，就是基于幼儿的生活经验，在幼儿所处的当下——夏天，开展的活动。源于幼儿经验，梳理已有经验，生发新经验，最终促进幼儿发展，这不就是幼儿教育的价值所在吗？"夏天来了"，既有"抬头可见的炎日、耳边可闻的蝉鸣、摇一把大蒲

扇、品一口冰西瓜"等已有经验，又有"夏天怎么防暑、夏天好不好"等未知经验。在这个过程中，我们似乎对课程有了更多的思考，心中关于"夏天"的思量也逐渐明晰。

### 一、内容贴合，读懂幼儿

社会性是指适应社会的能力。幼儿社会教育是以发展幼儿的社会性为目标，以增进幼儿的社会认知，激发幼儿的社会情感，引导幼儿的社会行为为主要内容的教育。

"夏天来了"主题活动，蕴含幼儿各领域发展的教育价值，幼儿可以在这个主题中了解夏天特有的动植物以及天气现象，知道夏天的一些生活常识，感受夏天的美好与快乐。

对于"夏天"浅表及外在的感受：味觉上是对各种冷饮和水果的经验，视觉上则是人们穿着变化的经验，行动上则是玩水的经验。

对于"夏天"还能生发的经验：对于夏天辩证的看法，如何愉快度过夏天等。

基于幼儿的原有经验，以及通过主题开展，可能带给幼儿更加多元的"夏天来了"的感受。

社会活动"我爱夏天"，就是从情感入手，让幼儿从不喜欢夏天到喜欢夏天的情感转变，融入了悦纳态度的培养。在情感转变的过程中，让幼儿能够辩证地看待世界，悦纳周围的环境，愿意用积极的情感去解决问题。

### 二、目标可控，基于幼儿

幼儿能力的养成不是一个教学活动能够一蹴而就的，而是应该以发展的眼光来看待。教什么？教给谁？教给幼儿一种学习的态度和能力。怎么教？探寻适合幼儿学习的方式，提供支持性的学习支架，让幼儿以一种积极、乐观、向上的正能量，去辩证看待客观事物。因此，我制定了两条教学目标：

目标1：说说夏天的发现，并能在集体面前大胆说出喜欢（或不喜欢）夏天的理由。

目标2 能用悦纳的心态对待周边喜欢（或不喜欢）的事物，知道办法总比困难多。

### 三、策略多元，支持幼儿

我们确定了本次活动"教什么""教给谁"，接下去审的是教师"怎么教"，利用了何种有效策略，这成为本次课程审议中最为重要的一个环节。我将用"引""选""剖""转"四个策略，来达成重点、难点突破。

### （一）"引"——谈话引题，发现夏天

认同幼儿对夏天的认识，让每个幼儿都能从自我的角度来说一说夏天，教师要引导幼儿多感官地去发现夏天来了。

### （二）"选"——真实选择，聊聊夏天

大班幼儿一般都会以直观的选择方式呈现，可以有语言、动作、表征等方式。活动中，我们支持幼儿以表征的方式，选择喜欢（或不喜欢）夏天，并且能够在集体面前，大胆说出自己的理由。表征也是幼儿内在思维的外显过程，能够帮助教师更好地了解幼儿的经验及认知程度。

### （三）"剖"——剖析原因，解决问题

同伴洋洋的视频出现，一来让选择不喜欢夏天的幼儿得到了情感上的认同，二来为接下去突破难点，埋下伏笔。活动中提出了四个问题："出汗""防晒""防蚊""防雷电"。这四个问题中，既有幼儿原有的"出汗""防蚊"等经验，又有"防晒""防雷电"等新的经验，让幼儿合作解决，力求解决问题的方式更加多元，拓宽幼儿的学习方式。

### （四）"转"——转变想法，接纳夏天

在解决完这四个问题后，教师再给幼儿一次选择的机会，这个时候，有的幼儿对夏天的情感可能会从不喜欢转变为喜欢，教师要善于鼓励和肯定这种转变；也会有幼儿还是坚持自己原有想法（不喜欢夏天），教师也要给予尊重。其实"转"不是一定要让幼儿的选择"转"，而是想让幼儿的思维"转"，能够更加辩证地看待自己喜欢（或不喜欢）的事物，有一颗悦纳的心。

## 四、创新适宜，关注幼儿

### （一）思辨，关注幼儿真学习

夏天到底是好或是不好？又或是两面的？值得幼儿去讨论，思辨的核心在于对话，不是口头上的对话，而是头脑运动，让幼儿时刻思考自己喜欢（或不喜欢）夏天的观点，并为自己找到理由，也要学会对同伴的观点进行判断。批判性的思维模式是幼儿日后学习的重要方式。

### （二）悦纳，关注幼儿真情感

夏天，其实是一个充满争议的季节，有幼儿喜欢，因为夏天可以吃冰激凌、可以玩水；同样也会有幼儿不喜欢，因为夏天蚊子多、天气热。幼儿喜欢或者不喜欢的理由，都是直观地从自我爱好、需要入手，但是再怎么不喜欢，夏天终究会来临，再怎么喜欢，夏天终究留不住。因此，教师要引导幼儿以悦纳的态度对待不喜欢的事物，对幼儿的成长而言，显得尤为重要。

### （三）成长，关注幼儿真能力

大班幼儿对于帮助同伴会表现出极大的兴趣，因为在帮助的过程中，他们会被认可，有存在感。以帮助洋洋解决问题为抓手，调动幼儿解决问题的积极性，以组为单位合作解决问题，在幼儿解决的基础上，教师可提供书籍、平板电脑、采访话筒等支持性支架，获取更多解决问题的途径。幼儿在帮助同伴解决问题的同时，也是自我喜欢夏天的又一次情感激发，就是在这样的周而复始中，培养其真正解决问题、正确看待事物的能力。

## 实践案例 ❻

# 大班科学活动"白天和黑夜"

宁波市北仑区中心幼儿园　谢莲芬

微视频：白天和黑夜

## 一、活动目标

喜欢科学探究活动，能通过图片、图书、网络、采访、实验等多种方式进行科学探究活动，并能大胆表述探究的发现。

了解白天与黑夜的形成和交替，发现大自然的美。

## 二、活动准备

教具：活动课件、书籍若干、图片若干、iPad 4 个、问题板、记录表。

学具：记录表、笔、夹板。

## 三、活动过程

**（一）视频引入"白天与黑夜"**

（观看白天与黑夜的视频）

教师提问：视频中是什么时候？它是什么样子的？（你看到了什么？）

教师追问：给你什么样的感觉？

教师小结：白天是明亮的、热闹的；黑夜是黑暗的、宁静的。

**（二）主题讨论与问题收集**

1. 回顾原有经验

教师引导语：关于白天和黑夜你还知道些什么？

除了动物（植物、人类……）你还知道些什么？

2. 问题收集

教师引导语：关于白天和黑夜你有什么问题？

3. 呈现"问题网络图"

**（三）多种途径探究"白天与黑夜"**

教师引导语：那怎么样才能解决这些问题？你有什么好办法？

1. 分组探究

根据幼儿的回答，教师梳理出 6 种探究方法，即通过图片、书籍、网络、询问、实验、实地考察，寻找关于白天与黑夜的知识。

（询问组戴上勋章先行，其他组自由选择。）

2. 介绍操作材料与记录表

教师提问：你能看懂这张记录表吗？

（左边一栏画上你用的探究方法，右边一栏画上你的探究发现。）

3. 分享探究的发现

教师引导语：你用什么方法，找到了哪些信息？

教师小结：我们用看图片、查阅图书、上网搜索和询问这些探究方法找到了这么多关于白天和黑夜的秘密。其实，我们也可以用这些方法去解决其他问题呢！

**（四）感受白天与黑夜交替时的瞬间美（探究方法应用——视频欣赏"朝阳"）**

1. 引出问题

教师引导语：老师也有一个关于白天和黑夜的疑问，白天和黑夜能见面吗？你们觉得可以用什么办法解决这个问题？

2. 集体欣赏日月交替的美

教师引导语：我在网上找到了视频，让我们一起来看一看！

3. 表达日夜交替的美

教师提问语：它们见面了吗？它们见面的时候是怎么样的？

教师小结：尽管白天和黑夜见面的时间特别短暂，但是它们擦肩而过的美也是绚丽多彩的。这些方法真是太有用了，又解决了一个问题！

4. 活动延伸

大家带着问题，用今天学到的探究方法回教室继续去探究吧！

## 既懂白天美也懂夜的黑

### ——大班主题"白天和黑夜"审议之旅

宁波市北仑区中心幼儿园　谢莲芬

微视频：白天和黑夜说课

白天和黑夜是孩子们非常熟悉的自然现象，它们的关系也就是太阳、月亮、地球的关系。孩子们喜欢白天，在白天他们可以看到灿烂的太阳，欣赏多变的云朵，也可以快乐地游戏。孩子们也喜欢黑夜，在黑夜他们可以探索月亮的变化，细数天上的星星，还可以做一个甜甜的梦。对这个昼夜交替的世界，孩子们有着太多的好奇和疑问：为什么会有白天和黑夜？为什么白天有太阳？夜晚有月亮？白天和黑夜是怎么交替的呢？有什么不一样呢？这些问题时常在孩子们的脑海里闪现，他们渴望了解白天和黑夜的奥秘。那么，就让我们和孩子们一起走进白天和黑夜，去体验和探究它们的秘密吧！

## 一、审主题——把握核心经验

### （一）主题价值分析

通过对本主题的分析，我们发现本主题的核心价值主要有以下三点：一是幼儿感知一种自然现象，知道其与我们的生活息息相关；二是幼儿关注某一自然现象，了解其与人们生活的关系；三是幼儿发展一种能力，丰富其科学认知的发展。具体而言，有以下三个价值：感知白天和黑夜是常见的自然现象，感受自然界的有趣和神秘；通过观察、比较与分析，计划、调查与记录，提升科学探究能力；调动经验，了解白天黑夜各自的特征及与人们生活的关系。

### （二）幼儿经验分析

日复一日，年复一年……轮回交替的白天与黑夜对成人来说，也许只是日子的简单重复，可在孩子们眼里却是两个截然不同的世界。白天意味着阳光、温暖、快乐、奔跑和尽情地游戏……而黑夜是什么？是寂静、孤独、恐惧，还是神秘和向往……他们对此也有一定的生活经验积累。在与幼儿的交谈中，我们发现，大班幼儿对白天黑夜的认知还是比较零散的，他们局限于白天黑夜中的天空变化或者部分事物的变化，比如太阳出来天就亮了，太阳落山天就黑了，白天很热闹，黑夜很寂静等，但是对于昼夜形成的原因、各自的美好或与它们的关系等就了解甚少或思维比较局限。

### （三）核心经验分析

通过主题价值分析我们发现，本主题主要围绕幼儿科学认知及科学探究能力发展而展开，属于科学性的主题活动。于是，我们又结合《3—6岁儿童学习与发展指南》的科学领域核心经验，对其进行了细致的分析，逐步明晰所涉及的核心经验有哪些、存在哪些知识点。

我们对小中大班幼儿关于"白天黑夜"的科学核心经验进行了梳理，如图5—1所示。

|小班幼儿|中班幼儿|大班幼儿|
|---|---|---|
|1. 认识到太阳和月亮存在于天空中<br>2. 知道太阳和月亮的位置是不断变化的<br>3. 了解太阳、月亮与白天和黑夜的关系|1. 知道太阳和月亮每天都在运动<br>2. 白天和黑夜每天都在变化<br>3. 了解月相是不断变化的（月圆、月缺）|1. 通过观察知道太阳和月亮的基本运动模式<br>2. 初步感知白天、黑夜形成的原因，知道白天、黑夜是不断交替循环的<br>3. 知道太阳提供了地球所需的光和热|

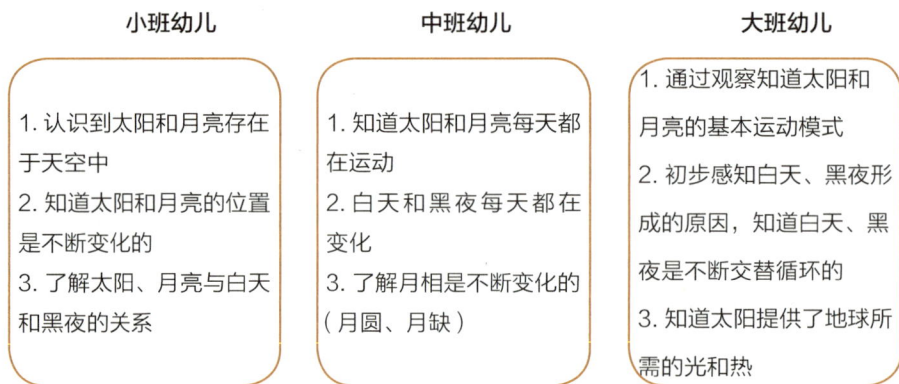

图 5-1 小中大班幼儿科学核心经验

## 二、审目标——立足幼儿的发展

立足幼儿的发展，基于他们已有的认知水平与能力，关注幼儿教学、游戏、生活中的学习与发展，分析相关核心经验之后，我们继而审议确定了"白天与黑夜"的主题目标。

（1）对白天和黑夜的现象感兴趣，进一步感知白天和黑夜的特征，并尝试用简单的符号进行记录。

（2）通过观察、比较、计划、调查等多种方式，初步探究并理解白天与黑夜变化的特点及不断交替的原因。

（3）了解白天黑夜与人们生活的联系，乐意通过多种感官进行体验与表达，感受与同伴合作交流的快乐。

（4）产生持久地探究自然现象的乐趣，初步尝试运用白天和黑夜的特点进行创造表达。

## 三、主题网络图审议——聚焦科学主题的内在网络

从主题目标中我们不难看出，本次科学探究主题内在的脉络走向：感知→探究→表达→创造。

结合这样的内在走向，我们对子主题进行了审议：

（1）有趣的白天和黑夜。

（2）白天和黑夜的秘密。

（3）重要的白天和黑夜。

（4）我和白天、黑夜做游戏。

基于各子主题的目标导向，我们形成了这样的主题网络图，在这里呈现的是教师的预设部分，在真正的课程实施当中，我们会遇到幼儿兴趣点的偏移、活动的修改、内容的延续等问题。这是主题审议中非常有趣的现象，即你可以预见幼

儿可能的走向，但是无法确认幼儿就是如此，因此主题审议是一个反复的过程。

## 四、审教案——基于幼儿需要的设计

今天的活动"兔子不喜欢黑夜"是位于主题的第一部分——感知部分。

原因：幼儿对白天和黑夜已经有了一些粗浅的、朦胧的认识，他们知道白天有太阳，黑夜有星星和月亮；白天是明亮的，可以看清楚周围的一切，黑夜是黑暗的；白天人们是忙忙碌碌的，黑夜的时候是安静的。第一层次"有趣的白天黑夜"就是运用故事、初步的资料收集、艺术作品等多种形式，帮助幼儿提取对白天黑夜的已有经验，激发幼儿对白天和黑夜的探究兴趣。而语言活动"兔子不喜欢黑夜"就是通过文学作品、谈话活动等方式帮助幼儿回忆白天和黑夜的特点，帮助幼儿导入主题。

本次语言活动指向基于幼儿谈话经验学习与发展的活动——谈话活动。谈话活动的主要目标在于帮助幼儿掌握围绕某一话题进行现场交流的技能；倾听、理解他人谈话内容的技巧；清楚地表达自己的经验或感受；不跑题、能轮流交谈等特殊技能。

大班谈话活动的关键指标有：

（1）能使用合适的语言清楚地表达自己的观点，有意识地说明自己的理由。

（2）愿意集中注意力去倾听他人观点及其表述的理由。

（3）能结合情境理解一些表示因果、假设等结构相对复杂的句子。

（4）愿意与他人讨论问题，敢在众人面前说话。

基于这样的经验思考，设定活动目标如下：

（1）初步了解故事内容，理解故事中小动物的角色情感，能够说出白天和黑夜的特点。

（2）尝试在议一议、画一画、说一说中大胆表达自己的想法，并学习用"我喜欢……因为……"的句式说一句完整的话。

（3）通过活动进一步明确白天与黑夜的各自长处，懂得白天和黑夜一样重要的道理，从而萌发幼儿接受大自然、适应自然规律的科学意识。

重点：通过故事欣赏、自由表述等方式，说出白天和黑夜的特点。

难点：学习用"我喜欢……因为……"的句式说一句完整的话。

## 五、突破策略的解读

### （一）经验回顾，激活话题

谈话活动最明显的特点就是有一个"中心话题"。中心话题的确定必须是幼儿有一定经验的，有一定新鲜感的，与幼儿近日生活的共同关注点有关。本次谈话活动是基于主题产生的，符合大班幼儿的兴趣及年龄特点。活动以"如果你给白天（黑夜）画一幅画，你会画什么"导入，帮助幼儿回顾已有的零散经验，同时激活话题，帮助幼儿明确讨论的话题。

**（二）载入故事，导出矛盾**

活动的第二部分，以"兔子不喜欢黑夜"的故事为载体，引导幼儿欣赏故事，理解故事内容，并能够理解故事中小动物们的情绪情感。通过故事的讲述，引导幼儿发现故事中的角色矛盾，激发幼儿表达的欲望。

谈话活动的目标之一是帮助幼儿学会围绕话题充分表达个人见解。本环节从倾听故事着手，理解兔子和猫头鹰的爱好——自由表述老牛和小鸟的喜好，是从对文学作品的理解到个人见解的表达的一个过渡，为下一环节做好准备。

**（三）各抒己见，深度挖掘**

在第二环节的推动下，第三环节顺势而生，实现从客体到主体的情感转移。通过"你喜欢白天还是黑夜"的提问，引导幼儿充分阐述白天和黑夜的特点。为整合幼儿的经验，教师应给予幼儿充足的时间去记录、思考、表达与分享；通过表达和倾听，进一步理解白天和黑夜的特点；通过插卡图示支架的支撑和梳理，帮助幼儿理解白天是温暖的、明亮的、热闹的；黑夜是清凉的、黑暗的、宁静的。

**（四）巧制绘本，化零为整**

活动的结尾是一个拓展、发散幼儿思维的部分。通过将幼儿零散的谈话、记录内容整理成大书，一方面延伸了幼儿对于"白天和黑夜"的谈话兴趣；另一方面让幼儿把讲过的事情记录下来，自制成书，也拉近了幼儿与图书的距离，让幼儿知道说的话可以记录下来，从中体会符号和记录的作用，而且教师可以及时指导幼儿自制图书。

## 六、活动亮点与特色

**（一）认真倾听，及时梳理**

谈话活动的另一条目标是帮助幼儿学习倾听他人的谈话。活动中，教师以身作则，耐心倾听幼儿的表述，并挖掘、提取幼儿表述中的亮点，及时运用支架加以提炼。引导幼儿感知"……喜欢……因为……"之一的句式可以表达自己的想法。在整个活动中，教师能从一而终地引导幼儿用完整的句式进行表达，帮助幼儿熟悉句式的运用。

**（二）诗化语言，双重浸染**

语言发展是在交流和运用的过程中发展起来的。本次活动中，教师对于幼儿的回应，能够较好地进行提炼和美化，让幼儿感受语言美。在小结中，借以多媒体，融合了优美的图片、音乐及散文诗，让幼儿不仅能在视觉上感受白天和黑夜的美，还能在听觉上感受语言表达的意境美，双重浸染。

### （三）多元表达，多元激趣

本次活动虽主要指向谈话活动，但教师在处理过程中，融以文学作品，有理解故事的内容，有绘本导向的延伸，引导幼儿在语言活动中，感受多元化的语言活动形式，从而对多种语言活动形式感兴趣。

### （四）关注幼儿的后续发展，为辩论活动做准备

辩论活动是非常具有挑战性的，也是谈话活动较高级的展示形式，它对幼儿的倾听能力、语言表达能力、灵活运用语言能力、分析能力、发散性思维和批判性思维能力都有较高的要求。凡事不能一蹴而就，需将辩论的技能分层次、有机融合在各种活动中。本次活动，以幼儿主动表达自己的想法和观点为难点，关注到了幼儿的后续发展，并为幼儿的辩论活动做好经验储备。

👍 **实践案例 ❼**

## 大班科学活动"有趣的小水轮"

宁波市江北区中心幼儿园　吴增光

微视频：有趣的小水轮

### 一、活动目标

观察步骤图组装小水轮，体验自制小水轮玩具的乐趣。

探索让水轮转动的方法，发现水轮转动的速度、方向与水流的关系，并大胆地用语言表达出来。

### 二、活动准备

小水轮材料人手一套、水瓶、小毛巾、记录纸、记号笔、课件。

### 三、活动过程

**（一）视频引题，发现转动**

教师播放短片："小朋友，我们一起来看一个短片，看看里面有什么？它们都在干什么？"（幼儿观看视频：风车、风力发电机、电风扇、脚踏水车——大水轮）

教师边看视频边讲解：

（1）看，这是什么？（风车）它们在干什么？（转动）是什么帮助风车转动的？（风）

小结：原来是风的力量帮助它们转动起来的。

（2）你认识它们吗？（风力发电机）这个大风轮是什么帮助它转动起来的？

小结：其实这个大风轮是靠风的力量帮助它转动起来的。

（3）它是什么？（电风扇）它是靠什么转动的？

小结：不管是吊扇还是落地扇都是电帮助它转动起来的。

（4）这是什么？（脚踏水车——大水轮）谁能用完整的话来说一说？

小结：它是靠人的力量转动起来的。

哇！它真像个大水轮，原来它是靠人的力量帮助它转动起来的。

总结：原来是各种力量的帮助才让轮子欢快地转动起来。

教师：今天我也带来了一个轮子，小朋友们先来看看这个轮子是用什么材料做的。（出示轮子实物）边指边说：这是叶片，这是轮毂，这是轴，这是固定套。

教师：我把这个轮子装在了一个桶里，变成一个好玩的轮子玩具，请你们也来做一个吧。（教师出示一套工具，包括水桶和轮子玩具）

**（二）观察图示，组装轮子**

教师：今天我带来了一张步骤图（教师点击 PPT），你们看得懂吗？有什么不明白的地方？（请个别幼儿说一说）

谁能来说一说应该怎么组装？

第一步：把所有叶片插到轮毂里面。

第二步：应该怎么做呢？用一根轴从一个洞里穿进去。

第三步：是什么呢？穿进轮毂，再穿过另外一个洞。

第四步：里面有什么？（固定套，用固定套固定好）

幼儿组装水轮，教师巡回指导：请你再仔细看一下步骤图。

教师从旁指导，幼儿坐在座位上拼装小轮子。

教师：你们拼装成功了吗？请把你的轮子玩具举起来让我看看。

**（三）实验探索，发现秘密**

教师：轮子玩具也想跟短片里的大轮子一样欢乐地转动起来，你们有什么办法吗？

幼儿：用嘴吹一吹，"用风"就能转起来，你们试试，看来这是一个风动轮；用手拨一拨，"用手拨"就能转起来，你们试试，看来这是一个手拨轮。

教师：我也有一个办法，用水能让轮子玩具转动起来。在你们的操作台旁边有水，我这里还有一个瓶子（出示瓶子），大家看看这个瓶子有什么特别的地方？想想这个洞有什么作用？等会我们用水试试能不能把它变成一只快乐的小水轮吧！

实验有如下三个要求：

（1）想办法用水把小水轮平稳地转起来，而且转动时间要长。

（2）小水轮平稳地转起来后，找一找小水轮转动的秘密，看看能找到几个秘密。

（3）玩的时候保持衣服和桌面干燥。

（幼儿探索操作，教师巡回指导。）

交流分享，回到座位：你们成功地让小水轮快乐地转起来了吗？你们是怎么做到的？

教师小结：我听明白了，水流冲在叶片上，小水轮才能转起来，水流冲在轮毂上，小水轮就转不了了。

教师：你们都是这么认为的吗？我把你们的发现记录在白板上，如果水轮是转动的就画上"√"，如果水轮不转动就画上"×"。

（原来小水轮能否转动和水流冲击的位置有关。）

教师：这是我们小朋友发现的第一个秘密，还有其他发现吗？

水流大了，小水轮转得快——

水流小了，小水轮转得慢——

（水流大了，小水轮转得快，我们可以怎么记录？请能力强的一名幼儿记录。）

教师：你们都是这样认为的吗？还有别的发现吗？

（水流冲在叶片的左边，小水轮向左转／反之，教师记录。）

小结：真的是这样吗？我们来看看，教师播放操作视频。（原来小水轮转动跟水流冲击的位置有关，小水轮转动的快慢跟水流大小有关，小水轮转动的方向跟水流的大小有关。）

**（四）拓展延伸，迁移生活**

教师：小水轮不仅好玩，它还能给我们的生活带来帮助呢！

哇，你看到了什么？（小灯泡亮了）小灯泡怎么亮的？（小水轮快速地转动，产生了很大的力量，使小灯泡亮了起来。）

农民伯伯在干什么呢？（不停地用力转动小水轮）水从低到高抽起来帮助农民伯伯灌溉庄稼。

哇，小水轮在哪儿呢？（自行车后轮上）这个小水轮有什么用呢？（它带动了水，水车就会往前走，帮助人们在水上骑自行车。）

小水轮还有很多秘密，我们一起来找一找吧！

## 大班科学活动"有趣的小水轮"说课稿

宁波市江北区中心幼儿园　吴增光

微视频：有趣的小水轮说课

我的说课内容是大班科学活动"有趣的小水轮"。首先我从内容的来源、现象和原理、幼儿年龄特点及教育价值四个方面对教材做简单分析。

"有趣的小水轮"活动来源于我园科学小实验"神奇的力"中的小游戏。在生活中，幼儿喜欢玩一些关于水轮的玩具，但是对于水轮的运动状态发生变化背后的科学原理，他们没有过多的探究。

水流冲击水轮叶片，使小水轮改变运动状态，这一现象证明小水轮的转动速度、转动方向与水流的大小所产生的冲击力和冲击位置有关。

大班幼儿好奇、好问、好探究，且初步具备观察思考能力、动手制作能力和实验操作能力，我认为有趣的小水轮游戏将带动幼儿对未知的科学现象和原理进行尝试和探索。

幼儿观察步骤图组装小水轮可以锻炼其空间思维，提升观察及操作能力，通过实验探究的过程可以培养幼儿的观察思考、分析发现等科学领域核心技能等。

结合以上思考，本次探究活动的目标可以定为：

（1）观察步骤图组装小水轮，体验自制小水轮玩具的乐趣。

【分析】幼儿科学探究能力包括观察、思考、制作、设计等能力。在活动中让幼儿观察步骤图，组装小水轮较好地诠释了幼儿科学教育的核心价值。科学活动的重点是体验成就感，感受科学的快乐，增强学习兴趣，所以这条目标作为活动的首要目标。

（2）探索让水轮转动的方法，发现水轮转动的速度、方向与水流的关系，并大胆地用语言表达出来。

【分析】这是本次活动的重难点目标。发现水轮转动的速度、方向及水流的关系，这一点对于大班幼儿来说，需要有一定的实验操作经验、观察发现能力、分析思考水平等，此目标也是幼儿获得多种核心经验的关键目标。特别是要求用语言来表达实验过程和结果，对刚进入大班不久的幼儿来说是有难度的。因为语言是显性的思维，幼儿的认知需要内化之后才能用语言表达出来。

整个活动过程包括四个流程：

视频引题，发现转动；观察图示，组装轮子；实验探索，发现秘密；拓展延伸，迁移生活。

下面我来介绍一下活动的具体流程：

（1）视频引题，发现转动。这个环节主要是播放风车转动、风力发电机转动、电扇转动、大水车转动的视频，提问是谁让它们转动起来的，与幼儿进行互动交流并小结：原来它们都是有一股力量帮助它们转动起来的。

【分析】科学教育应密切联系幼儿的实际生活，利用身边的事物与现象作为科学探索的对象。因此，我选择了身边的"轮子"，以视频的形式引题，不仅仅吸引幼儿的注意力，还让幼儿回顾已有经验，梳理轮子转动的原因，自然过渡到第二个环节引出小水轮。

（2）观察图示，组装轮子。我将本环节分成三个部分：第一部分出示轮子玩具，了解其构造。幼儿观察发现生活中常见的塑料片、木头塞子、铁丝、笔芯套等可以组装成轮子玩具。

【分析】生活中常见的材料可以组装成轮子玩具，隐性地让幼儿对生活材料产生兴趣，开展科学探究，为下一环节做好准备。

第二部分是观察图示，理解安装流程。幼儿观察分析安装图，交流组装步骤。

第三部分是幼儿组装，教师巡回指导。

【分析】组装小水轮对于大班幼儿来说基本不存在困难。在规定时间内以及轻松的音乐伴奏下，让幼儿感受自制玩具带来的乐趣。

（3）实验探索，发现秘密。我将本环节也分成三个部分：第一部分引导幼儿尝试用多种方法让轮子转动。在这个部分我的关键提问是，你能用什么办法让轮子转动起来呢？

【分析】这个提问可以唤醒幼儿的已有经验，他们可能会想出用手拨，用嘴吹，甚至用水冲等多种方法，自然过渡到用水流冲击轮子使其转动的探索环节。

第二部分是幼儿探索，发现秘密。我给每位幼儿提供了水、带有小孔的塑料瓶，并提出探索的要求：想办法用瓶中的水让小水轮平稳、长时间地转动起来，并探索小水轮转动的速度、方向与水流的关系。幼儿发现，水流只有冲击在叶片上，小水轮才能平稳、长时间转动；水流冲击力大，水轮转得快；水流冲击的方向和叶片转动的方向一致等秘密。

【分析】本环节是本次活动的重点，也是探究和发现小水轮转动秘密的关键。在这个环节中，我鼓励幼儿大胆尝试、仔细观察、积极思考并启发幼儿互相交流、分享，从而使幼儿的实验探究能力、观察发现能力、分析思考能力都得到进一步提升。

第三部分梳理表达，图示支持。教师让幼儿带着在探究过程中的发现或问题一起来交流、分享探究的结果。

【分析】这个部分我的关键提问是：你成功地让小水轮转动起来了吗？你还发现了什么秘密？我将用记录的方式呈现幼儿实验的结果，记录幼儿思维的轨迹。但对于大班的幼儿来说，记录存在一定的难度。因此，我采用个别能力强的幼儿与老师共同记录的方法来完成这一环节。科学不仅是做出来的，更需要说出来，能够促进幼儿思维的发展。只有把操作的过程及结果说出来，才能够内化为自己的经验，帮助我更清楚地了解幼儿现阶段的能力和水平，以便有针对性地开展教育活动。

（4）拓展延伸，迁移生活。这是本次活动的最后一个环节，我给幼儿观看"小水轮发电照明""小水轮抽水浇灌农田"和"水上自行车游戏"视频，让幼儿了解小水轮在生活中的应用。

【分析】科学是为思维而教，为生活而学。小水轮转动以后产生力量，在生活中的应用是对幼儿学习兴趣最好的延伸，帮助幼儿拓宽视野，激活思维，进一步体验科学技术为人们生活带来的便利。

"有趣的小水轮"这个活动选取了幼儿身边既可以接触到的又高于幼儿实际生活的事物，让幼儿在探索、尝试、发现中习得科学思维，积累生活经验，保持对生活中有趣现象的探究兴趣，让幼儿的科学探究变得更主动、更积极、更有意义。

👍 **实践案例 ❽**

## 大班科学活动"我们来造风"

宁波市江北区中心幼儿园　沈新益

微视频：我们来造风

### 一、活动目标

尝试用各种材料制造风，并能寻找方法制造大风。

积极探究，并能大胆表达自己在操作实验中的发现。

初步了解风的大小与空气流动快慢有关。

### 二、活动准备

幼儿操作材料：扇子、纸盘、泥工板、洗发水瓶子、打气筒、纸芯筒、吸管、柳树。

教师操作材料：相关视频、集体记录表、小博士贴纸。

认知基础：孩子们已探究过空气。

### 三、活动过程

**（一）诗歌引出，回顾风的已有经验**

1. 活动导入

小朋友，昨天我们讨论了风，我们都发现了……（点击课件）

风，可以听，就像树叶沙沙地唱歌；

风，可以闻，就像桂花香香的味道；

风，虽然看不见，但它可以让小草弯腰；

风，虽然摸不着，但当我们张开双手就能感觉到；

风，可真神奇呀！

2. 问号 PPT 出示

关于这么神奇的风，小朋友还提出了很多问题，有什么呀？（点击课件）看来大家都很想知道风到底是怎么来的，今天我们就来制造风，有什么办法呢？可以用身体的部位来造风。

**（二）初次探索，自选材料制造风**

介绍材料，提出操作要求：

我给大家在两边的桌子上准备了一些材料，待会请你们三个人一组用不同的材料去造风，让柳枝飘起来。好，我们一起去试一试吧。

自主选取材料，尝试造风：让柳枝飘起来。交流发现，感知风的神奇。

幼儿自主交流：刚才小朋友研究得都很认真，谁来分享你们的发现？你是用什么材料、什么方法造出了风？教师将幼儿用不同材料制造风的方法进行归类，并用贴图记录在表格中。（引导个别能力较弱的幼儿也能在集体面前大胆地表达自己的发现）

小结：你们可真会选择材料，研究出扇一扇、捏一捏、吹一吹的方法都造出了风，成功地让柳枝飘起来，真像小小科学家！

提问：这么多的材料都能造出风来，你们有什么问题吗？为什么用扇一扇、吹一吹、捏一捏的方法就能造出风呢？幼儿自由解答。

视频解答：真的跟空气流动有关吗？一起来看看小博士怎么说。

**（三）再次探索，匹配材料制造大风**

教师提出操作要求：接下来我给大家一个新挑战，你能不能造出更大的风把柳树吹倒？动脑筋想一想，我们造大风用什么材料更合适呢？请你和边上的好朋友讨论一下。

这次造大风可是有挑战的哦，请你站在红线的后面，造出大风把柳树吹倒。如果你们把这棵柳树吹倒了，我有更大的柳树让你们来挑战。好，现在大家再去试试吧。

幼儿再次探索用各种材料制造更厉害的风，并分享自己的发现。教师用记录的方法梳理出制造大风的方法。

师幼小结：刚才我们小朋友动脑筋想办法，选择了合适的材料，通过增加材料、用力、快速、合作、拉近距离等方法，使空气流动得更快，制造出更大的风，把柳树也吹倒了，原来风的大小和空气流动快慢有关。

**（四）拓展延伸，感知风的神奇**

（交流分享风的本领与危害）

今天你们成功造出了小风和大风，还有更大的风，你们知道是什么风吗？风有哪些本领和危害呢？

课件展示：感受风的神奇。

活动延伸：回家后和爸爸妈妈一起讨论台风天如何保护自己。

# 大班科学活动"我们来造风"说课稿

宁波市江北区中心幼儿园　沈新益

微视频：我们来造风说课

　　风是自然界充满神奇的科学现象，也是幼儿非常感兴趣的一种自然现象。本次活动基于我园慧心课程"我和大自然"维度下，"神奇的空气和风"主题中的一个内容。关于风可以探究风的种类、风的形成、风的大小、风与人们的关系等多个维度，我选择的是主题行进中的中期阶段，幼儿已经有了空气流动产生风的经验，主要探秘的是风的大小与空气流动快慢之间的关系。

　　生活中，孩子们对风的存在也有过体验，他们会观察到秋天的树叶被风吹得沙沙响，起风时风车会转起来，风可以把风筝吹到高高的天空中……由此他们也产生了很多疑问：风是怎么来的、风为什么有大有小等问题。与幼儿的交流中，教师发现风是幼儿感兴趣、想要探究的内容。

　　大班幼儿的思维仍以具体形象为主，并有了抽象逻辑思维的初步萌芽，爱学好问，有极强的求知欲，并能初步理解事物的内在因果关系。他们虽然有一些关于风的经验，但较为零散。因此，我想通过本次活动引导幼儿对如何制造风以及风与空气流动的关系进行感知探索和经验梳理。通过问题驱动，以情境化的方式，逐层推进，探索用各种材料动手制造风的方法，了解风的产生；并寻找制造大风的方法，从中感受风的大小与空气流动快慢有关的特性。

　　根据以上思考，我为本次活动确立了以下三个目标：①尝试用各种材料制造风，并能寻找方法制造大风。②积极探究，并能大胆表达自己在操作实验中的发现。③初步了解风的大小与空气流动快慢有关。重难点分析如下：大班幼儿虽然对风已有一定的了解，但是对于风的形成经验还比较零散，因此，用不同材料匹配制造大小风是本次活动的重点。根据幼儿的思维特点和理解能力，我将理解风的大小与空气流动快慢之间的关系作为本次活动的难点。为突破活动的重难点，我主要采用了以下教学策略。

## 1. 材料自选多探究

　　在整个活动中，我给幼儿提供了多种探索材料，引导幼儿自主选择探究，寻找不同的方法来观察、实践制造风。例如：用吸管和纸芯筒吹一吹；用垫板和扇子扇一扇；用塑料瓶捏一捏、用打气筒一抽一拉等，在这样匹配选择的过程中，让幼儿感受不同材料制造出的风的大小，因自己的成功发现而增强自信心，激发幼儿参与活动的积极性，从而很好地突破本次活动的重点。

2. 多媒体支架细梳理

借助多媒体手段进行梳理小结，则更为直观、生动，容易吸引幼儿的注意。首先是关于风已有经验创编的诗歌课件，欣赏片段进行经验回顾。随后是幼儿问题的展示，起承上启下的作用。最后通过小博士解答的动态视频展示，以三个简短的例子：扇扇子时、挤压瓶子时、吹气时，形象清晰地让幼儿了解空气流动产生风的现象，从而激发幼儿进一步的探究欲望，突破活动的难点。

整个活动分为以下四个环节：①诗歌引出，回顾风的已有经验。②初次探索，自选材料制造风。③再次探索，匹配材料制造大风。④拓展延伸，感知风的神奇。

现在，我来介绍一下活动的具体过程：

环节一：诗歌引出，回顾风的已有经验。此环节通过播放课件念诗歌的方式，与幼儿一起回顾关于风的已有经验。随后出示幼儿表征的关于风的各种问题，顺势提问造风的办法，调动幼儿的已有生活经验，如嘴巴吹、扇子扇等。在提出问题、解决问题的过程中，教师激发幼儿探究造风的兴趣，为下个环节做好铺垫。

环节二：初次探索，自选材料制造风。此环节以情境化的方式初次探究造风的方法，通过自主选择材料，尝试用不同的材料探索多种方法制造风，如吸管吹、泥工板扇、打气筒一推一拉等方法，并用表格将幼儿的探究结果进行归类贴图记录，梳理出三种方法，并设置提问答疑的小环节让幼儿进一步了解空气流动产生风的现象，顺利过渡到下一环节。

环节三：再次探索，匹配材料制造大风。此环节引导幼儿凭借前期的操作经验，有目的地选择合适的材料制造更大的风把柳树吹倒，如泥工板、扇子等面积较大的材料，进行经验的链接。通过再次探索，幼儿间相互合作探究制造大风的方法，并以大班幼儿最喜欢的挑战方式，出示更大的柳树挑战，激发幼儿持续活动的热情。最后梳理总结多种方法制造大风，如组合、加速、用力、连续不断等方法，从而感知风的大小与空气流动快慢有关，体验探究的乐趣，突破活动的难点。这个过程让幼儿从操作转为探究，让幼儿的思维看得见。

环节四：拓展延伸，感知风的神奇。此环节，教师抛出了拓展问题，唤醒幼儿的已有经验，延伸至生活，播放课件介绍风力发电、台风、龙卷风等，了解风给人们带来的好处和危害，引发他们继续探索风的更多秘密，让他们对风的探索不止步于本次活动。

本次活动的反思：①抽象概念可视化。本次活动从对风已有经验的回顾，运用多种材料制造风，让幼儿进行零距离操作感知，把原本抽象的概念可视化，柳枝的飘动、小博士生动形象的视频解答直观地呈现风的存在。②问题驱动助探究。以"问题"为驱动，激发幼儿在自主、合作、探究的活动中去尝试、思考和发现，幼儿在发现问题、提出问题、解决问题的过程中，运用多种感官，动手动脑探究问题，用自己的亲身经历验证自己的想法。幼儿的种种表现告诉我们：他们在活动中体验并感受到了主动探究、发现创造带来的成功与快乐。③多样方式促发展。首先，教师始终尊重幼儿的想法，鼓励幼儿尝试探究、大胆表达，让幼儿在活动中获得成功的体验，有效助推幼儿思维的成长。其次，教师采用小博士勋章激励、表格梳理记录、形象的视频呈现，激发幼儿强烈的探索兴趣，引发他们的思维根据探究进程进行深入思考。

## 实践案例 ❾

<h3 style="text-align:center">中班科学活动"神奇的月亮船"</h3>

微视频：神奇的月亮船

宁波市江北区中心幼儿园　刘睿

### 一、活动目标

在玩中感知水与泥工板角度对月亮船转动的作用。

观察发现不同大小的月亮船转动时速度不一样。

对月亮船转动的现象产生探究的兴趣，体验成功的快乐。

### 二、活动准备

物质准备：生活中"旋转"现象的视频；用乒乓球剪成大小不同的月亮船、泥工板、湿毛巾。

经验准备：对"旋转"现象有经验。

### 三、活动过程

**（一）视频导入，引出旋转**

（前几天，我拍了一段录像，我们一起来看看，里面都有谁？）

观看视频：转动的陀螺、飞行的直升机、水车、风车、跳旋转舞的女孩。

（1）陀螺：这是什么？它在干什么？

（2）直升机：它什么地方在转动？还有哪里也在转？

（3）水车：这是什么？（是水车）是谁让水车转起来的？（是水）

（4）风车：瞧，是谁给风车力量？好，让风车转得快一点，让风车转得慢一点。

（5）旋转木马：你们玩过这个吗？这么大、这么多的木马是谁让它转起来的？原来电也能给木马力量，而且还能带着小朋友一起转起来。

（6）跳舞的小姑娘：这位小姐姐在跳什么舞？（是旋转舞）瞧，小姐姐转得又快又稳，真是太厉害了。

**（二）自由探索，尝试旋转**

（出示月亮船）

师：今天刘老师也请来了一位朋友，看它像什么？（又像月亮又像船，我们就叫它月亮船吧！）

月亮船说它也要像刚刚的那个姐姐一样，在舞台上跳旋转舞，请你来帮一帮它。有什么好办法让月亮船旋转起来呢？（如用手拨动、晃动泥工板、用嘴巴吹等）

小结：刚刚小朋友用嘴吹，用手弹和拨的方法，给月亮船一个力量，让它动了起来。让小舞台一高一低地晃动是个好办法，可是月亮船转一会儿就停下来了。老师想到一个好办法，我请来了一位朋友——水，水就藏在小毛巾里。我用湿毛巾擦一擦这个光滑的舞台，舞台上留下了什么？把月亮船请到小舞台上，它能像小姐姐那样转得又快又稳吗？请你快去试一试吧！

（幼儿操作，尝试让月亮船在有水的舞台上旋转起来。）

**（三）观察比较，发现不同**

月亮船转累了，我们让它休息一会吧，现在回到你的座位上，把你的好办法分享一下吧！

集中交流：

（1）你成功了吗？请你分享一下你的好办法。小舞台要怎么拿？（一高一低或一前一后）

（2）月亮船旋转起来后有什么变化？船中间的图案原来是什么？转起来以后变成了什么？

小结：一高一低晃动的小舞台，月亮船在水的帮助下就能又快又稳地转起来，中间的各种图形转起来后都会变成圆形，真神奇！

**（四）游戏竞赛，兴趣延伸**

哇，这个事情真神奇，这么神奇的事情引来了另外一个好朋友。看！它和刚刚的月亮船有什么不一样？（仔细观察外形）一个大、一个小，那我们就叫它大大和小小吧。

大大也想和小小在舞台上跳旋转舞，可以怎么玩？你猜大大、小小谁会转得更快呢？

（幼儿操作：比快慢、重叠、交叉。）

快慢：为什么大大总是先到终点呢？（大、重）你讲得有道理，也许还有其他的原因，以后你一定会慢慢发现的。

重叠：跳起美丽的荷花舞。

交叉：真是一对好朋友，抱在一起也能跳。

交流分享：你有什么玩法？你发现了什么？

小结：原来大小不一样的月亮船转动的速度也不一样，太有趣了！

刚才有小朋友提出让大大和小小抱在一起跳旋转舞，还会发生什么更有趣的事呢？让我们回去后再试试看吧。

# 中班科学活动"神奇的月亮船"说课稿

宁波市江北区中心幼儿园　刘睿

微视频：神奇的月亮船说课

　　我说课的内容是中班科学活动"神奇的月亮船"。我将从设计意图、活动目标、活动准备、活动流程四个方面进行介绍。首先，我来说说活动的设计意图。

　　旋转是生活中一种有趣的物理现象，即物体围绕一个点或一个轴做圆周运动。生活中有许多应用都有着旋转的科学现象：比如旋转在科学技术上的运用——旋转的螺旋桨帮助直升机升入空中、旋转的风车把风能变为电能；旋转在玩具及游乐设施上也能大显身手——旋转木马和摩天轮给我们在游玩时带来无限欢乐；旋转在生活中的运用很广——旋转的电风扇扇叶为人们带来清凉、时钟上旋转的指针为我们计时……人们巧妙地利用旋转现象为生活服务。可见，旋转是值得探究，适合中班幼儿观察、发现的科学现象。在本次科学活动中，将乒乓球剪成月亮形状，用湿毛巾在垫板上擦一擦，再将垫板微微倾斜，月亮船就快速地转起来了。

　　中班幼儿活泼好动，乐于用感官去探索、了解身边感兴趣的新鲜事物。同时，他们已具备了初步观察事物的能力，还喜欢刨根问底，不但要知道"是什么"还要探究"为什么"，比如"为什么月亮船会转？""为什么月亮船转得有快有慢？"等。因此，我以月亮船为载体，在幼儿感受科学探究的神奇与快乐的同时，提高中班幼儿观察发现及动手操作的能力。

　　我为本次活动制定了以下三个目标：①在玩中感知水与泥工板角度对月亮船转动的作用。（认知目标）②观察发现不同大小的月亮船转动的速度不一样。（能力目标）③对月亮船转动的现象产生探究的兴趣，体验成功的快乐。（情感目标）

　　重难点分析：中班幼儿虽然对旋转现象有了粗浅的感受，但科学探究和发现的能力相对较弱，对自主发现"月亮船旋转与水以及泥工板角度之间的关联"有一定的困难。因此，我采用创设游戏情境、隐形示范等方式引导幼儿发现这一现象与月亮船旋转的关系。

　　我认为在本活动中，月亮船的"旋转"是一个关键元素，如何让活动目标落实在教学中，我设计了以下流程：①视频导入，引出旋转；②自由探索，尝试旋转；③观察比较，发现不同；④游戏拓展，兴趣延伸。

接下来，我详细介绍一下活动的过程。

环节一：视频导入，引出旋转。此环节通过播放生活中旋转现象的视频直接引题，用较短的时间集中幼儿的注意力，对旋转产生探究兴趣，为幼儿搭建原有经验与新经验之间的桥梁。将活动的难点前置，为后面的尝试让月亮船旋转起来做好铺垫。

环节二：自由探索，尝试旋转。中班幼儿思维具体形象，他们虽然对新事物的探究充满好奇，但对自主发现"月亮船旋转与水以及泥工板角度之间的关联"有一定的困难。因此，本环节我采用创设游戏情境、隐形示范等方式引导幼儿猜一猜、试一试、想一想，在动手动脑与材料互动的过程中积极寻找答案，发现月亮船旋转的秘密。

环节三：观察比较，发现不同。此环节运用启发性的提问，引导幼儿主动去发现月亮船转动与水以及泥工板倾斜角度之间的联系，帮助幼儿回顾自己的探究过程，讨论自己做了什么，怎么做，发现了什么，从而梳理出幼儿的已有经验，建构新经验，突破本次活动的重难点。

环节四：游戏拓展，兴趣延伸。此环节创设了游戏化的情境，以开放性的问题引发幼儿对大、小月亮船多种玩法的探究欲望。幼儿在观察、比较、探究中思考，尝试进行简单的推理分析，通过自主参与、实验操作，发现大、小月亮船转动的速度不同。这一部分不是活动的结束而是活动的延伸与拓展，教师的提问让幼儿带着适度的兴奋，激发其好奇心，进一步尝试不同大小的月亮船抱在一起又会发生什么有趣的现象？把探究的愿望引向未来。

《3—6岁儿童学习与发展指南》强调："幼儿科学学习的核心是激发探究兴趣，体验探究过程，发展初步的探究能力。"本次活动我借助多媒体辅助教学手段，为幼儿提供充分的探索操作机会，层层递进，步步提升，使幼儿始终保持高度的探究兴趣与热情。活动尾声让幼儿带着适度的兴奋，鼓励孩子去科学活动区继续探索更多关于月亮船合作转动的方法，巧妙地将探究实验由"被动牵引"变为"主动推进"，活动将继续拓展，把探究的愿望引向未来。

我对本次活动的反思主要有以下四点：①难点前置唤醒已有经验。以视频导入的方式引出多种物体的旋转，唤醒幼儿的已有经验，为幼儿搭建原有经验与科学新知之间的桥梁，为接下来的探究做好铺垫。②创设游戏化情境感受旋转。为幼儿创设"月亮船在小舞台上跳旋转舞"以及"大大小小月亮船谁转得更快"的游戏化情境，在轻松、愉悦的游戏氛围中引导幼儿对月亮船旋转的探究兴趣和热情。③借助启发性问题感知原理。教师借助启发性问题，让幼儿在不断地尝试和体验中主动发现月亮船的旋转与水以及泥工板倾斜角度之间的联系，帮助幼儿梳理出已有经验、建构新经验。④适宜材料助推成功体验。在试教时，我发现游戏材料对游戏效果起着至关重要的作用：泥工板太小，月亮船没转几下就会掉落下来；月亮船过小或者乒乓球的材质过厚，都会导致幼儿游戏的成功率大打折扣。因此，我认为选择适宜的游戏材料是科学活动取得成功的关键。

### 实践案例 ❿

## 大班美术活动"猴趣"

宁波市怡江幼儿园 王烈飞

微视频：猴趣

### 一、活动目标

学习撕数字"3"，并变化"3"的不同方向来表现各种动态的猴子。

尝试用刷、撕等方法显现近似国画的美。

体验小组合作完成长卷画的乐趣。

### 二、活动准备

教师材料：作画纸、黑纸、墨汁、展示架、伴奏音乐、硬纸片、PPT、蜡笔。

幼儿材料：作画纸、墨汁、黑纸、胶水、蜡笔、抹布、硬纸片。

### 三、活动过程

**（一）画一画**

你会画树吗？平时你是用什么工具来画树的？今天我们用一种特殊的工具来合作画树。（出示硬纸片，教师介绍使用方法）

我们就用这种硬纸片来合作画树，看哪一组完成得又快又好。

播放音乐。（师生一起画树）

大家合作画出了一排排的小树林。你看了有什么感觉？

原来硬纸片也能画出水墨画的感觉呢！

**（二）撕一撕**

在这么美的树林里，来了一群特殊的朋友，（黑纸）我要用这张纸把它变出来。

出示一张纸，以撕纸的方式，撕出一个"3"。

对，我就要用这个数字"3"的样子，变出我们最调皮的朋友——猴子。

你平时见过猴子吗？它在干什么呢？会做什么有趣的动作呢？

那我们的"3"，该怎么来摆放呢？（请个别幼儿上来进行摆放）

对，我们就可以用这样一个简单的"3"，变出你们所说的各种各样的猴子。（将撕好的"3"进行不同方位的摆放）

现在，就请你们也来撕一撕，变一变吧。

总结：原来，我们只要将"3"摆放的位置或者方向变一变，就会出现不同动作的猴子。现在请你们也一起合作去完成吧！

**（三）做一做**

播放音乐，幼儿操作，教师指导。教师提醒幼儿合作中的注意点。

**（四）说一说**

作品展示，形成一幅猴趣图。猴子们在树林中玩得可开心了，它们肯定发生了很多有趣的故事，谁愿意将自己的创作来说一说呢？

我把你们的题目合起来取了个名字，叫"猴趣"，有趣的趣，这些猴子真有趣！

## 四、结束语

现在，我们一起把创作的猴趣图拿到大厅，给其他小朋友也欣赏一下吧！

## 大班美术活动"猴趣"说课稿

宁波市怡江幼儿园　王烈飞

微视频：猴趣说课

动物是孩子们的朋友，在"动物的秘密"这一主题活动中，千奇百怪、活泼可爱的动物成了孩子们谈论的话题。其中，机灵调皮的猴子，引起孩子们极大的兴趣，基于孩子们的兴趣，并结合《3—6岁儿童学习与发展指南》提出的支持幼儿自主的艺术表现和创造，我设计了适合大班幼儿年龄特点的美术活动"猴趣"。

美术活动中材料是幼儿学习、创作的中介和桥梁，生活中的材料更容易引发幼儿浓厚的兴趣，激起创作的灵感。于是，在活动中，我尝试让幼儿使用低结构材料"硬纸片"来代替毛笔进行创作，画出一片小树林，并与手工相结合，尝试让幼儿撕数字"3"，并改变"3"的摆放位置或方向，变成不同动作猴子的身体，最后添画脸和四肢，多种方法相结合，既发展了幼儿的想象力和创造力，也让幼儿体验到了成功的喜悦。

活动目标是活动的起点和归宿，对活动起着导向作用，是教学内容的归宿。考虑到幼儿在生活中对猴子有一定的认知以及个体差异，我从认知、能力、情感三方面制定了具体的目标。目标中既有相对独立的成分，又有相互融合的一面。具体如下：①学习撕数字"3"，并变化"3"的不同方向来表现各种动作的猴子。②尝试用刷、撕等方法显现近似国画的美。③体验小组合作完成长卷画的乐趣。

本次活动的重点：通过自主动手操作，合作创作出猴群长卷画。为突破活动的重点，我注重一个"趣"字，让孩子们有参与活动的兴趣，尽情地创作，教师不加以限制和示范，在孩子们边玩边做的过程中鼓励与肯定幼儿的创作。

本次活动的难点：撕数字"3"，并变换"3"的不同方向，表现出猴子的各种动作。教师主要利用儿歌、同伴间的互助、课件以及对猴子的前期经验，来解决本次活动的难点。

活动准备是实现教学目标，完成教学任务的必要条件。活动准备必须与幼儿的能力、兴趣、需要相适应。

根据大班幼儿的年龄特点，以及顺应孩子们的兴趣点，创作猴子的活动对孩子们来说是新鲜的、有挑战的，因此，我将教学过程分为以下四部分：

（1）画一画：尝试用硬纸片来画树，激发幼儿对活动的兴趣。这里我的引导语是"今天我们要用一种特殊的作画工具来画树"，从而激发幼儿的创作欲望，让幼儿明白日常生活中常见的硬纸片通过刷一刷、按一按、转一转的方法，就能画出各种各样的树，更能调动幼儿参与活动的积极性。

（2）撕一撕：了解并学习撕"3"的基本方法。这里我的引导语是"我要用这一张纸来变出我们最调皮的朋友——猴子"，让幼儿产生好奇，并边唱儿歌边撕"3"，"3"会变出什么朋友呢？充分激起了幼儿的兴趣点。

这一环节，我主要是让幼儿了解撕"3"的方法，通过亲自实践操作，培养幼儿的观察能力及动手操作能力，真正达到"做中学，学中做"。

（3）做一做：变换不同方位，创作不同动作的猴子。这里我的引导语是"你们见过猴子吗？它在干什么？会做什么有趣的动作"，通过幼儿前期经验的准备，让幼儿知道猴子真有趣，会做很多有趣的动作。同时教师也让幼儿自主发现，只要变换"3"的摆放位置，就可以创作出不同动作的猴子。

这一环节，我想到的是，幼儿基础不同，接受能力也不尽相同。因此，在这个环节中，我让幼儿根据自己的能力，互相合作、互相帮助，分工完成相应的任务，这种分层式的方法，能使每个幼儿都有所收获。

（4）说一说：展示作品，"述"说猴子趣事。这里我的引导语是"猴子们在树林里玩得可开心了，它们肯定发生了很多有趣的故事，请你们来分享一下吧"。在这一环节中，我主要是让幼儿通过编小故事取题目，在分享过程中让每个幼儿都有成就感，通过这种个性化的、注重主体参与的评价方式，带给幼儿成功的喜悦感，从而不断激发幼儿对美术活动的兴趣和热情。

最后，我认为本次活动的亮点在于：

（1）巧：艺术虽来源于生活，却高于生活。本次活动教师选用生活中常见的硬纸片，让普通的生活废旧材料丰富、生动起来，把"3"巧妙地变为猴子的身体，解决了幼儿画猴子的一大难点。

（2）趣："兴趣是最好的老师。"在活动过程中，结合多种材料，多种创作方式，充分吸引幼儿的兴趣。幼儿最后的美术作品也呈现了较好的视觉审美效果，充分满足了他们动手动脑的创意美术活动兴趣及需求。

（3）融：本次活动体现了技能与创意的完美融合。我结合《幼儿园教育指导纲要（试行）》及《3—6岁儿童学习与发展指南》精神，让幼儿在玩中学，学中玩，充分做到幼儿在前，教师在后，没有过多地指导与干预，让幼儿在潜移默化中收获成长。

当然，在活动中，如何结合我园的园本"美述"课程，让幼儿更多地进行创作表述，这是需要我们去思考的问题。

# 参考文献

[1]　边霞，汪劲秋，黄进，等.幼儿园体验式学习与发展课程教师用书 [M].杭州：浙江教育出版社，2015.

[2]　但菲，赵小华，刘晓娟.幼儿园说课、听课与评课 [M].北京：北京师范大学出版社，2012.

[3]　冯晓霞.幼儿园课程 [M].北京：北京师范大学出版社，2000.

[4]　华洁琼，杨丹，孙雁.幼儿园教育活动设计与实践 [M].长沙：湖南师范大学出版社，2019.

[5]　黄瑾，田方.学前儿童数学学习与发展核心经验 [M].南京：南京师范大学出版社，2015.

[6]　黄晓婷，宋映泉.学前教育的质量与表现性评价：以幼儿园过程性质量评价为例 [J].北京大学教育评论，2013，11（1）：2-10.

[7]　孔起英.幼儿园美术领域教育精要：关键经验与活动指导 [M].北京：教育科学出版社，2016.

[8]　刘晶波，等.幼儿园社会领域教育精要：关键经验与活动指导 [M].北京：教育科学出版社，2018.

[9]　柳倩，周念丽，张晔.学前儿童健康学习与发展核心经验 [M].南京：南京师范大学出版社，2016.

[10]　钱海娟.兰州市学前教育评价的现状分析 [J].四川教育学院学报，2005（6）：12-13.

[11]　施燕，何敏，张捷.学前儿童科学学习与发展核心经验 [M].南京：南京师范大学出版社，2021.

[12]　王春燕，秦元东.幼儿园课程概论 [M].3版.北京：高等教育出版社，2020.

[13]　王秀萍.幼儿园音乐领域教育精要：关键经验与活动指导 [M].北京：教育科学出版社，2017.

[14]　魏勇刚.学前儿童发展心理学 [M].北京：教育科学出版社，2012.

[15]　徐韵，阮婷，林琳，李琳 . 学前儿童艺术学习与发展核心经验 [M]. 南京：南京师范大学出版社，2021.

[16]　叶平枝，等 . 幼儿园健康领域教育精要：关键经验与活动指导 [M]. 北京：教育科学出版社，2018.

[17]　余珍有 . 幼儿园语言领域教育精要：关键经验与活动指导 [M]. 北京：教育科学出版社，2017.

[18]　袁爱玲，何秀英 . 幼儿园教育活动指导策略 [M]. 北京：北京师范大学出版社，2007.

[19]　张俊，等 . 幼儿园科学领域教育精要：关键经验与活动指导 [M]. 北京：教育科学出版社，2017.

[20]　张俊 . 幼儿园数学领域教育精要：关键经验与活动指导 [M]. 北京：教育科学出版社，2017.

[21]　张明红 . 学前儿童社会学习与发展核心经验 [M]. 南京：南京师范大学出版社，2020.

[22]　张齐华 . 听课：不能只带上你的耳朵——写给新入职教师的几点听课建议 [J]. 江苏教育，2020（62）: 30-33.

[23]　周兢 . 学前儿童语言学习与发展核心经验 [M]. 南京：南京师范大学出版社，2015.

[24]　朱家雄 . 幼儿园课程 [M]. 2 版 . 上海：华东师范大学出版社，2011.